小学家长会主题活动设计

王松壮　王慧珍　主编

主要编写人员

贺彩霞　孙　春　陈　燕　张翠丽　王伟伟　王英哲

姜爱梅　高　飞　谭艳丽　卜繁平　宋晓楠　周少霞

王彩芝　潘丽华　王　选　张淑芬　孙彦华

吉林大学出版社

图书在版编目（CIP）数据

小学家长会主题活动设计 / 王松壮，王慧珍主编 .
-- 长春：吉林大学出版社，2019. 3
  ISBN 978-7-5692-4447-2

Ⅰ . ①小… Ⅱ . ①王… ②王… Ⅲ . ①小学—家长
Ⅳ . ① G636

中国版本图书馆 CIP 数据核字（2019）049546 号

书　　　名：小学家长会主题活动设计

作　　　者：王松壮　　王慧珍　主编
策划编辑：朱　进
责任编辑：朱　进
责任校对：李　丹
装帧设计：张玲燕
出版发行：吉林大学出版社
社　　　址：长春市人民大街 4059 号
邮政编码：130021
发行电话：0431-89580028/29/21
网　　　址：http：//www.jlup.com.cn
电子邮箱：jdcbs@jlu.edu.cn
印　　　刷：三河市嵩川印刷有限公司
开　　　本：787mm×1092mm　　　1/16
印　　　张：23
字　　　数：350 千字
版　　　次：2019 年 3 月第 1 版
印　　　次：2023 年 5 月第 3 次
书　　　号：ISBN　978-7-5692-4447-2
定　　　价：65.00 元

编写说明

近些年来,家庭教育出现了重智轻德的倾向,很多家长只重视孩子的智力开发、学业成绩,而忽视了孩子心理健康、品德修养和健全人格的培养,造成很多孩子缺乏责任心、独立精神和自立能力,不少孩子沉迷于网络游戏,还有些孩子心理脆弱,动不动就离家出走,甚至自杀等。人们抱怨现在的孩子难管,甚至把这些问题的出现归责于学校,从而引发大家对教育的不满。其实,孩子身上出现的问题往往是家长的问题,是家庭教育的问题,要解决这些问题仅靠学校教育是不够的,必须从家庭教育入手,必须家校联手。

家庭教育、学校教育和社会教育并称为教育的三大支柱。现代学校教育、社会教育都有法律规范、科学的指导和技术的支持,而家庭教育依然处于自然原始状态。不少家长的教育理念是从祖辈、父辈那里沿袭下来的,观念陈旧,有些甚至是错误的。他们教育孩子主要靠经验,有的甚至全凭自己的心情。爱孩子是父母的一种本能,但是如何去爱,却是一门学问。当人们开始把家庭教育作为一门学科来进行研究时,学校就有必要担负起指导家庭教育的重任,家长会就是承担这一重任的有效载体。

2015年底,烟台市教科院成立了家庭教育研究室,并对全市中小学的家庭教育情况进行了调研,结果发现很多学校每学期都能召开两次以上家长会,但是家长会的内容却更多地集中在通报学习成绩、班级存在的问题等方面,家长的参与度虽然很高,但是多数家长兴趣不大,收获不多,尤其是孩子学习成绩不太好的家长,参加家长会变成了一件很尴尬的事情。

对家长会进行改革势在必行,即把家长会就是表扬会、批评会、成绩通报会转变为教师与家长能够进行良好沟通交流的主题家长会。让家长能够了解各个学段孩子基本的心理发展特点,继而转变他们的教育理念,让家长

学会尊重、赏识、鼓励孩子;学会倾听孩子心声、做好沟通交流;学会与青春期的孩子相处,做智慧父母;指导家长培养孩子的责任感、自理自立能力、良好习惯、意志力、抗挫折能力等,让孩子快乐健康成长。希望家长在主题家长会上学到教育的新理念,了解和掌握教育的新方法,有兴趣来,感兴趣听,有收获走。让家长会切实担负起指导家庭教育的重任。

为了指导全市中小学班主任开好这样的主题家长会,我们组建了一支由小学、初中、高中三个学段90名优秀班主任组成的全市中小学家庭教育兼职教研员队伍,并向他们征集了家长会主题活动设计达三百多个,经过多次精心筛选和反复修改,最终形成了《小学家长会主题活动设计》《初中家长会主题活动设计》和《高中家长会主题活动设计》三本书(试用稿),内容包括习惯养成、感恩教育、安全意识、自理自立、责任意识培养,抗挫折教育,意志力培养,网络教育,亲子阅读,有效陪伴,亲子沟通,青春期教育,兴趣培养,家庭氛围,异性交往,生涯规划,合作与竞争,自信心培养,赏识教育,幼小衔接、考前心理疏导等20多个专题。

从2016年秋季开始,我们在全市范围内选择了88所学校试用《家长会主题活动设计》,围绕着试用期间我们对试点学校班主任进行了培训,举办了一系列研讨活动,开展了优质课的评选,召开座谈会征求大家在使用过程中的意见和建议。试用一年之后,我们再次对《家长会主题活动设计(试用稿)》进行了认真地修改:让活动背景更有针对性;活动目标更简洁、更明确;精减了同一主题的活动设计;对链接材料做了整理修订,使其更具借鉴意义;进一步提升了主题家长会活动设计的理论水平,充实了不同年龄段孩子身心发展的特点,让家长对自己的孩子有一个更科学的认识,使其更有指导性;进一步丰富了设计稿的内容,添加了来自现实生活中的众多案例,使其更加贴近生活,更易引发家长的共情与思考;进一步梳理了活动设计的思路,使其思路更清晰,更有操作性。

虽然几经修改,肯定还存在这样或那样的问题,需要我们在使用的过程中进一步加以完善。中小学《家长会主题活动设计》主要是为班主任召开家长会提供了范式和素材,在使用的过程中,请大家注意以下几方面的问题:

一是家长会有模式,切忌模式化。活动设计更多的是给班主任召开主题家长会提供一个范式,无须像学科教材那样严格使用,照本宣科,可以根据学校或班级的实际情况灵活作出调整,做到有模式但不模式化。

二是案例可以替换或添加。在使用的过程中，可以添加发生在身边的贴近生活的案例，让家长会的内容更丰富，更接地气。如果你的班上或学校里有更好的例子，也可以替换设计中的案例，毕竟来自本校或者是本班的例子给家长的冲击更大，影响更深刻。

三是适用年级可以灵活调整。在设计这些主题活动时，我们根据活动的内容对使用年级提出了建议，比如"幼小衔接""小初衔接"等，建议在各学段一年级开学之初的家长会上使用。有些专题如小学段的"阅读专题"，建议一、二年级家长会都可以使用。还有些专题没有使用年级的建议，大家可以根据本校或本班的实际情况灵活选用。

四是主题的归类可以灵活处理。为了便于使用，我们把同类主题的活动设计做了归纳，但是有个别活动设计也可以跨主题使用。比如"阅读专题"里有些内容涉及了阅读习惯的养成，也可以放在"习惯养成专题"使用，请大家不必拘泥于主题的归类，灵活处理。

本书主编王松壮、王慧珍，主要编写人员有贺彩霞、孙春、陈燕、张翠丽、王伟伟、王英哲、姜爱梅、高飞、谭艳丽、卜繁平、宋晓楠、周少霞、王彩芝、潘丽华、王选、张淑芬、孙彦华等。在编写的过程中得到了烟台市各县市区家庭教育联络员、全市家庭教育兼职教研员和众多热心家庭教育工作老师的大力支持，其中邹建、马丽、梁宏、滕开娟、刁青洁、王言娜、姜蕾、王利等老师为本书的编写做了大量工作，在此一并向他们表示衷心感谢！

编者

2019 年 3 月

目　录

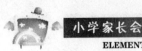

亲子沟通专题

小初衔接专题

其他专题

建议一年级家长会用

孩子入学，您准备好了吗？

【活动背景】

入学在即,孩子将从一名幼儿园的小朋友正式成为一名小学生了,他们的角色发生了改变,生活环境发生了变化,生活习惯和学习方式也将产生相应的变化。通过调查我们发现,面对这么多的变化,家长的内心充满着喜悦、期待,也有些许焦虑。如何让家长和孩子一起做好入学的准备？如何让家长注意到将要发生在孩子身上的变化？如何正确指导孩子渡过幼小衔接期？俗话说:"良好的开端是成功的一半。"本次家长会,我将和各位家长一起来做个有准备的人,做好幼小衔接,促进孩子的健康发展。

【活动目标】

1. 引导家长了解孩子即将到来的生活和学习方式的变化。

2. 让家长明确自己的职责,指导孩子顺利度过幼小衔接期。

【活动准备】

1. 家长会 PPT

2. 入学手册

3. 学生简历

【活动过程】

一、走近学校

亲爱的家长朋友们,孩子们愉快的幼儿园生活结束了,他们即将迈入小学的大门,在幼儿园孩子们度过了快乐的时光。刚进入校园,不管是家长还是孩子都会感到陌生,尤其是孩子,来到一个不熟悉的环境,换了新老师,心里肯定会忐忑不安的。为了使各位家长了解我们的学校,也为了帮助孩子

尽快熟悉学校,请大家观看学校专题纪录片。

设计意图:通过这一环节让家长朋友们了解学校的发展史,了解孩子的学习环境,消除家长对学校的陌生感。

二、走近老师

了解了学校,家长朋友最关心的问题就是孩子的老师是谁?她(他)的教学水平如何?对孩子有没有耐心?……接下来让我们走近老师,了解她(他)们。

各科老师与家长见面,做自我介绍(如果老师同时教几个班,可以提前录制视频)。

设计意图:通过该环节,让家长在最短的时间里对孩子的老师有大致的了解。

三、走近新学期

作为新入学的孩子的家长,我想大家的心情一定是既兴奋、期待,又惴惴不安的。对孩子的入学,也有很多的想法。比如:孩子入学了,我应该怎么做?如何使孩子尽快适应小学生活?如何和老师携手培养好孩子?……

为此,我为家长朋友精心准备了《入学手册》,接下来的时间请大家学习《入学手册》(见链接),最后由教师有重点地做简要说明。

设计意图:以往的家长会老师是"主角",而讲完之后家长真正能消化吸收得不多,这一环节让家长静下心来学习《入学手册》,为自己和孩子做好准备。

四、走近孩子

你了解自己的孩子吗?知道他的爱好吗?懂得他不经意流露出来的小心思吗?爱孩子一定要从了解他开始。会后请填写一下孩子的档案并写下您对孩子的寄语。

设计意图:家长填写孩子档案的环节便于老师提前了解学生,为新学期的融合打下坚实的基础。

五、建立班级群

孩子上学牵动着每位家长的心。时间有限,为了更好地方便家长们交流,我建立了班级的 QQ 群(微信群),家长们可以此为平台交流经验,分享优秀的资源。

六、班主任总结

相逢是首歌，很高兴我们能相聚在一个大家庭里。孩子进入小学，是基础教育的开始，路还很长，让我们携起手来，家校合作共育，孩子们定会乘风破浪，扬帆远航！

最后给大家几点建议：

1. 教育孩子一定要言传身教，要求孩子做到的，自己首先要做到。

父母是孩子最好的老师。教育专家认为，关心孩子的学习，更重要的是父母要树立爱学习的榜样，多帮孩子分析学习中的问题，探索学习方法。家庭教育十分重要，一个和谐的家庭能使孩子的身心健康成长。

2. 要经常与孩子交流、沟通，以便了解孩子的在校情况，比如上课听讲是否认真，课下跟同学相处是否融洽，以及孩子的性格、做事的态度、方式等，由此家长才能给予孩子正确的引导教育。

3. 提倡亲子阅读。每天抽出半个小时的时间，跟孩子一起读书。在提高孩子阅读能力的同时，又增进了家长与孩子的情感交流。

4. 对于班级管理工作，请各位家长给予理解和支持。比如，家长们最关心的孩子的座位问题，老师会根据孩子的性别、身高来确定。谁都想让自己的孩子坐前排、坐中间，但是两边和后边的位置也总要安排孩子去坐。我理解家长的心情，请各位也理解我的工作。

我们×个孩子来自×个不同的家庭，接受了不同的启蒙教育。让我们从自身做起，努力承担起为人父母的职责吧！再忙、再累也要管孩子，千万不要把孩子的教育问题甩给祖辈。认真对待孩子的每个第一次，持之以恒、踏踏实实地陪伴他们顺利而快乐地走好小学阶段的第一步！

（开发区大季家中心小学　宋晓楠）

【相关链接】

一、《一年级学生入学家长指导手册》

从幼儿园到小学,对于孩子而言是个跨越。他们需要学着适应新环境,学习新知识,不少家长都感到困惑,不知开学前应做哪些准备工作。为了帮助家长做好过渡,我们搜集整理了一些相关的资料,供家长朋友学习借鉴。

一、关于入学准备

一年级孩子入学是孩子成长过程中的一个重要转折,家长应和学校、老师一起努力,帮助孩子顺利度过这一时期,为孩子以后的学习生活打下良好的基础。这个帮助,就是把入学的准备工作做好。入学准备工作主要包括心理准备与物质准备两个方面。

（一）心理准备

家长首先应在心理上让孩子做好充分准备。对于已经习惯了幼儿园轻松随意生活方式的孩子,上学后,学习压力增大,困难增多,在心理上很难马上适应,有的孩子甚至会感到烦躁。这就需要家长在孩子入学前把好“心理关”。从正面引导孩子,让他们了解在学校能够学到很多以前不会的知识,激发孩子的求知欲望,使他们对上学充满希望。

1. 可以和孩子聊天,给孩子讲一讲自己上学时的情况。家长应设法增强其上学欲望,解决他们的疑虑,激发孩子对小学学习的兴趣,强化学习愿望。可以和孩子探讨：喜欢上学吗？为什么？可以告诉孩子,上学后能读更多的书,学电脑……还会结识更多的新朋友、新老师,他们都会喜欢你。

2. 告诉孩子学校生活是美好的,让孩子知道学校的生活是丰富多彩的。让孩子明白上小学可以学到很多的知识。小学的老师个个知识都很渊博,个个都很了不起,而且和幼儿园老师一样非常爱孩子,只要肯认真学习还有机会成为光荣的少先队员,并且要有意识地告诉孩子在小学将体验到的种种幼儿园所体验不到的乐趣。

3. 与邻居小朋友交流,让孩子看看他的记分册、评价手册、奖状等等,是一种激励。

4. 如果担心孩子到了新环境会害怕和陌生,家长可以提前带着孩子去新学校转转,让他们熟悉一下即将开始学习和生活的新环境。

5. 家长应教会幼儿掌握一些基本的知识,努力培养孩子在听、说、看、记、做、思等方面的能力,为孩子上一年级后在智力、知识方面的发展做好准备,以免孩子们刚上学就落后于其他孩子而产生自卑、厌学的心理,一二年级,家长一定要做到持之以恒的关注自己孩子的成长,为他的顺利过渡打下坚实的基础。

（二）物质准备

在重视孩子心理准备的同时,还要为幼儿提供充分的物质条件,为孩子购置必须的学习用品,让他们学会自己整理书包。

1. 书包 1 个:要给孩子准备一个合适的双肩式书包,大小跟孩子的身高以及教室格子大小相适宜。要求质料要轻、肩带要宽阔,功能不要太多,在上面显眼的地方写上孩子的班级、姓名。

2. 铅笔盒 1 个:长 20 厘米左右,最好分上下两层。建议给孩子买功能最简单、色彩不鲜艳的铅笔盒或铅笔袋。功能太多、样式花哨的铅笔盒容易分散孩子的注意力。

3. 直尺 1 把:直尺是小学生必备的,特别是刚进一年级的小学生,会经常用到直尺。15 厘米或 20 厘米的普通塑料直尺就可以。

4. 铅笔:小学生以使用铅笔为主,每天带 6 支削好的 HB 的铅笔。每天晚上,请家长帮助孩子把铅笔削好,不要把转笔刀或小刀一类的用具带到学校。

5. 橡皮 1 块:最好是长方形,高级绘图橡皮,比较好用,擦得比较干净。

6. 包书皮和本皮:请家长帮助学生完成。建议大家用比较结实的皮纸等和孩子一起包,包好后在书和本上各写好书名、本名、班级和姓名。

7. 垫板:写字时必要用具,但不要给孩子准备塑料材质的垫板,因为一年级孩子刚刚执笔,塑料材质的垫板写字滑,不利于孩子写字。

8. 尽力为孩子设置固定放书包、用具、图书等的地方。选择合适的灯光照明,适合孩子高矮的桌椅,不要将孩子安排在与电视机同屋的房间,要给他们一个安静的学习环境。

在准备以上学习用具时,请家长注意:要简单,功能不要太多,不要太复杂,以免在课堂上分散学生的注意力,影响听讲效果;孩子的每一件用品都需要标记上名字,以免混淆;家长要与孩子共同准备学习用品,一是让孩子体验即将做学生这一快乐的过程,二是从开始就让孩子知道学习是自己

的事,培养他们自己的事情自己做的习惯。

二、关于对学校生活的适应

孩子入学以后会经历三个时期。第一个时期是兴奋期,孩子入学前心情激动,兴奋得睡不着觉,充满自豪感,有想当个好学生的愿望。第二个时期是厌倦期,开学一个月左右的时间,新鲜感逐渐消失,加上在学校生活感到纪律上受到了约束,生活上又紧张,学习知识不如想象的那样容易,有一部分孩子感到负担重而不想上学。第三个时期是适应期,开学两个月后,如果学校与家庭教育跟得上,就能使孩子较快地适应并喜爱学校生活。

(一)培养孩子的时间观念。家长要教育孩子严格遵守学校的作息制度,有计划地安排学习和玩耍的时间。包括:要按时到校,不能迟到,学校要求学生 7:30 以前到校,而且要养成在家吃早餐的习惯;放学后,回到家先做作业,做作业要专心,做完作业后再玩,不能边玩边做。另外,还要培养孩子养成按时起床,按时睡觉的良好习惯。中午休息时间要保证孩子有足够的时间午睡,避免孩子到了下午的时候困乏,影响听课质量。因此,为了保证充足的睡眠,利用开学前的一个星期,调整孩子的生物钟:要求孩子每天最晚 9:30 睡觉,早上 6:30 起床,每天保证 9 小时以上的睡眠,开学后,有些学生不适应,可能会上火,请家长注意让孩子多喝些水,以免生病。

(二)上学以后孩子要独立去记很多东西,其中最重要的就是作业和第二天要带的东西。开学后我会给学生专门准备一个记事本,希望家长能够每天抽出点时间,对孩子是否完成老师交代的事情进行指导,具体做法:一次提醒,一次检查,一次表扬。例如:放学接孩子的时候,问问他“今天老师让你们回家做什么呀?”孩子做完了,家长要检查签字,完成的好,别忘了要肯定孩子,完成得不好或者没完成,也需要家长帮助孩子找出原因,鼓励孩子继续努力。有过几次经验以后,孩子就会明白,记住老师交代的任务是自己的事情,应该自己完成,这样他在听老师讲话和记事方面都会认真许多。

(三)上学以后,需要自己保管的东西一下子多了许多,孩子以前并没有这样的经验,缺乏自己的东西由自己保管的意识。这样就造成有些孩子几乎每天都在丢文具,根据这种现象要求每种文具都用圆珠笔在纸上写上名字,用胶条粘下来贴在文具上,让他自己认识自己的东西。有些父母对这些现象并不重视,觉得一支铅笔没有多少钱,丢了再买就可以了,但自己的东西自己保管好是对孩子责任心的培养是需要注视和培养的。另一方面,开学初，每个学生需准备一个资料夹，将老师下发的课程表、卷子等资料，分类整理在文件夹里面，自己保管，让孩子逐步形成管理好自己东西的意识。

（四）开学以后，面对一个完全陌生的环境，孩子会比较紧张，常常有事情不敢大声说出来，有的学生下课只顾玩，忘了上厕所，上课后想去厕所又不敢举手，只好憋着，有的甚至尿裤子。所以家长一定要告诉孩子，下课要先去厕所，上课时如果要去厕所，一定要告诉老师，在这一点上，胆子较小的孩子的父母一定要特别注意，多带孩子外出接触新的环境，多和别人交往，鼓励他与不太熟悉的成人大声地讲话。

（五）教会孩子每天按着课程表自己整理书包、收拾文具，以便能带齐学习用品。最初，让孩子自己整理书包和文具盒，他可能会手忙脚乱，丢三落四，家长要有耐心，从旁多加指点，可先给孩子做示范，再让他学着做。在对待孩子入学这件事上一些家长存在一些误区。有的家长认为给孩子找一所好学校、一个好班级或一个好老师，就万事大吉了。尤其是一些双职工的父母，两人工作都很忙，没时间顾及孩子的学习，认为由老师全权代劳就行了，平时也不与老师沟通。一旦孩子出了问题就急了，再打骂孩子，教育效果往往适得其反。

三、关于良好习惯的养成

（一）学习习惯

1. 培养孩子课前认真准备的习惯

幼儿园进入小学以后，家长要让孩子知道：如今自己已是一名小学生了，主要的任务是学习，为了提高学习效率就要课前做好一些准备。如：每天晚上都要按照课程表自己提前准备好第二天要用的书本、削好的铅笔等学习用品，一样不少地准备齐全，不形成"丢三落四"的坏毛病。刚开始的时候，需要家长在一旁耐心指导，坚持一段时间后，孩子就会慢慢养成习惯。大约经过半年的训练，孩子基本上就能独立准备好所需的学习用品，做好课前准备了。

2. 培养孩子课前预习的习惯

中国有句古话："凡事预则立，不预则废。"课前的预习，既是心理准备，也是具体内容的准备，是促使孩子积极主动学习，提高课堂教学质量的关键，是激发孩子求知欲、学习兴趣和培养学生自学能力的重要手段。

以一年级、语文预习为例，要求做到：

一画，大声地朗读课文，勾画出自己不认识的字和不理解的词、句子。

二问,问家长自己不认识的字或词,自学字、词,并写下来。

三析,对课文进行分析,说一说课文里的主要内容,最好能够用图画把课文的意思表达出来。

四答,尝试性回答课后作业题。

五提,提出通过预习后还不懂的问题。"有疑则进",有求知欲,则有兴趣。孩子带着问题去听课,把主要精力放在预习时未能解决的问题上,在听课时就能产生一种积极主动、轻松自如的心理状态,就能充满自信,这正是成功的学习所需要的一种心理优势。

3. 培养孩子课后复习的习惯

俄国教育家乌申斯基曾经把不能巩固地掌握知识比作喝醉酒的马车夫,忘记了所装载的东西捆在车上,也不往后看看,只是一个劲地往前赶路,东西颠簸丢了也不知道,结果赶回家去的仅是一辆空车。中国"熊瞎子掰苞米"的故事更可谓妇孺皆知。家长朋友可以用这个故事让孩子懂得复习的重要性。

搞好课后复习,需要做好二件事:一是试图回忆。就是"过电影",在大脑回放老师上课讲的内容。具体地说,就是下课后自己考一考自己:今天老师主要讲了几个字?哪些生字会写了?那些生字还不会?二是认真看书。复习时的看书,是在预习、听课、回想的基础上进行的,必然会有新的收获和体会。

4. 培养孩子认真完成作业的习惯

作业是课堂教学的升华,作业可以检查孩子的学习效果,巩固课堂学到的知识,加深对课本知识理解。要求孩子做到"今日事今日毕",独立地按老师要求完成当天的全部作业。这样做既能巩固当天所学的内容,又可防止养成拖拉作业的坏毛病。

家长首先要培养学生认真写字的习惯,例如在书写生字时,老师要求学生做到"三到":眼到、心到、手到。眼到,眼睛要看清字的结构;心到,字形要牢记心中;手到,字要写得正确美观。家长可以经常在家展开比赛,展出孩子写得漂亮的作业,在展出的作业上给他写出一些激励的评语,孩子学习的积极性加强了,兴趣浓厚了,认真写作业的习惯也就在不知不觉中养成了。

5. 培养孩子发现错误及时改正的习惯

一要让孩子认真读老师的批语和评语,要认真思考,从而不断地总结经验,吸取教训,不断提高。二要看看书,考虑自己的错误,不懂就问,弄懂为止,想想自己该如何做。三要针对教师的评语自改。四要改后再认真检查一遍。这样做可以及时弥补学习中的漏洞,防止错误的积累,从而影响后续的学习。

（二）生活习惯

1. 注意问题

（1）生活能力上的培养和逐步过渡也是很重要的,平时让孩子多做一些力所能及的事情,尤其是吃饭、穿衣、收拾书包,一定要让他自己来。也就是说,孩子完全可以自己做的事情,家长一定不要代替,哪怕做得不够好,是自己劳动得来的就值得鼓励,一次做不好就教两次、三次,总会有做好的一次。

（2）要有一点规则意识。在集体生活中规则、纪律是大问题,给孩子讲讲学习、生活中有哪些规则,规则不是限制,而是保证你生活得更好,更安全、方便。假如孩子犯了错不要怕、急,改了就行,要知道孩子不可能不犯错。家长要注意凡事的"第一次",当第一次出现错误,就要及时把它扼杀在"摇篮里"。

（3）交往问题。有的孩子害怕生人,不敢与人交往。家长可以：A串门。去从来不去的人家,在完全陌生的环境中锻炼；B与小伙伴相处时,要多看别人的优点,人际交往的秘诀就是多看别人的优点；C教给孩子解决纠纷的方法,告诉孩子多做自我批评；D游戏时与别人协商、合作,学会同情关心同学,在别人有需要时乐于帮助他人；E不乱拿别人东西,得到同意可借用并及时归还；F主动道歉、学习原谅别人,做错事能接受批评,并愿意改正。

（4）时间观念。让孩子按照学校作息制度起床、睡觉、吃饭,让学生不至于进校后突然变得消瘦和疲惫不堪。早晨起得早,早餐要吃耐饥的食物,让孩子吃饱；午餐前不吃零食或甜品,中午准时开饭；晚上早一些睡觉,少看电视。还可以教孩子认识钟点,使他们养成概念,学会掌握时间,以后不至于上学起不来。

2. 生活常识

（1）分清左右：自身的左右、黑板上、书上的左右等。

（2）认识字：课表上的字、书的名字、家长的名字。

（3）学会写学校的名字、自己的名字。

（4）清楚地知道自己的家庭住址、父母的名字、家里的电话和父母的联系电话。

3. 入校须知

（1）按要求准时入校,不迟到、不早到,知道有事有病时要请假。

（2）会正确地使用礼貌用语，主动与别人打招呼。

（3）主动地参加简单的劳动。

4. 如厕要求

（1）会自理大小便，懂得将大小便解在池内，保持地面整洁。

（2）便后马上离开，不在厕所打闹或聊天。

5. 课堂学习

（1）学会准备上课需要的学具和物品，学会自己整理书包。

（2）听到指令能迅速回到自己的座位准备上课。

（3）上课时坐、立姿势正确，不乱动，不与他人说话。

（4）上课回答问题或发言讲话时先举手。

（5）清楚地记住并完成教师要求自己做的事情，不懂的要问。

（6）在教师要求的时间内把事情做完，做到不拖拉，不边做边玩。

（7）学会认真独立地做事情，懂得追求良好的结果。

（8）喜欢回答问题，提出问题，讨论时能够大胆地说出自己的想法。

（9）学会正确使用学具和物品，用过后能收拾整理好，不乱扔。

（10）学会正确的握笔与书写姿势。

6. 课间活动

（1）游戏中学会与别人协商、合作，共同完成，共同分享成果。

（2）做事有信心，学会克服困难，坚持把一件事情做完，不半途而废。

（3）学习主动与人谈话与交往，对别人的主动交往要做出积极的反应。

（4）学会主动邀请别人一起游戏，会请求参与别人的游戏。

（5）不乱拿同伴的东西，得到同意后可以借用并在用后归还。

（6）同情关心伙伴，在别人需要时，乐意给予帮助。

（7）学习用协商、讲理的方式解决同伴间的纠纷，不使用武力。

（8）影响或伤害了别人会主动道歉，学习原谅别人的无意过失。

（9）做错了事能接受批评，并愿意改正。

（10）不在室内游戏，在室外游戏时不大声喊叫或追跑，不影响别人。

7. 放学

（1）带好自己的衣物，主动向教师、同伴告别。

（2）清楚地记住教师要求自己做的事情，并能向家长重复。

（3）不跟陌生人或不熟悉的人走。家长没来要回学校等待。

二、学生个人简历模版

个人简历模板			
个人信息			
姓　名			
性　别			
出生年月			
家庭住址			
户籍所在地			
家庭情况			
父　亲		母　亲	
学　历		学　历	
工作单位		工作单位	
学习经历			
爱好特长			
体育方面			
如身体有特殊原因，一定要在这里备注。			
联系方式			
手　机		固定电话	
通信地址			

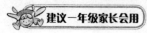
建议一年级家长会用

如何更好地实现幼小衔接

【活动背景】

从幼儿园到小学是人生的一个重要转折点,如何才能让孩子做好各方面准备,顺利地开始小学阶段的学习和生活?调查显示,幼小衔接问题是长期被教育工作者和家长所关注却一直没有得到很好解决的难题,孩子入学后产生厌学情绪、注意力不集中、做事拖沓、粗心大意等问题,大多是由于幼小衔接不当所致。解决这个问题单靠学校是不行的,家校应携起手来,采取各种措施,让孩子顺利度过"幼小衔接期"。

【活动目标】

1. 让家长了解小学与幼儿园的不同以及幼小衔接的重要性。
2. 让家长了解学校在幼小衔接方面的相关工作。
3. 家校合作让孩子顺利度过"衔接期"。

【活动准备】

1. 相关案例
2. 活动课件
3. 调查问卷

【活动过程】

一、介绍小学生活与幼儿园生活的不同

孩子从幼儿园进入小学,最主要的变化是以游戏为主向以学习为主转变,在小学阶段养成良好的学习习惯和行为习惯是每个孩子的必修课。家长必须充分了解这种变化,及早伸出温暖有力的手,帮助孩子顺利度过幼小衔接期。

我们来了解一下小学与幼儿园的几点主要不同：

（一）学习时间的不同

幼儿园每天上午有1小时左右的集体教学时间，其他全是游戏、劳动、生活时间。小学每天有7节课，每节课40分钟。一年级学生除每周上35节课以外，还有较多的集体活动时间，如早读、课间活动、眼保健操和课外活动等等，小学的生活节奏明显快于幼儿园。

（二）教学活动的不同

幼儿园的教学活动是以游戏为主要形式，在做做、玩玩中积累经验，所学的只是周围生活中粗浅的知识和技能，而小学有严格的课程标准，教师要按教育教学计划严格实施，教学方法虽然也力求直观性、趣味性，但较少采用游戏等形式，而以讲授法、谈话法、读书指导法、练习法等为主。学校学习与幼儿园的学习方式相比，有些单调、枯燥。这时家长们要根据孩子的实际情况多鼓励孩子的学习积极性，让孩子能够喜欢上学，并及时给予鼓励和表扬孩子，不能拔苗助长，急于求成。

（三）学习要求的不同

对于幼儿园的孩子，只要吃好、玩好，长得结实健康，家长就满意了。到了小学，孩子要认真听讲，作业要写好，考试要考好，孩子就会觉得爸爸妈妈以前很关心我，现在这样要求，是不是不喜欢我了？因此，情绪会受到影响。另外，幼儿园的孩子每天是空手入园，空手离园，无作业、无负担。而小学生每天要完成一定数量的课堂作业，不得拖延，孩子也会不适应。这时，需要家长给予孩子耐心的心理疏导，既要配合老师严格要求，又要及时培养孩子的自信心，帮助他们产生小小成就感。

（四）人际关系的不同

幼儿园一个班是二教一保配备，每时每刻都有一位教师、一位保育员伴随左右，随时解决孩子的困难。而小学是一个班五、六位课任教师，一节课一轮换，孩子遇到一些困难则需要自己解决。如：想大小便怎么办？口渴了怎么办？摔倒了怎么办？在学校，同学之间的交往也增多了，除了课内、课外，还在校外、家里互相来往；除了本班，还有同年级其他班级的同学来往。这需要孩子要有一定的生活能力和与他人友好交往的能力。

二、如何帮助孩子尽快适应学校生活

（一）家长朋友应信任学校和老师

面对上述问题，家长们可能有很多想法：孩子能适应学校生活吗？孩子能遇上一个好老师吗？老师能喜欢我家孩子吗？孩子和新的小朋友能和睦相处吗？诸如此类的担心、焦虑会有许多。但我想告诉家长的是，既然您选择了我们学校，就要相信自己的眼光，相信自己的选择；其次，家长朋友们一定要相信老师，每一个老师有责任和义务帮助您的孩子度过这人生中最大的转折，让孩子喜欢上学；最后，请您一定要相信您的孩子，孩子有足够的能力面对学习和生活的挑战。另外家长还要配合老师正确引导孩子"座位"和"老师批评"的问题。这份"从容和淡定"就是您送给孩子最好的上学礼物。

（二）为孩子做好入学前的心理准备

每年的一年级新生入学，常常会碰到一两个的这样孩子：不想进小学的校门，哭闹着要找妈妈。这是为什么呢？就像孩子们刚进幼儿园时，总是要哭好多天一样，因为孩子们在一个陌生的环境里有一种不安全感，他难以接受新的环境，就会产生抗拒感。如何消除孩子的这种感觉呢？家长们应该有意识地多向孩子介绍小学的学习、生活情况，使孩子对学习有一定的了解，对上小学产生一种向往。平时带着孩子从小学校园旁走过时，告诉孩子：你已经长大了，要到一个新的学习环境，爸爸妈妈相信你一定会很快适应学校的生活。在新的环境里，你还能认识很多很多的新朋友，学到很多很多的新知识，你一定会变得越来越聪明，越来越懂事，使孩子对学习和学校产生强烈的向往。有空的时候，还可以带孩子到小学走走、看看，增进孩子对学校的亲切感；也可以让孩子接触身边的小学生，帮助孩子了解小学生活，进而产生上小学的愿望。

（三）自己的事情自己做，培养孩子独立的生活能力

案例：文韬害怕上学，一上学，他必须自己系鞋带，自己整理文具。这些活原来是家长"包办"。同学们笑话文韬，文韬觉得丢脸，于是不想上学。

温馨建议：孩子自己叠衣服、吃饭、穿衣、收拾学具、整理书包、系鞋带、洗澡、独立睡觉，是孩子在不断实践中形成的一种生活技能。家长帮助孩子代劳，就剥夺了孩子锻炼生活能力的机会。

（四）培养孩子的规则意识和责任意识

案例：杰洋上小学，课堂上总是坐不住，一会儿喝水，一会儿上厕所，上课注意力不集中，成绩不理想，杰洋父母很着急，但又束手无策。

温馨建议：儿童在入学前缺乏时间概念和规则意识。家长要把培养孩子的规则意识和任务意识贯穿在孩子一日生活之中，从日常生活的每件小事严格要求，形成良好的生活和学习习惯，知道一定的场合可以干什么，不可以干什么。

（五）培养孩子与小伙伴的交往能力

案例：小刚入学后经常打同学，爸爸几次被叫去给被打的孩子家长赔礼道歉，回家后爸爸越想越生气，这么大年纪还经常替儿子低头认错，于是，家里又出演了一场"暴力片"。

温馨建议：孩子入学后，需要建立新的人际关系。要培养幼儿很快适应新环境，融入集体的意识和能力。家长经常给孩子讲与人相处的美德故事，多创造孩子与人交往的机会，更要以身作则做好表率。

（六）培养孩子的良好生活、学习习惯

人们常说：播种行为，收获习惯；播种习惯，收获性格；播种性格，收获命运。良好的习惯是学生可持续发展的前提，它不仅是自身素质的表现，更会影响孩子自身的发展。对刚入学的孩子来说，养成良好的生活和学习习惯比获得知识更重要，所以，家长应该配合学校重视孩子良好习惯的培养。

1. 建立良好的生活常规

要适当调整孩子的作息时间，遵守学校作息制度，按时睡觉，按时起床，按时到校，保证 10 小时睡眠时间。指导孩子合理安排时间，有选择、有节制地观看电视节目，如新闻、动物世界、少儿节目等，并要适当控制孩子观看电视的时间，督促孩子自觉遵守一天作息时间。另外，在家里，要为孩子创设一个学习小角落，备有写字台、书架、玩具架等，使之成为孩子学习的主要场所。

2. 养成良好的学习习惯

（1）每天对照课程表自己整理书包，带好学习用品。

（2）养成良好的读书、写字姿势，养成认真书写的习惯。读书要做到身正、肩平、足安，课本平放前方，胸离桌子一拳远。写字要做到"三个一"即：胸离桌子一拳；手离笔尖一寸；眼离书本一尺。无论孩子写数字还是写拼

音都要认真对待。另外,家长要和孩子一起重温当天所学的功课,尤其是孩子刚上学的前 2 个月。

（3）养成阅读的习惯

在孩子们的成长过程中,很多记忆都会随着时光的脚步渐渐淡忘,而一本好书、一个好故事却能在孩子的心中留下深深的印痕。阅读是一种探索,阅读也是一种成长方式。家长应该鼓励孩子复述看过的故事和儿歌,以促进孩子的理解能力、表达能力。家长可让孩子多看些图书,练习看图说话,教给孩子观察的顺序及方法,注意表达清楚完整；在讲的过程中不只让孩子听声音,应该边讲边用手指着文字,让孩子在不知不觉中从故事里初步感知、理解文字,为小学识字、阅读打下良好的基础。但随着孩子学习能力的提高,就要慢慢地改变方式,逐步放手让孩子自己阅读,并把故事的内容或读书的感受说给你听。平时,家长也要坚持读书,或读读自己感兴趣的成人书,或和孩子一起进行亲子阅读,共读一本书,随时和孩子一起交流读书的心得。

（七）家长要善于与老师及时沟通

案例：一年级的多多放学回家,一直嘟着小嘴,一脸的不开心。妈妈见了,问了原因,多多一脸无辜地说："今天上课,老师提问题,我一直举着手,可老师就是不叫我。"说到这儿多多更伤心了,"老师是不是不喜欢我？"这时妈妈安慰多多说："多多能上课举手回答问题妈妈真开心,举手代表多多上课学会了知识,这是最重要的。班里小朋友太多了,可能是老师没看见多多举手。"

温馨建议：上述问题在一年级经常发生,班里孩子多,老师确实有时候顾及不过来。有的孩子天生敏感,家长遇到这样的问题要冷静,妥善处理,先稳住孩子,再和老师及时沟通交流。这样有益于孩子的健康发展。

孩子刚入学会遇上各种各样的问题,家长要及时与老师联系,家校携手及时处理孩子出现的问题,让孩子尽快适应并热爱学校生活。

三、家长会结语

亲爱的家长朋友,当孩子们走进校园,他们美好的人生蓝图已经开始描绘。让每一个孩子成长,成才,是您的心愿,也是我们的心愿。让我们携起手来,共同努力,默契配合,让孩子健康、快乐地成长。

（烟台大学附属中学　杨静）

【相关链接】

一、调查问卷

亲爱的家长朋友：

恭喜您的孩子已经是一名一年级的小学生了。面对您的孩子，我们觉得自己的责任重大。我们了解作为家长您的心情有喜悦也有困惑，您担心孩子上一年级能否适应、是否有耐心、是否能"坐下来，学进去"。为此，我们做了这份问卷，希望您能借此问卷说出您的建议，以便我们在这有限的时间里，帮助您的孩子更加健康、快乐地成长。

请您在相应的栏目前打对号。

1. 您和孩子提过小学校的事吗？

（ ）提过　　（ ）没提过

2. 您的孩子对小学的态度如何？

（ ）向往　　（ ）无所谓　　（ ）恐惧

3. 您的孩子写字、握笔姿势正确吗？

（ ）正确　　（ ）不正确　　（ ）不知道

4. 在小学阶段里您希望孩子最需要培养的是什么？（多选题）

（ ）数学　　（ ）自理能力　　（ ）学习兴趣　　（ ）学习的良好习惯

（ ）唱歌、跳舞、画画　　（ ）运动方面　　（ ）关爱他人

（ ）主动参与清洁活动　　（ ）会整理、准备自己的物品

（ ）会主动交朋友　　（ ）会主动表达自己的需求

（ ）会妥善保管自己的物品　　（ ）会大胆表现自己

5. 您交给孩子的事情，他能够主动完成吗？

（ ）能　　（ ）有时能　　（ ）不能

6. 在心理及社会适应方面，您认为小学教育应培养学生哪些方面的能力？（多选题）

（ ）有一定的受挫能力　　（ ）自信心　　（ ）不容易骄傲

（ ）自我保护意识　　（ ）行为意识　　（ ）集体观念

（ ）要懂得顾全大局　　（ ）基本的思维方式

（　）做事学习的自主性　　（　）要懂得怎样与老师和同学相处与沟通

（　）其他＿＿＿＿＿＿

7. 孩子进入小学后，您最担心的问题有哪些？（多选题）

（　）能否遵守课堂纪律，专心听讲

（　）能否适应小学老师的教育教学方法与态度

（　）能否建立良好的人际关系　　（　）能否养成良好的学习习惯

（　）能否跟上小学的学习节奏　　（　）能否主动写作业

（　）其他＿＿＿＿＿＿

8. 您为孩子的幼小衔接做了哪些准备？您希望您的孩子进入小学后能养成哪些学习习惯和行为习惯？

＿＿＿＿＿＿＿＿＿＿＿＿＿＿＿＿＿＿＿＿＿＿＿＿＿＿＿＿＿＿

＿＿＿＿＿＿＿＿＿＿＿＿＿＿＿＿＿＿＿＿＿＿＿＿＿＿＿＿＿＿

二、推荐书目

《如何说孩子才会听　怎么听孩子才肯说》　作者：玛兹丽施（美国）

《好妈妈胜过好老师》　　　　　　　　　　作者：尹建莉

《拯救男孩》《拯救女孩》　　　　　　　　作者：孙云晓

《做最好的家长》　　　　　　　　　　　　作者：李镇西

《孩子的成长，妈妈的修行》　　　　　　　作者：云香

《亲爱的安德烈》　　　　　　　　　　　　作者：龙应台

《做人与做事》　　　　　　　　　　　　　作者：卢勤

建议一、二年级家长会用

浸润书香 爱上读书

【活动背景】

阅读是让人进步和提升的重要方式,读书对于孩子成长具有深远意义。为了孩子有一个充实的阅读童年,在书香的浸润下快乐成长,阅读兴趣和读书方法的培养,就要从小抓起。一年级学生并不具备独立阅读的能力,多数没有阅读的兴趣,迫切需要家长和老师的指导与陪伴。本次家长会,我和各位家长朋友一起来探讨如何培养孩子的阅读兴趣,让孩子爱上读书!

【活动目标】

1. 通过活动让家长认识到孩子读书的重要性。

2. 帮助家长掌握培养孩子读书兴趣的方法。

3. 家校合力,共同培养学生良好的阅读习惯。

【活动准备】

1. 调查问卷;

2. 活动课件。

【活动过程】

一、最是书香能致远

1. 利用优秀孩子事例,导入活动

家长朋友们,上午好!欢迎您的到来!本次活动我们一起来探讨"浸润书香 爱上读书"这个话题。(出示课题)首先我们一起来认识读书的重要性!

我来给大家介绍一个女孩。她获得了山东省青少年科技创新大赛一等奖,烟台市首届"小小发明家"创客大赛第一名,全国作文大赛一等奖,发表

文章10多篇。家长朋友们,您看了这个孩子,有什么感想?（家长简单交流）

家长发言后,教师总结:是的,每一个家长都望子成龙、望女成凤。希望自己的孩子也能成为优秀的孩子。那您知道这个女孩,为什么会取得这么多成绩吗?我是她一到四年级的班主任,对她非常了解。她叫赵梓如,从小就养成爱读书的好习惯,博览群书,所以她在各个方面表现得都很优秀。当然,她只是我上一届优秀孩子中的一个代表。因为班级浓厚的读书氛围,每个孩子都养成了爱读书的好习惯,孩子们也积极上进,参加了许多比赛。这是他们获得的征文比赛证书。（出示获奖证书）可见,优秀的孩子得益于读书多。

2. 结合调查问卷,认识读书的重要性

可是各位朋友,您能否结合自己对读书的认识来谈谈让孩子爱上读书的重要性呢?（家长发言）

小结:通过刚才介绍优秀孩子的成长事例,我们能体会到:（课件出示）（1）读书可以让人丰富知识;（2）读书可以让人坚定信念;（3）读书可以让人明辨是非;（4）读书可以让人提升素质。而且让孩子爱上读书,也可以避免孩子沉迷于网络游戏。如果一个孩子从小爱上读书,或许成绩不是最好的,但是一定是最有发展前途的!

但是,在调查中,我们发现多数家长是很少读书的,这个比例占到了70%以上。而且因为您很少读书,所以多数家长朋友是缺少培养孩子读书兴趣方法的。（出示家庭阅读调查问卷）

【设计意图】观看优秀孩子取得的成绩,请家长谈谈自己对读书的认识,让家长明白阅读对孩子成长的帮助。利用调查问卷,通过分析数据,顺水推舟地引入本次家长会。

二、爱上读书有妙招

今天我们的活动,就是和大家一起找找帮助孩子爱上读书的方法。

师:我们都说"兴趣是最好的老师"。要让孩子爱上读书,培养他的阅读兴趣是至关重要的。前面时间,我们开展了"我的小书房网上展厅"活动,大家一起来欣赏。（出示照片）

1. 营造书香世界

师:孩子阅读兴趣从小培养,家庭环境的熏陶更为重要。一个书香之家,可以没有豪华的衣柜,没有奢侈的酒柜,但是一定要有一个小书柜放在孩子的房间里,再加上一个干净整洁的书桌,便为孩子营造了书香世界。家长朋

友们,您为孩子营造这么好的读书环境,孩子不爱读书都不可能！这是我和大家分享的第一个方法——营造书香世界。（出示板书）

2. 大声亲子共读

师：开学到现在两个月的时间,我发现班里孩子的读书声音都很响亮。其中周奕萱同学读书的声音特别响亮。我问她,你在家里怎么读书？她说,我经常和妈妈大声读书。今天有请周奕萱妈妈和大家聊聊,她是怎么帮助女儿爱上读书的？（周奕萱妈妈做简短发言）

家长发言后,教师总结：周奕萱妈妈用"大声亲子共读"的妙招让女儿爱上了读书。其实"大声读"作用是非常大的,大声读不但能提高孩子的识字量,而且能帮助孩子增强语言表达能力。所以在合适的时候,家长朋友们可以和孩子一起享受大声朗读的快乐。

3. 从书中找答案

刘铮是咱们班的识字大王（出示第一张照片）,他的识字量远远超过了其他孩子,这与他爱读书是密不可分的。我常在教室里看到刘铮专注地读书。刘铮这么爱读书,一定与家长的引导分不开的。今天,我们有请刘铮妈妈和大家聊一聊她是怎么帮助儿子爱上读书的？

（刘铮妈妈做简短发言）

家长发言后,教师简单总结：刘铮爸爸妈妈用"从书中找答案"的方法把儿子引进了书中,然后爱上了读书。据我了解,咱们班其他家长也有自己家的好方法,谁想接着和大家聊聊？

（家长自由发言,老师对一些有针对性的发言给予点评）

教师根据家长们的发言进行总结：刚才大家谈得非常好。从大家的探讨中,我们会发现,要让孩子爱上读书,家长的态度很关键,家长的陪伴、引导是最为重要的。我和大家一样,也是一名家长,现在我和大家分享一下,我是怎样引导孩子爱上读书的。（播放视频）

视频后总结：由于我爱读书的态度,对女儿产生了潜移默化的影响,女儿也爱读书,所以我和大家分享的是要让孩子爱上读书,请您为孩子"建设读书家风"。如果您这样坚持去做了,相信您的孩子会更优秀！

今天,我们通过交流,知道了培养孩子爱上读书的方法（大屏幕出示）。(1)营造书香世界；(2)大声亲子共读；(3)从书中找答案；(4)制定买书规矩；(5)带孩子逛书店；(6)建设读书家风。

培养孩子爱上读书的方法远不止这6种,让我们在以后陪伴孩子读书的过程中,不断地摸索总结吧!

【设计意图】这一环节是家长们认识到读书重要性后,利用现身说法、教师与家长现场互动交流的方法,把自己家培养孩子阅读兴趣的方法进行分享。这个环节比教师单一的讲解更为接地气,也更容易让家长们从心里接受。

三、读书误区不要闯

师:有的家长可能会问:我们家也用了一些方法去引导孩子读书,可是为什么孩子就不爱读书呢?其实,您一定走进了以下误区。

1. 读书时,总是想着考孩子

师:我经常会看到有的家长和孩子一起读书时,读了一会儿,家长就会说:"儿子,你给我说一说,这个问题是什么?那个问题是什么?"一年级孩子的理解能力还不足,您提的问题,他可能答不上来。其实,您要想检验孩子读书认不认真,您不用刻意去考孩子,您可以让孩子用自己喜欢的方式讲一讲、演一演,您这样去培养孩子,会让孩子更爱读书。

2. 过多限制孩子的读书方式

师:我们大人读书时,往往是按部就班,一页一页地读。但是对识字量少的一年级孩子来说,这个方法不太适用。我常看到孩子是这样读书的,一本书翻过来覆过去地看,高兴起来还会把这一页讲给别人听。或者呢,拿着书哗啦哗啦地快速翻书,寻找自己喜欢的那一页。孩子的这些表现不是养成了坏习惯,而是他太爱这个书了,他能知道书中哪些地方是重点的,是自己喜欢的。一年级的孩子,他喜欢读书,这就是爱上了读书。

3. 家长不读书,却要求孩子读书

师:我常听到有些家长这样说,我们家这孩子怎么培养,他也是不爱读书。其实,这么多年,当家长、当老师的经验来看,只有爱读书的父母,才会培养出爱读书的孩子。其实,家长去培养孩子读书,你不用刻意地去做。您津津有味地阅读,对他就是最好的诱惑。我们都说过,父母是孩子最好的榜样。您看书,孩子看书;您玩手机,孩子玩手机;您看电视,孩子看电视。所以说,先做读书人,然后引导孩子读书。和孩子一起成长,做优秀父母。

【设计意图】通过读书误区不要闯这一环节,将家长陪伴孩子读书中的几点误区进行指导,让家长避免走进引导孩子读书的误区,更好地培养孩子阅读的兴趣。

四、反思改进要践行

1. 师：刚才我们一起看了读书误区不要闯。相信您在心中也有了自己的所思所想。请大家一起谈论谈论，您在引导孩子读书上有什么新打算？

（家长以小组为单位进行谈论，教师寻机进行面对面交流。）

2. 师：刚才和大家进行的交流沟通中，我听到了很多家长想以后怎么做，下面请家长来和大家聊聊自己以后的打算。

（家长自由发言，根据家长发言，教师再次引出培养孩子读书的态度、方法）

家长交流后，教师进行总结：通过今天的活动分享，我们明白了要让孩子爱上读书，家长的引领和陪伴是很重要的。

3. 推荐一年级阅读书目。（一张是莱州市小学一年级读书推荐书目，一张是小学低年级推荐书目。）活动结束后，家长们可以根据上面的提示，有选择的为孩子购书。但是也给大家一点小建议：选书的时候，一定要尊重孩子的选择。

【设计意图】通过家长小组讨论和全班交流，将本次活动再次延伸，让家长们将心中的所思所想表达出来，便于激励更多的家长行动起来。利用读书推荐卡的方式，既让不知道怎么购书的家长们找到了方法，也方便家长参考书目有选择地购书。

4. 活动总结

读书能让孩子增长智慧，增加自信，让孩子勇敢地面对一切。那么，就请您从现在开始，和孩子开启读书新模式。给孩子的心里播种下读书的种子，将来，他会给您带来意想不到的收获。

【设计意图】简单的总结提升，将本次活动的主旨再次回扣课题，对家长们发出"给孩子埋下书香的种子，让孩子爱上读书"的倡议！

（莱州汇泉学校　杨林娟）

【相关链接】

一、必读书目

1.《三字经》

2.《百岁童谣》（山蔓／编著）

3.《淘气包马小跳》（杨红樱）

4.《我不是坏小孩》（叶姝）

5.《蝴蝶·豌豆花》（金波／编，蔡皋等／画）

6.《猜猜我有多爱你》（爱尔兰·麦克／布雷尼／著）

7.《爱心树》

8.《格林童话》

二、选读书目

1.《帽子的秘密》

2.《（彩图版）三毛流浪记》

3.《（彩绘注音版）中国神话故事》

4.《第一次发现》（濒临危机的动物）

三、推荐书目

1.《爱心树》

2.《猜猜我有多爱你》

3.《大卫，不可以》

4.《祝你生日快乐》

5.《爷爷一定有办法》

6.《我的爸爸叫焦尼》

7.《小鹿斑比》

8.《小猪唏哩呼噜》

9.《假话国历险记》

10.《兔子坡》

11.《一年级大个子二年级小个子》（日本）

12.《小飞人卡松尔》（美绘版）

13.《小学生迪克比》（全6册）

14.《小布头奇遇记》

15.《木偶奇遇记》（意大利）

16.《为什么动物会有尾巴》

17.《了不起的狐狸爸爸》

18.《淘气包埃米尔》

19.《鼹鼠的月亮河》

20.《好奇怪的鱼》

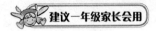
建议一年级家长会用

最美的风景——亲子阅读

【活动背景】

网络化时代喜爱看书的人越来越少,即便是要读书,也逐渐转向网络化、快餐式阅读,不能真正浸润到书本中,领略文字的魅力、感受阅读的乐趣。为了孩子能在书香的浸润下健康成长,为了孩子能有一个充实愉快的阅读童年,阅读兴趣的培养,要从小抓起。一年级学生并不具备独立阅读的能力,需要家长和老师的指导及陪伴。教师和家长要多为他们读故事,激发他们的阅读兴趣,培养他们爱读书的良好习惯。召开本次家长会,旨在家校携手,共同打造书香家庭,培养书香少年。

【活动目标】

1. 让家长认识到读书的重要意义。
2. 让家长掌握一些指导孩子读书的方法。
3. 家校合力,培养学生良好的读书习惯。

【活动准备】

1. 家长会课件。
2. 搜集关于读书的名人名言。
3. 优秀学生家长的经验交流。

【活动过程】

一、导入主题

孩子们升入一年级已经有一段时间了,我惊喜地发现,在课堂上有不少孩子能流利的朗读一首陌生的童谣,能在组词风暴上说出许多其他孩子听都没听过的词语,能用自己积累的词语说出优美的句子。据我的调查,这一部分孩子之所以较优秀,是因为他们有一个共同的爱好——读书。莎士比亚说:生活里没有书籍,就好像没有阳光;智慧里没有书籍,就好像鸟儿没有翅膀。书籍如同益友,它能陪伴我们健康的成长,鼓励我们走向乐观和坚强。今天,我们就一起走进本期家长会——引导孩子和书交朋友。

二、家长交流

(一)典型经验交流

很多家长跟我反映,他们的孩子回家经常会提到包昊斌这个名字,孩子们说着包昊斌如何的聪明,如何的了不起。其实,包昊斌不是神童也不是天才,他之所以在这么短的时间里就能成为大家心目中的"偶像",得益于他读了很多书。你们知道吗?包昊斌同学在谈自己理想的时候,说:"我的理想是将来成为像孔子一样博学的人。"一个一年级的孩子居然能以孔子为目标,很了不起。下面,就让我们以热烈的掌声邀请包昊斌的妈妈为我们做典型经验交流——打造孩子的书香人生。

(二)家长自由交流

古语有云:"书犹药也,善读之可以医愚"。亲爱的朋友们,请仔细回顾一下,从孩子牙牙学语到成为一名小学生,您为自己的孩子买了多少本书?您的孩子又读了多少本书?在引导孩子读书的过程中,您有怎样的疑惑或苦恼呢?(引导家长自由交流)

三、方法指导

在家庭中如何指导孩子爱上读书呢?下面谈一谈我的几点小建议:

(一)营造良好的读书氛围

一个书香之家,一定要有一个最简单的书柜。只要高度合适,孩子喜欢就好。他可以随意摆放自己喜爱的书籍,再加上柔和、明亮的光线,舒适的座椅或靠垫,一个温馨的读书角,这是孩子的精神乐园。

家长要陪孩子读书。孩子在读书的时候家长切忌不要在旁边摆弄电子产品,而是要和孩子一起阅读。

(二)激发孩子的阅读兴趣

孩子的阅读兴趣,是阅读活动最重要的内在推动力,而阅读兴趣则是需要家长有意识地予以培养。家长要善于诱发孩子的阅读要求。例如,家长可以利用自己的读书体会讲明课外阅读的好处;也可以邀请亲友中的优秀学生给孩子谈谈课外阅读的经验。

1. 用图文并茂、装帧新颖的书籍去吸引孩子。

2. 用讲半个故事的方法诱发孩子去读完整的故事。

3. 用先看电影、电视节目的方法引导他们去读原著。

4. 用先问孩子问题的方法引导他们从书里去找答案等等。

对能坚持课外阅读的孩子要经常表扬,对阅读后确有收获的孩子要给予奖励。

（三）帮助孩子选择阅读书目

家长要帮助孩子选择适合他们年龄特点的读物。小学低年级的学生对书的外部形式最感兴趣,可选图文并茂、装帧新颖的绘本、童话、民间故事、儿童诗和儿童报刊等。通过调查,我发现,不少孩子对《猜谜语》《十万个为什么》《动物大全》等感兴趣。您不妨试着买些这样的书籍引导孩子慢慢爱上阅读。在此基础上,家长应注意防止孩子过早地看超越他们年龄阶段的书籍。

经常带孩子逛书店是一个最简便的策略。刚开始面对一架架图书,孩子难免会感觉难以选择。那么,可以指导孩子从一个喜欢的作者开始,看看有没有他的其他图书……孩子的阅读品位和眼光一定是建立在这样大量浏览的基础之上的。当孩子在书店里度过一个个周末之后,他完全可能学会选择对自己有好处的书来读。

（四）指导孩子阅读方法

1. 制订一个课外阅读计划。如每天固定阅读时间（一般小学低年级学生每天30分钟）。帮助孩子选定要读的书、报、刊,并列出阅读的顺序和日程。

2. 指导孩子理解读物内容,要求孩子对读物中不认识的字、不懂的词或事情,要查字典和工具书,要问大人；家长要经常检查孩子读书的结果,如让孩子复述读物的内容,说说读后的感想,最好同孩子一道讨论一些问题,评价读物中的人和事,评价读物的写作特点等。

3. 引导孩子在书上写写画画。在书上写写画画会让孩子从书中收获更多。写写画画常常表示孩子与书本的交流,这种交流既让孩子在读书时保持清醒,也促进他的思维更加活跃,更好地理解和记下书中的内容,捕捉自己的感受和灵感。

您可以鼓励孩子试试下面的做法：

（1）在喜欢的句子或段落下画线。

（2）在空白处画一个星号，以示提醒。

（3）在让他快乐的地方，画上一个开心的笑脸；在让他感到难过的地方，画一个忧郁或流泪的表情。

（4）将关键的字词或者不认识的字词圈出来。

（5）在书的空白处记下自己的问题。

（6）在空白处写下自己的心得或感受。

如果父母和孩子阅读同一本书，你们在书上留下的文字，还会成为一种奇妙的交流方式，大家都会从中有所收益的。当然，这一做法不适合从图书馆借来的书。

4. 聊聊一本书。鼓励孩子讲述和谈论读过的书籍，不仅能够促使孩子真正理解一本书的内容，也可以训练和培养他们的口头表达能力。遗憾的是，很多父母并不知道该怎样与孩子谈论一本书。在《说来听听：儿童阅读与讨论》一书中，英国儿童文学作家钱伯斯提供了一个问题清单，父母可以用来引导孩子谈论他所读过的书。

我们从中选出一些列在下面，供大家借鉴。值得注意的是，这个清单并不是要求父母一一照做，逐条提问，而是应该根据孩子的需要，从中加以选择和修正。

（1）基本问题：这本书有没有什么是你喜欢的？有没有什么是你不喜欢的？有没有什么让你觉得困惑不解？

（2）概括性问题：当你第一次接触这本书，甚至还没有读之前，你认为它会是个什么样的故事？你曾经读过其他像这种类型的书吗？两者之间有什么异同？你每次读这本书，有什么不同的感想吗？如果作者请教你这本书有什么需要改善？你会怎么说？你有没有遇到和书里相同的情节？是怎么回事？你会怎么跟朋友谈论这本书？你觉得要怎么介绍，才能说动别人来读（或者不要读）这本书？你知道这本书的作者是个什么样的人吗？你想知道他为什么要写这本书吗？在哪儿写的？什么时候写的？

（3）特定问题：故事是在哪儿发生的？你觉得哪一个角色最有意思？是谁在讲这个故事？讲故事的人，是故事里的一个角色吗？还是故事以外，我们不认识的人？讲故事的人，喜欢哪个角色？你怎么知道的？

每个孩子在课外阅读中大都有一个从不熟悉到熟悉、从不适应到适应的发展过程，这是正常的发展规律，家长不要操之过急，不要对孩子施加压

力,多引导鼓励。经过一段时期的教育熏陶,就会逐步使孩子养成喜爱读书的兴趣和习惯,并且使书成为孩子成长生活中不可缺少的一部分。

四、亲子共读

我们的孩子因为年龄小等原因,需要家长的贴心陪伴。亲子共读就是很好的陪伴方法。如何开展亲子共读呢? 我的建议是:

(一)明确"亲子共读"的具体规定和有关事宜,签订"读书协议",制订"家庭读书计划",明确各自在活动中的责任。

(二)营造亲子共读的氛围,坚持每天读书不少于 30 分钟,双休日每天不少于 1 小时。

(三)建立家庭小书库,在"读书时间"开展亲子共读一本书或几本书活动。

(四)学生和家长读书以后,要留下一定数量的读书笔记。还可以将自己和孩子在一起阅读的温馨场面拍摄下来,共同见证亲子阅读的温暖画面。

(五)建立班级读书群,定期互相交流。自己怎样在家中创设浓郁读书氛围,怎样培养孩子浓厚的阅读兴趣,怎样有效指导孩子阅读,怎样让孩子养成良好的阅读习惯等;也可以谈谈与孩子一起读书的快乐及自己读儿童读物的感受;还可以讲述"亲子阅读"过程中发生的故事等。

(六)记录读书之路。阅读记录可以很简单,包括书名、作者、阅读完毕的日期,也可以随手写下一些简单的评语或者当时的感受。如果爸爸妈妈本人也有自己的阅读记录,那么孩子做起来将会更心甘情愿。父母和孩子可以尽情发挥创意,设计出美观、时尚的阅读记录表,贴在墙上,让孩子能时时看到,既能从中获得激励,也是对孩子的一种赞许。一定要注意的是,阅读记录只是帮助我们明白自己曾经看过哪些书而已,要避免让孩子将其视为作业。

五、签订协议

请大家根据我们的要求,认真签订我们的"读书协议"。家长填好"亲子共读反馈表",由学生带到学校,如实反映孩子在家的阅读情况。

亲爱的家长朋友们,"最是书香能致远",我相信,在大家的共同努力下,我们的孩子必定会在书海中撷取朵朵璀璨的知识浪花,必定会在书香的浸润下成长为祖国的栋梁之材! 让我们相约书海,共同畅游!

(海阳市亚沙城小学　闫兆娜)

【相关链接】

一、"亲子共读"活动方案

一、活动主题：亲子共读,营建书香家园

二、活动对象：(略)

三、活动时间：(略)

四、活动目的：(略)

为了推进学校图书室的辐射作用,构建有特色的书香校园文化和书香家庭,特举办此活动。

五、活动过程

(一)启动

1. 环境创设

(1)显性环境的创设。学校把新购买的图书投入使用,激活图书室。每个班级在学生中开展捐书活动,充实班级图书角,各班图书册数达到人均一本及以上,美化图书角。

(2)隐形环境的创设。班级要营造一个宽松、开放、自由的充满浓郁书香的阅读氛围。一个支持的、宽容的阅读环境,是促进学生自主阅读、个性化阅读的前提。教师要呵护学生阅读热情,鼓励学生保留自己的阅读见解,使阅读趋向感性化。在亲子共读中,不布置或少布置作业,保证孩子和家长的共同阅读时间。

2. 共读准备

教师方面：各年段根据孩子学龄段特点制定好班级亲子读书计划。

(1)年级主管领导负责选定亲子阅读的书籍及推荐书目目录。

(2)每位语文老师需提前阅读相关书籍,并提出具体意见和建议(阅读前、阅读中、阅读后,各由一位老师拿出读书方案),在家长会上给予家长指导。

(3)召开家长会,向家长宣讲亲子阅读的重要性,以及必要的方式方法；让家长从中领会到亲子阅读给孩子带来的巨大影响力,使家长和老师站在同一战壕,为亲子阅读群策群力。

家长方面：参加家长会,并与孩子共读图书。

（1）购买教师指定的图书，可通过家长组织完成。

（2）参加家长会，明确"亲子共读"的具体规定和有关事宜，签订"读书协议"，制订"家庭读书计划"，明确各自在活动中的责任。

（二）共读阶段

1. 在家庭

（1）营造亲子共读的氛围，坚持每天读书不少于 30 分钟，双休日每天不少于 1 小时。

（2）建立家庭图书角，开展亲子共读一本书或几本书活动。

（3）家长填好"亲子共读反馈表"，由学生带到学校，如实反映孩子在家的阅读情况。

（4）学生和家长读书以后，要留下一定数量的读书笔记。还可以将自己和孩子在一起阅读的温馨场面拍摄下来，共同见证亲子阅读的温暖画面。

（5）在家长中开展"我和孩子共读书"征文比赛，交流家教方法。交流内容可以谈谈自己怎样在家中创设浓郁读书氛围，怎样培养孩子浓厚的阅读兴趣，怎样有效指导孩子阅读，怎样让孩子养成良好的阅读习惯等方法的介绍；也可以谈谈与孩子一起读书的快乐及自己读儿童读物的感受；还可以讲述"亲子阅读"过程中发生的故事等。

2. 在学校

（1）板报评比。为烘托读书氛围，各班轮流出以"我读书，我快乐"为主题的黑板报或手抄报，进行评比活动。

（2）教师和孩子一起看书、聊书。

（三）总结表彰

1. 班级"书香家庭"评比

每个家庭只要能认真完成"亲子阅读"的任务，都能评为班级"书香家庭"。

2. 学校"书香家庭"评比

为树立学生身边的榜样，通过班内推荐，每班评选出 3～4 户"书香家庭"，学校进行表彰，奖励。

我们期盼着，在书这个精神食粮的引领下，在各位家长的支持下，我校"亲子共读"活动带动一大批书香家庭，让家长和孩子们共同浸润在书香中。

二、"亲子共读"倡议书

尊敬的家长：

莎士比亚说过，生活里没有书籍，就好像没有阳光；智慧里没有书籍，就好像鸟儿没有翅膀。书籍好比良师，它能指引我们前进的道路，解决我们心里的疑问；书籍如同益友，它能陪伴我们健康的成长，鼓励我们走向乐观和坚强。为了培养孩子良好的读书习惯，我们开展"亲子共读"活动。

亲子共读，是一种美丽的休闲。孩子的成长其实也是一本书，多一点心思，多一点投入，收获的其实不仅仅是孩子。为此，我们特向全体家长提出倡议：

1. 加入"亲子共读"活动中，做孩子读书的榜样。家长的言传身教对孩子的成长有着直接的影响。当你陪着孩子走进书香四溢的书店，当您双休日早一点关掉电视，引导孩子把阅读当作生活的一部分时，您就等于把孩子引入了知识的海洋。

2. 给孩子足够的鼓励，和孩子一起共享阅读的美好时光。平时您要尽可能给孩子提供静心阅读的时间、空间，以及足够多的好书；在孩子阅读的时候，给孩子尽可能多的鼓励。我们真诚希望每个家长能与孩子共读一本书，重要的是和孩子一道享受阅读的过程，分享阅读的乐趣。

3. 为您的孩子建立温馨、舒适的读书角，建立一个家庭图书架，并尽可能做到适合您的孩子阅读。

4. 每天抽出至少30分钟的时间（也可每周累计3.5个小时，最好每天都读）与孩子共同阅读，一个月累积读完2本书。

尊敬的家长们，让此次读书活动成为"一盏心灯"，缩短您与孩子的距离，让你们在书中去旅程，让迷人的书香飘溢在我们周围，让迷人的书香促进我们的进步，为了孩子更美好的明天，让我们携手共同进步吧！

三、亲子共读记录卡

读者姓名：		阅读时间：

书籍名称：　　　　　　　　作者：

孩子聊聊这本书：

1. 读这本书我的感受是：（提示：我觉得最有趣的是……，最感人的是……）

_____

_____

2. 这本书中我最喜欢的好词佳句：

_____

_____

家长寄语：

_____

_____

家长签名：_____

阅读点亮童年时光

【活动背景】

阅读是人获得进步与提升的重要方式。作为教育者,要想让孩子爱学习,必须自己先做读书人,教师如此,家长也是如此。2013 年公布的第十次全国国民阅读调查的结果,我国国民人均每年纸质图书阅读量为 4.39 本,远低于韩国的 11 本、日本的 8.5 本、法国的 8.4 本、美国的 7 本。调查还发现,超过半数国民认识到自己阅读量不够,却没有把阅读付诸实践。国外有研究表明,一个人的阅读习惯必须在 12 岁之前养成,否则阅读的大门就对他永久关闭了。所以,读书对于孩子成长具有重要意义。指导家长根据孩子特点选择书目,培养孩子良好的读书习惯,引发家长与孩子同读书、共成长的强烈愿望,将会让学校教育获得事半功倍的效果。

【活动目标】

1. 让家长了解读书对于孩子成长的意义;
2. 指导家长培养孩子良好的读书习惯;
3. 引领家长与孩子同读书、共成长。

【活动准备】

1. 制作活动 PPT。
2. 打印推荐书目。

【活动过程】

一、导入主题

时间过得真快,我们的孩子好像在不知不觉间突然长大了。孩子们不仅身体长高了,学习、品质等各方面的能力也增长了。在此,我们向各任课老师

的辛勤付出表示感谢！当然，孩子在成长过程中，更加离不开的还是我们家长的陪伴。

记得一位美国教育专家说过一段话："你读书越多，知道得越多；你知道得越多，你越聪明；你越聪明，在校学习的时间越长；你在校时间越长，获得的文凭越多；获得的文凭越多，受雇的工作时间越长；受雇的工作时间越长，那么你就越富裕，反则反之"。正是理解了这个道理，越来越多的家长懂得了让孩子变聪明的办法不是补课，不是增加作业，而是阅读、阅读、再阅读。研究发现，孩子自发地喜爱读书的时间很短，一般在五六岁到12岁之间，如果在这个时间里，不能让孩子树立起对书的好奇和喜爱，过了这个阶段，孩子的兴趣将会转移到其他事情上，成长带来的各种烦恼就开始占据孩子的心思，家长便永远失去了引导孩子读书的好机会。

二、教师引领学生读书

在引导孩子读书方面，要说我做了点什么的话，那就是"身体力行"，陪孩子一起读书。

（一）开始阶段，我捧着书读故事给孩子们听，随时提问故事情节，回答对了就表扬一番。

（二）每月开展"师生同读一本书"活动。每月初向孩子们推荐一本书，月末开展读书交流会。让孩子们从书中提炼两个小问题，带上两个小礼物，交流课上，答对自己问题的孩子给个小奖励。孩子们很喜欢这种方式，这也促进了孩子们的阅读。

（三）充分利用好班级图书角作用。班级图书角，书韵飘香，那里有上百本图书，有爱心家长资助的图书、有学校配备的图书，也有孩子们从自家带来的图书。每个周五是图书开放日，孩子们可以从这里借走两本书，借期为一周，如果一周没有读完，可以续借。

（四）利用零碎时间来读书。我给孩子们规定，书包里每天都得放上两本课外书，完成学习任务的时候读书，课间不想出去活动的时候读书，放学排队等候的时间也可以读书，在这种浓厚的读书氛围里，每个孩子都有了读书的兴趣，成为名副其实的"小书虫"。

（五）对孩子读书提出要求。

1. 读书不是为看热闹，读书也不是为了应付妈妈和老师，所以要读到书里去，和书中的人物去交流、去交朋友。

2. 一定要博览群书，不同内容的书都要精读，不反对读漫画书，但一定要把看图和读文字相结合。

3. 书读一遍只是略知皮毛。要想真正读出点什么来，得反复地读几遍才能出真知。所以一本书至少要读两遍才算读完。

4. 书中不仅有好词、好句、好片段，还有许多的真知灼见，所以那些对你有所启发的东西、精华的东西一定要记在积累本上，以便经常翻阅，经常学习。

三、家长与孩子一起读书

可能有的家长会说：你们老师做的已经很好了，我们不需要再做什么。这种想法是错误的，孩子读书习惯需要您和我共同来培养。读书习惯是父母留给孩子最宝贵的财富之一。而孩子在6～12岁是培养读书好习惯的黄金期，如何才能抓住黄金期，让孩子真正爱上读书？下面为您推荐几个方法。

（一）全家人一起读书。要想让孩子从小就爱上阅读，把读书当作一种生活状态，最关键的是要在家庭中营造读书的氛围。心理医学研究专家表示，孩子人格的塑造以及行为习惯的培养，都是在模仿、认同与游戏中完成的。他们的语言理解能力较差，模仿能力却很强，阅读兴趣的培养往往很难通过说教达到目的，最好还是父母做好示范。作为父母，经常让孩子看到您在读书，这对于孩子来说，绝对是最好的榜样和鼓励。父母爱读书，每天都有一定的阅读时间，孩子就会认同读书这种生活方式，久而久之自然会受到熏陶，也爱上读书。

（二）父母多给孩子读书。在孩子建立阅读习惯初期，父母陪读可以很好地激发孩子读书热情。对孩子来说，父母的声音和肢体接触是最值得留恋的，父母不妨把这些元素融合到阅读行为中，在孩子有兴致时，把他揽到身边，一起声情并茂地品味书中的图片和故事，这可以大大增强孩子阅读的乐趣。一些人的做法是，每天睡前念15分钟的书。这15分钟当然不局限在睡前，可以在晚饭后，可以在开饭前，也可以在每天早晨起床后。如果固定下来，成为一家人共同读书的时间，不仅每个人都能从书中收获颇多，而且，忙碌的爸爸、妈妈也找到了陪伴孩子的时间。需要提醒的是，父母或孩子情绪不好时最好不要读书，因为坏情绪可能会让孩子对阅读留下负面印象。也不要把读书任务都交给"讲故事机"，那样会丧失很多宝贵的亲子时光。

（三）学会分享与交流。学会分享与交流书中的内容，能让阅读带来的加倍乐趣。所以，不光要让孩子读书，还要多与孩子分享与交流书中的内容。分享的过程不仅能让知识二次传播，还能体现自我价值，孩子在分享的同时可以获得别人的认可，对读书的热情自然更加高涨。孩子小的时候，父母可以与孩子一起读他们喜欢的书，共同探讨书中细节或评价主人公；当孩子长大一些，可以鼓励他们多参加读书会，学会与别人分享读书的体会。

（四）选择孩子喜欢看的书。对于成人阅读来说，面对浩瀚书海，"读好书"很关键。但对孩子来说，建立阅读兴趣和培养阅读习惯则是第一位的。所以，在购买图书时，最好选择孩子喜欢看的书，不要按照父母的喜好给书分优劣。选择绘本时，图片要大，最好一页一图，而且图片要形象生动，布局清晰；故事要有逻辑性，情节简单，语言富有节奏感。此外，父母也不必太看重分龄书目，每个孩子都不一样，发展阶段也不一致，不必过分拘泥。

（五）读书时不要总考孩子。大部分孩子是在各种"考试"中长大的，就连还不会说话的宝宝，都总会被问"哪个是老虎？""飞机在哪里？"但在孩子读书时，太过频繁的"考试"可能会扼杀孩子对读书的兴趣。专家提醒，亲子阅读不能目的性太强，读书不是为了考试，而是要让孩子单纯享受读书的乐趣和开阔眼界、学习知识的过程，那样孩子才能真正爱上读书。

（六）尊重孩子独特的阅读方式。成人阅读往往按部就班，孩子却不然，由于他们的接受能力和理解能力较差，注意力不稳定，所以常常会出现反复阅读同一本书或同一个页面、哗啦哗啦地快速翻书、拿着书倒着看等非常态的阅读行为。遇到这种情况，不少妈妈会赶紧纠正，生怕孩子养成不好的阅读习惯。其实，孩子的这些行为也是对阅读兴趣的独特表达，父母应适当予以尊重，不要过度干涉，以免影响了孩子的阅读热情。

（七）多鼓励、多赞扬。每当孩子读完一本书，不妨及时予以鼓励和夸赞，比如，竖起大拇指赞美他读得认真，用掌声庆贺他又读了一本好书，或称他为"小知识分子"等，这类正面反馈可以大大激发、巩固幼小心灵的阅读热情。

（八）给孩子建立读书角。一个书香之家，可以没有豪华的衣柜、没有奢侈的酒柜，但一定要有一个简单的书柜放在房间的一角。只要高度合适，孩子喜欢就可以。他可以随意摆放自己喜爱的书籍，再加上柔和、明亮的光线，舒适的座椅或靠垫，一个温馨的读书角是孩子一片自主的天地，也是孩子的精神乐园。

四、活动总结

只要用心培养，每天在紧张的工作之余，坚持挤出一点时间去完成这一意义重大而又艰巨的任务，读书一定会像吃饭和睡觉一样成为生活中最自然的事情。天长日久，书会成为孩子最知心的朋友，读书也会点亮孩子的童年。

最后送大家一句话，与各位共勉：阅读未必能立即带来看得见的好处，但好的生活一定和阅读有关。

（蓬莱市第二实验小学　王彩芝）

【相关链接】

小学生必读书目推荐

一年级学生必读书目

1.《中国古代寓言故事》邶笸钟编写　北京人民文学出版社

2.《中外神话传说》田新利选编　北京人民文学出版社

3.《十万个为什么》卢嘉锡主编　少年儿童出版社

4.《与鸟儿一起飞翔》郑作新著　湖南少儿出版社

5.《海底两万里》(法)儒勒·凡尔纳　北京教育出版社

6.《汉字的故事》梅子涵著　上海科普出版社

7.《安徒生童话选集》(丹麦)安徒生著，叶君健译　译林出版社

二年级学生必读书目

8.《克雷洛夫寓言全集》(俄)克雷洛夫著，裴家勤译　译林出版社

9.《拉·封丹寓言》(法)拉·封丹著，倪海曙译　上海译文出版社

10.《格林童话全集》(德)雅各布·格林/威廉·格林著　译林出版社

11.《科学王国里的故事》王会等主编　河北少年儿童出版社

12.《神奇的符号》苏步青著　湖南少儿出版社

13.《诗词中的科学》唐鲁峰等　江苏人民出版社

14.《中国古代科幻故事集》杨鹏、刘道远　中国少年儿童出版社

15.《阿凡提的故事》赵世杰编译　中国少年儿童出版社

16.《三毛流浪记》张乐平　少年儿童出版社

17.《宝葫芦的秘密》张天翼　农村读物出版社

18.《今年你七岁》刘健屏　中国少年儿童出版社

19.《荒漠奇踪》严阵　中国少年儿童出版社

三年级学生必读书目

20.《伊索寓言》(希腊) 伊索　中国妇女出版社

21.《宫泽贤治童话》（日）宫泽贤治著,周龙梅　少年儿童出版社

22.《列那狐的故事》(法) 玛阿希季诺著　北京教育出版社

23.《天方夜谭》郅涛浩等译　译林出版社

24.《130 个科学游戏》(德) 汉斯普雷斯著,吴衡康编译　中国少儿出版社

25.《东周列国志故事》郭平、陈咏超改编　江苏少年儿童出版社

26.《成语故事 365》帆女、阿雪等　国际文化出版公司

27.《一百个中国孩子的梦》董宏猷　21 世纪出版社

28.《我们的母亲叫中国》苏叔阳　中国少年儿童出版社

29.《小兵张嘎》徐光耀　中国少年儿童出版社

30.《三寄小读者》冰心　少年儿童出版社

31.《皮皮鲁传》郑渊洁　学苑出版社

32.《肚皮上的塞子》周锐　春风文艺出版社

33.《乌丢丢的奇遇》金波　江苏少年儿童出版社

34.《我要做个好孩子》黄蓓佳　江苏少年儿童出版社

35.《灵性的王国》张香桐著　湖南少儿出版社

36.《爱的教育》(意) 亚米契斯著,马默译　浙江少年儿童出版社

四年级学生必读书目

37.《稻草人》和其他童话　叶圣陶　中国少年儿童出版社

38.《中国当代儿童诗歌选》张继楼、彭斯远　四川少年儿童出版社

39.《外国儿童诗选》文成英、李融编选　四川少年儿童出版社

40.《科学家故事100个》叶永烈　少年儿童出版社

41.《中外探险故事精选》伊明选编　中国少年儿童出版社

42.《无尽的追问》王淦昌著　湖南少儿出版社

43.《昆虫记》(法) 法布尔著,言小山译　人教社大百科全书

44.《我的野生动物朋友》(法) 蒂皮·德格雷,黄天源译　云南教育出版社

45.《中外战争的故事》张鸿海等　中国少年儿童出版社

46.《做人与做事》卢勤　接力出版社

47.《30天环游中国》郑平等　中国少年儿童出版社

48.《草房子》曹文轩　江苏少年儿童出版社

49.《第三军团》张之路　中国少年儿童出版社

50.《巫师的沉船》班马　21世纪出版社

51.《糊涂大头鬼》管家琪　浙江少儿出版社

52.《木偶奇遇记》(意) 卡洛·科洛迪著,杨建民译　上海科技教育版社

53.《格列佛游记》(英) 乔纳森·斯威夫特著,杨昊成译 人教、译林版

54.《福尔摩斯探案全集》(英) 柯南道尔,丁锦华译,远流公司1988年

55.《顽皮捣蛋鬼》(德) 威廉.布什 湖北少儿出版社

56.《七彩的分光》王大珩著 湖南少儿出版社

57.《悠长的岁月》贾兰坡著 湖南少儿出版社

58.《写给小读者》晓玲叮当 新疆青少年出版社

五年级学生必读书目

59.《圣经神话故事》陈静选编　中国少年儿童出版社

60.《严文井童话选》严文井　四川少年儿童出版社

61.《普希金童话》(俄) 普希金著,亢甫,正成译　浙江少年儿童出版社

62.《王尔德童话》(英) 王尔德著,唐诩辉译　中国连环画出版社

63.《中外动物故事选》伊明选编　中国少儿出版社

64.《中外经典科普故事》伍钚编　中国少年儿童出版社

65.《中外网络故事》伍钚编　中国少年儿童出版社

66.《科学改变人类生活的100个瞬间》路甬祥主编　浙江少儿出版社

67.《水陆两栖人》(苏) 亚历山大·别利亚耶夫,善诚译　科学普及出版社

68.《中外艺术家的故事》江钥含编　中国少年儿童出版社

69.《国际知识问答》中国少年儿童出版社编　中国少年儿童出版社

70.《上下五千年》林汉达 曹余章著　上海少年儿童出版社

71.《马燕日记：一个感动世界的现代童话》（法）韩石　华夏出版社

72.《中华经典诵读本》徐含之选编　苏州大学出版社

73.《漂亮老师和坏小子》杨红樱　作家出版社

74.《幻城》郭敬明　春风文艺出版社

75.《鲁滨孙飘流记》(英) 笛福著, 王泉根译　北京少年儿童出版社

76.《魔法师的帽子》(芬) 杨松著, 任溶溶译　纺织工业出版社

77.《金银岛》(英) 史蒂文生著, 单蓓蕾译　北京出版社

78.《吹牛大王奇游记》(德) 埃·拉斯伯 刘浩译　少年儿童出版社

79.《淘气包艾米尔》(瑞典) 阿·林格伦著, 高锋红译　中国少儿出版社

80.《童年》（俄）高尔基著　上海译文出版社

81.《做一个快乐的少年人》邓碧霞译　三联书店

培养好习惯 迈好第一步

【活动背景】

　　从孩子高高兴兴背着书包走进学校起,就意味着告别了无忧无虑的以游戏为主的幼儿生活,开始跨入以学习为主的学生时代。万事开头难,从懵懵懂懂的幼儿向儿童转变,孩子在陌生的学习环境中要会听讲、要遵守纪律、要写作业……这是多么大的变化,那种新奇、喜悦、紧张与彷徨的交集可想而知。作为一年级学生的家长,如何培养孩子良好的学习习惯和生活行为习惯,帮助孩子尽快适应小学生活,是孩子得以健康顺利发展的前提和保证。

【活动目标】

　　1. 通过家长会,让家长认识培养孩子好习惯的重要性。

　　2. 让家长明确需要培养孩子哪些良好习惯及如何培养。

　　3. 让家长明确培养孩子良好习惯应遵循的原则。

【活动准备】

　　1. 活动课件。

　　2. 调查问卷。

　　3. 阅读材料。

【活动过程】

一、开场语

　　家长朋友们,孩子入学,对于我们每个家庭来说,都是一件大事,从这一刻开始,我们小学阶段的家庭教育就开始了"千里之行"的第一步,我们将一起陪伴孩子们开始一段全新的人生旅程。万事开头难。我了解,此刻家长

们的心里饱含孩子们长大后的喜悦、兴奋,对孩子学习生活的殷殷期盼,当然也有对孩子能否适应学校生活的焦虑和困惑。因此,今天我们探讨的主题就是"培养好习惯,迈好第一步"。

二、正反故事对比,凸显良好习惯培养的重要性

故事一:1978年,75位诺贝尔奖获得者在巴黎聚会。有位记者采访其中一位诺贝尔科学奖得主:"你在哪所大学、哪所实验室里学到了你认为最重要的东西呢?"出人意料,这位学者回答:"是在幼儿园。"记者又问:"在幼儿园里学到了什么呢?"学者答:"把自己的东西分一半给小伙伴们;不是自己的东西不要拿;东西要放整齐;饭前要洗手,午饭后要休息;做了错事要表示歉意;学习要多思考,要仔细观察大自然。从根本上说,我学到的全部东西就是这些。"从这位学者的回答可以看出从小养成良好的习惯对人的一生有着多么深刻的影响。

故事二:有一个理发的师傅教徒弟理光头。开始时在冬瓜上练习,用理发刀刮冬瓜皮来模仿理光头,徒弟每次练习都有一个坏习惯:把理发刀往冬瓜上一扎。师傅见后说:"请你改变这一习惯。"徒弟笑曰:"这又不是真头,没关系的。"三个月后,徒弟出师。给第一位顾客理光头,理完后,他又照例把理发刀往头上一扎,结果可想而知。

小结:良好习惯,终身受益。我们每位家长都渴望自己的孩子成为一个优秀的人,请记住"成功的教育是从习惯的培养开始的"。让孩子坚持把每一件简单的事做好,坚持把每一件平凡的事做好,将来孩子才会不简单、不平凡,"优秀"才会成为孩子的一种习惯。

三、培养孩子哪些习惯、如何培养

小学生的学习、生活、行为习惯包括很多方面,针对一年级孩子的年龄、心理发展特点,提醒家长们特别关注以下习惯的培养。

(一)学习习惯

一二年级是学习习惯培养的关键期,也是左脑开发的最佳时期。在这一阶段培养起孩子良好的习惯,对孩子现在及以后的学习就会起到事半功倍的效果。良好的学习习惯主要包括以下四个方面:

1.专心倾听

没有倾听习惯的孩子往往会在课堂上随意散漫,不仅不会听别的同学发言,而且老师讲课时坐不住,腿脚不停地摇晃,手里不断地摆弄铅笔等物品。有的孩子看似坐得端端正正,点名回答问题时,却答不到点子上,根本不知道老师在说什么。还有的随便插话,老师同学的话还没说完,就张嘴表达自己的想法,这些都是不会倾听的表现,势必影响孩子的听课效果。

我们现场做个小调查,哪部分家长能定期拿出专门时间听孩子说话的,请举手。恭喜这部分家长,你们的孩子一定也会具备专心倾听的良好习惯。

倾听是一个人接受信息的重要手段,也是表达自身的第一步。有研究表明,许多父母没有倾听孩子说话、表达心声的习惯,是造成孩子无法养成倾听他人习惯的原因。所以家长们,我们可以设立"每日一谈"时间,每天拿出十分钟专门听你的孩子说说话,讲讲学校的见闻、同桌的故事,哪怕是一朵小花开了、一只蜜蜂在采蜜这样的小事,也请你耐心地听完,不要粗暴打断。其次,倾听孩子说话时,态度一定要端正,眼睛要看着孩子,千万不要一边做家务一边听或者边看电视边听,更不要表面上倾听,心里却想着家里的地还没拖、朋友发的微信还没回。孩子虽小,但他会感觉到你的敷衍。再次,给家长介绍两种训练孩子倾听习惯的好方法。

方法一:听故事。根据孩子的兴趣特点选取他喜欢的小故事,在听的过程中让他记录某个词出现的次数,比如故事的主人公是小猫,让孩子一听到小猫就在纸上画个圈,可以和孩子比赛谁的正确率高。还可以让孩子复述故事情节,或和孩子一起共同完成人物对话,或者一家人进行角色扮演等等。

方法二:传话游戏。以在耳边说悄悄话的方式,由妈妈说几句话,传给爸爸,再传给孩子,最后让孩子和妈妈说一说自己听到的进行验证。这个游戏既能让孩子感受到乐趣,又对促进孩子注意倾听的习惯非常有效。

2. 认真书写

主要体现在工整书写和作业不拖拉两方面。在学校,老师上课时会随时指导孩子坐姿、握笔姿势、字迹是否工整,因为孩子写着写着就忘了,头离本子很近,本子歪斜,有的握笔时自己觉得怎么得劲怎么握,还有的横不平竖不直,写出的字歪歪扭扭。家长可能不太注意这些,觉得这些是小事,但长期不正确的姿势会直接影响孩子的视力和骨骼发育,而且一旦养成了坏习惯很难再纠正过来,非常不利于培养孩子的自信心和认真负责的学习态度。

再来说说做作业,拖拖拉拉是每个学生都会出现的情况,也是每个家长都很头疼的常见现象。有不少家长反映,孩子做作业时一会儿看动画片,一

会儿吃水果，10分钟能写完的作业得拖上半个小时，有的甚至一个小时也做不完。遇到这种情况怎么办呢？

首先，父母应明确地告诉孩子三点：写作业时应该专心致志，不能三心二意，更不能在未完成作业时邀请同学或者朋友来家里玩；写作业时应该认真进行思考，对于自己不懂的地方不能蒙混过关，要及时向父母请教；写作业时态度要端正，书写要工整。这是给孩子立规矩。

其次，作为家长，应该牢记"三个不"，即在孩子做作业时不端茶倒水，不指手画脚，不布置额外练习。这是给家长立规矩。

最后，假如孩子确实让你有些无可奈何，请看看这位妈妈的做法，也许会给你带来启发。

好方法分享：《好妈妈的"加减法"》

北京有个妈妈，她的儿子小学五年级，写作业坐不住，妈妈说了很多遍，就是不管用。后来她向一个心理学专家请教，这个心理学专家就告诉她，最好的方法就是培养一个好习惯，改掉一个坏习惯，教给他一些具体的方法。妈妈一听：嗯，有道理，回来她要试一试。她就开始先观察，观察她的儿子是怎么写作业的，她在这边织着毛衣，看着孩子在那边写作业，发现了他写一个小时作业站起来七回。一会儿打开冰箱，看看有什么好吃的，一会儿打开电视，看看有没有动画片，一会儿站到窗前，看看谁在楼底下玩。这妈妈看明白了，第二步开始引导。她说："儿子，你是个很聪明的孩子，只要你好好学习，一定能学习好，可是刚才我给你数了数，你写一个小时的作业站起来了七回，是不是太多了。"

儿子一听，妈妈看见了，不好意思，他也没数过。妈妈说："儿子，我看你写一个小时的作业，站起来三回就差不多了吧。"儿子一愣，嗯，不错，妈妈还让我站三回，挺不错的。妈妈说："儿子你如果写一个小时作业，站起来不超过三回，当天晚上6点的动画片随便看，妈妈绝不干涉。"儿子一听："真的？我就喜欢看动画片，太好了！"妈妈说："你先别高兴，有奖励就得有惩罚，如果你写一个小时作业，站起来超过了三回，当天什么电视都不能看，动画片也不能看，行不行？"儿子说："行，反正我也不超过三回，好！"母子协议达成了。结果呢，有3天的时间，孩子做到了写一个小时作业站起来不超过三回，但是有两天就忘了，一到了晚上6点，急得蹦高就要去看。妈妈说："男子汉说话算话，怎么能够去违反规定呢，不让。"孩子非常沮丧，闹，也不行。从第二个星期开始，他再写作业时，一想站起来，马上就想道：不行，我只有三回，我得省着点用，晚上好看动画片。所以，真正的教育是自我教育，真正的控制是自我控制。

经过一个月的训练，孩子做到了写一个小时作业站起来不超过三回，第二个月不超过两回，第三个月不超过一回。写一个小时的作业，站起来一回是正常的，所以这个妈妈用 3 个月的时间，培养了孩子专心做作业的习惯，改掉了一个坐不住的毛病，一个坏习惯。

好习惯用加法，改正坏习惯用减法。你希望你的孩子有什么好的行为、好的习惯，你就千方百计地引导他、鼓励他，把好的行为进行强化，好的行为出现的次数越多，好习惯就会越牢靠。

3. 独立思考

直击教子现场：

小明正在写数学作业，发现一道数学题不会做，急忙喊："妈妈，快来，这道题我不会做！"小明的妈妈听见后，赶紧走过来看了看，然后告诉小明怎样答题。小明按照妈妈所说的写完作业，高兴地与伙伴玩耍去了。

这样的事情几乎天天发生，小明遇到不会的问题就找妈妈也成了习惯。一天，小明的妈妈发现两天前刚做过的题目，小明又问如何解答。她突然意识到直接告诉小明答案有些不妥，于是让小明先思考一下，小明却说："我不会想，你还是把答案告诉我吧。"此时，小明的妈妈后悔自己没有从最初就教孩子学会独立思考。

另外，在平时的教学中，我们还经常遇到这样的学生：他们上课不违反纪律，给人感觉很乖巧，表面上让人觉得很放心，但也恰恰是这一类孩子上课很少提问，不是什么都听懂了，也不是没有问题，而是不善于思考，不会主动思考，提不出问题来。长此下去的害处就是问题总是会伴随着孩子的成长，又得不到及时的解决，结果越积越多，学习越来越困难，再想提高就难了。

那么，我们该如何培养孩子独立思考的习惯呢？

（1）用完成故事结尾的方式启发孩子进行思考

好方法示例：海源的妈妈为了能够使儿子学会独立思考，经常用儿子爱听故事这个特点启发孩子，让他多动脑筋。她讲故事与别人讲故事不同，只是把故事的开头、过程讲得特别详细，但结局不告诉儿子，而是让他通过

故事情节去想象结尾会是什么样的,还要他说明为什么有这样的结尾,并鼓励他说出两个以上的不同结尾,最后才告诉儿子原故事的结尾。

儿子在妈妈这样有趣的训练下,思路开阔,思维活跃,到后来自己都能编一些故事讲给妈妈听。

（2）保护孩子的好奇心

好方法示例:龙龙今年才八岁,就已经获得少儿发明创造二等奖。原来,龙龙很小的时候就对很多东西感兴趣,好奇心很强,经常摆弄家里的玩具、物品,把好多东西都给弄坏了。

龙龙的父母知道孩子是因为好奇才这样做的,所以他们不仅没有批评龙龙,还主动给他讲那些东西的使用原理,并买回了一些小零件,让孩子学着组装,由此保护了孩子的好奇心,使孩子学到了很多新知识。所以,龙龙虽然只有八岁,却已经是一个小小发明家了。

好奇心是孩子与生俱来的可贵品质,这也难免会使家里的一些东西遭殃。父母不要因此责骂孩子,而应该因势利导,给孩子讲授一些有关的知识,一些发明家的故事,引导孩子的兴趣,鼓励孩子的探索精神,这样会使孩子开动脑筋,学会思考,提高独立思考的能力。

（3）教孩子多角度考虑问题

好方法示例:阿梅的女儿今年八岁,她是个好奇心很强的孩子,总有问不完的问题。为了给孩子更多独立思考的机会,对于自己不知道答案的,阿梅会让女儿与自己一道去查资料,去观察、思考;对于自己知道答案的,阿梅也先让女儿动脑想一想,并且告诉她答案也许不止一个,要从多个角度去思考,并对女儿所给出的新颖答案进行表扬,最后才会告诉女儿正确的答案。

阿梅的女儿在妈妈的引导下,不但问问题的兴趣提高,而且还积累了丰富的知识,更重要的是提高了自己独立思考的能力。

孩子喜欢问问题,有些问题还很"傻",但无论孩子问的是什么样的问题,父母都不要嫌孩子烦,更不能打击孩子的积极性,而应尽可能多地给孩子提供独立思考的机会,并且引导孩子从多个角度考虑问题的答案,让孩子提高独立思考的能力。

4. 热爱阅读

爱读书的父母一定能带出爱读书的孩子。随着亲子阅读越来越成为社

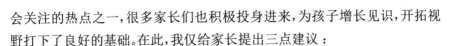

会关注的热点之一,很多家长们也积极投身进来,为孩子增长见识,开拓视野打下了良好的基础。在此,我仅给家长提出三点建议:

一是营造良好的阅读环境和氛围。最理想的环境是:充满书香的家。书在家里无处不在,读书是家里成员的休闲活动之一,鼓励孩子将书当"玩具"去玩,视"书"为好朋友,而且父母经常与孩子交流阅读经验和心得,在这种环境中,孩子必然受到潜移默化的影响。

二是给孩子选择好书。提倡阅读千字文、三字经、经典童话等优秀的文学作品,使之感受语言的丰富和优美,滋养孩子们的心灵,陶冶孩子的情操。每年寒暑假我们都会为孩子们提供一些不同年龄段的阅读书目,大家可以从中自行选取。

三是亲子共读是培养孩子热爱阅读最好的途径。最明智的父母,一旦给孩子吃饱穿暖之后,接下来最重要的事情,就应该去陪孩子读书。每天坚持半小时的亲子阅读,不仅可以增进父母与孩子之间的感情,更能潜移默化地让孩子爱上读书。

小结:家长们,良好的学习习惯是孩子追求知识的资本,只有让孩子通过每天一点一滴的积累和巩固,才能使这个资本不断地增值,孩子的学习才能产生"滚雪球"的效应,最终产生质的飞跃。

（二）生活行为习惯

"孩子还小,长大就好了"是我们父母经常挂在嘴上的话,所以"理所当然"的百般呵护,事事包办,更对孩子一些不良的生活行为习惯熟视无睹,这种看似爱的行为实际上却是在害孩子。所以我们一定要从小培养孩子的良好生活行为习惯,以免千里之堤,毁于蚁穴。良好的生活行为习惯主要包括以下三个方面:

1. 良好的作息习惯

合理安排时间反映出一个人的学习和生活态度,而一个没有时间观念的孩子总是感觉时间不够用或总是需要父母催着学习,其实他们每天并没有做多少事情,却不知道时间花在哪里了,基本就是在疯玩中日复一日。

相比成人来讲,孩子的时间观念比较模糊。周一至周五在校期间,孩子们会按照学校预定的课程表有规律的上课、下课,我们老师也会提醒孩子下课先去上厕所,打预备铃的时候要回教室,每节课前要把上课用的课本、笔、尺子等学习用品准备好,会让孩子早上来了要先交作业,按时开始早读,每

天进行 5 分钟口算练习等,通过这些细节的天天强化,帮助孩子养成良好的守时习惯。那么回到家里以后,父母就需要好好配合了。我建议大家和孩子坐下来共同协商,根据各个家庭的实际情况和自己孩子的特点制订一份科学合理的时间安排表,原则上既考虑学习时间,也不剥夺孩子玩的权利,像几点起床、上学,几点写作业、看书,几点看电视、休息等等,一条一条细致的罗列出来,给孩子一个明确的时间指令、活动内容,到了固定的时间父母要记得提醒孩子该做什么,也可以给孩子准备一个专用的小闹钟,让孩子自我监督、自我控制。同时,针对低年级孩子的特点,父母还可以设置几条奖惩措施,促使孩子在规定的时间内完成任务。

另外,家长们也要以身作则,说好 6 点起床就不能赖到 7 点,说好五点接孩子就不能让他等到五点半,自己做事时要提高效率,办事麻利不拖沓,给孩子树立榜样。

后附的《作息时间样表》可以给大家做个参考。

2. 自己的事情自己做

生活能力差是当前孩子普遍存在的一个问题。我们应该让孩子明白:上学是自己的事,父母没有义务替你包办一切。每天早晨闹钟一响,你就应该自觉地起床,再困也要起来,准时去上学。遇到刮风或雨雪的天气,你应该更早一点起床,坐不上车,你走也要走到学校。如果迟到了,你应该对此负责,而不能依赖爸爸妈妈,把责任推给爸爸妈妈。

如果父母想让孩子成为有自理能力的人,就要锻炼孩子学会自己管理书包、书籍、玩具等物品,每次用完后物归其位,方便下次使用;自己的房间要自己打扫、自己的被褥要自己收拾等。这是一项经常性的活动,家长除了一开始进行必要的示范、指导外,一定不能因为孩子收拾得不干净、不整齐而进行抱怨或越俎代庖,这样只会打消孩子的积极性。

3. 与人友好相处

现在孩子中普遍存在着这样一种现象:两个学生出现纠纷,你打我一拳,我非还你一掌,决不能吃一点亏,在老师调查时都齐声指责对方的不是,认为都是别人的错。更严重的是近期频发的校园暴力事件层出不穷,十一二个女生围殴一名女生,男孩动不动就打群架等等,这些现象反映出的问题是孩子不会与别人相处,所以常常会因为生活中的一点小事、琐事引发不满造成冲突。

原因剖析：首先，孩子在家里大多是爸爸妈妈宠着，外公外婆爷爷奶奶护着，已经习惯了唯我独尊的状况。但是到了学校，所有的"宝贝"都是普通一员，因此很容易在相处方面产生矛盾或困惑。其次，家长护短。孩子之间产生矛盾或损坏别人的东西后，不是采取教育自己孩子的方式，反而认为对方来告状是错误的，损坏一件东西有什么了不起，甚至强词夺理地说："我的孩子也挨了打。"这样护短的结果是孩子认为做坏事可以不负责任，于是越学越坏，越大越坏。

对症下药：（1）在家庭中不要把孩子作为中心。对孩子不要特殊照顾，有什么好东西一家人要一起分享，不能都给孩子留着，家里的事物安排按轻重缓急处理，照顾到每一个家庭成员；不要过分注意孩子，有亲戚好友来访，提醒他们不要总围着孩子逗他玩。这样才不会让孩子感觉自己在家地位高人一等、自我特殊，才不会变得自私、没有同情心、不关心他人。（2）不要轻易满足孩子，更不要有求必应。对孩子的要求要慎重考虑，不能害怕孩子哭闹，就百依百顺。容易被满足的孩子必然会养成不珍惜物品、讲究物质生活、浪费金钱和不体贴他人的坏性格。（3）不过度保护。孩子与别人发生争执或有时被一些大孩子或特别霸道的孩子欺侮了是常有的事。这时父母不要因为心疼自己的孩子，便闹着要去找对方算账或者骂自己的孩子："你就不会打他呀！下次他再欺侮你，你就还手！"这些做法都不是解决问题的办法。这样算账和报复，只会使孩子间的打斗越来越厉害，而且可能使无意的伤害转变成有意的伤害。正确的做法是让孩子们自己解决，并教给孩子一些具体的方法，比如，借东西要及时归还，有好东西可以和同学分享，做错事要及时说对不起，学会商量，共同决定大家要做的事情等。家长尽量不要干预，有时孩子们之间的吵吵闹闹，你这边还在心疼、气愤，他们那边早就手牵手玩去了。当然我们也要告诉孩子在遇到严重的情况或难以解决的问题时，要及时求得家长和老师的帮助，以免事态扩大。（4）不当面袒护。孩子做错了事，父母要紧紧抓住这个教育契机让孩子明白，一个人犯了过错就要敢于承担过错而且要心悦诚服地接受惩戒，只有这样人们才会少犯错，不犯大错。不少家庭里，孩子受惩罚时总有爷爷奶奶出来替孩子说好话，或者一个管一个惯，时间长了，孩子就会把家里管教较松的那个人当作自己的"保护伞"，结果不仅使孩子是非观点混淆，性格扭曲，甚至还影响到家庭的和睦。

4.遵守秩序

经常有家长提及自己的孩子在家里不愿意听从大人的话,常常把父母的话当作耳旁风,或者不管自己的行为是否会影响别人。其实这是家长忽略了0—6岁这个培养孩子秩序感的关键期。这类孩子随着年龄的增长,常常会因为违反纪律而受到老师的批评,久而久之,对老师产生反感,从心里排斥老师的教育,最终影响自身的发展。再往长远、深远看,无秩序的行为还会直接影响孩子的生命安全,很多违法行为的根源也在于不愿意遵守法律秩序。大家是不是觉得危言耸听?请看这段视频:《8岁男童横穿马路被碾压》(http://video.baomihua.com/v/19925144),多么触目惊心!这就是不遵守交通秩序引发的惨案。

遵守秩序是一切美好事物的基础。在公共场合,家长要抓住你时机,教育孩子公共秩序。带孩子去医院看望病人时,要告诉孩子:"医院里不能大声说话,因为有病人,会影响他们治疗和休养。有事你可以悄悄地对妈妈说,这样做,你才是好孩子。"带孩子去书店或图书馆时,要告诉孩子:"书店里有很多人都在看书、选书,图书馆是学习的地方,需要安静。在这里一定不要大声喧哗,否则打扰别人,是很不礼貌的行为,连爸爸和妈妈也会一块受指责,你愿意别人这么看我们吗?"带孩子走路时,要告诉孩子:"一定要遵守交通秩序。过马路时一定要走人行横道,并左右看着有没有来往车辆。"等等。

这种教育和引导,如果父母经常坚持,孩子从小就会知道遵守公共秩序,知道自己的行为可能会影响到别人,知道做好孩子是坚决不做出格的行为,会逐渐养成下意识遵守公共秩序的好习惯。

四、培养孩子好习惯应遵循的原则

(一)耐心的引导。望子成龙的心情人人都有,但操之过急往往达不到预期效果。在孩子犯了错误时、在学习上遇到困难时,家长必须要耐心慢慢引导,给孩子时间改正,给他成长的空间。

(二)及时的称赞。发现孩子无意中的良好行为表现,家长应立即给予表扬、鼓励,强化这种行为,这也是孩子养成好习惯的重要途径。

(三)良好的示范。以身作则、言传身教,才能使孩子在潜移默化中养成良好习惯。

观看视频:《孩子其实什么都懂》

（四）坚持不懈的态度。这是非常重要的一个原则。21天习惯养成法为大家所熟知，但一个习惯要巩固下来却需要90天的时间，而改掉一个坏习惯则需要180天的时间。可见，改掉一个坏习惯比养成一个好习惯难多了。我们的孩子毕竟只有6.7岁，贪玩的天性未泯，自制力、自觉性更是不强，这就需要我们家长有足够的恒心，坚持，坚持，再坚持，才能协助孩子养成各种好习惯。

建议大家在家中张贴"好习惯小达人"家庭表现积分表，把孩子要养成的习惯设计在上面，晚上和孩子一起把自己做到的事在表格上画上一个喜欢的标记，21天以后、90天以后根据实际情况进行奖励，比如一个深情的拥抱、一个慈爱的吻、一本喜爱的课外书、一场电影、一次郊外远足等等。达到目标后，再和孩子探讨制定新一轮的积分表，如此反复下来，相信咱们的孩子很快就可以养成各种良好的习惯。

五、家长会总结

家长朋友们，"土地不种荒一年，子女不教误一生"。作为老师，我们有责任关注每个学生的习惯养成教育。作为家长，父母才是孩子一生的导师，培育良好习惯最好的土壤是家庭。所以，希望我们家校携手，积极行动起来，使每个孩子养成终身受益的良好习惯。

（芝罘区青年路小学　姜爱梅）

【相关链接】

一、《倾听习惯问卷调查表》

尊敬的家长：

为了解孩子倾听习惯的形成及特点，以利于我们更好地培养，帮助他们克服不良倾听习惯，特请您认真如实地填写。谢谢合作！

	内　容	是或否
倾听习惯	1. 当您叫孩子名字时，他能立即做出反应吗？	
	2. 您在和孩子交流时，他能自始至终地专心听吗？	
	3. 孩子是否随意打断您与别人的谈话？	
理解与反应	1. 当您对孩子下达指令时，他能立即按要求去做吗？	
	2. 在听完故事后，孩子能简单讲述故事内容吗？	
	3. 对于老师布置的任务，他会及时告诉您吗？	

二、"好习惯小达人"家庭表现积分表

项　目	内　容	今天你做到了吗？ 请为自己画个笑脸吧！
学习习惯	1. 按时完成作业	
	2. 养成正确的读书写字姿势	
	3. 准备好第二天的学习用品	
	4. 阅读拼音小故事	
生活行为习惯	1. 早睡早起	
	2. 按时上学，及时回家	
	3. 早晚刷牙	
	4. 饭前便后要洗手	
	5. 自己穿衣服、系鞋带	
	6. 自己放被子、叠被子	

三、《作息时间样表》

时　间		活动内容
周一至周五	6:15—7:15	起床、穿衣服、涮牙、洗脸、吃早点
	7:15	上　学
	12:00—12:30	吃午饭
	12:40—13:30	午　休
	13:30	上　学
	16:30—17:30	自由活动
	17:30	吃晚饭、帮助家长收拾餐桌
	18:30—19:30	看动画片、新闻
	19:30—20:00	学习、做作业
	20:00—20:30	亲子阅读、每日一谈
	20:30—21:00	洗　漱
	21:00	休　息
周六日	上　午	学习、做作业、运动、阅读或特长班
	下　午	下午练字、看电视1小时、自由活动或外出活动

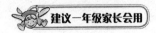
建议一年级家长会用

指导孩子学会倾听和善听

【活动背景】

我们在课堂上常常看到这样的镜头：当一个学生的发言还没完，旁边的学生却高高地举起了手，大声嚷道："老师，我来，我来！"当老师指名一位学生回答时，其余举手的同学都异口同声地叹起气来，垂头丧气，根本顾不了听讲；当老师讲得津津有味时，学生却在旁若无人地干着自己的事……倾听已成为影响孩子学习效果的一个重要因素。通过此次家长会，让家长认识到倾听的重要性，帮助孩子养成认真倾听的好习惯。

【活动目标】

1. 让家长认识到学会倾听的重要性
2. 掌握一些倾听技巧，指导孩子有效倾听
3. 帮助孩子养成良好的倾听习惯

【活动准备】

1. 活动课件
2. 音频、视频资料
3. 其他资料

【活动过程】

一、传话游戏，倾听体验

（背景音乐）倾听是一种艺术，良好的倾听能赢得大家的尊重；倾听是一种习惯，良好的倾听让人获得启示。倾听更是一种美德，是一个人高素质的体现。作为社会人，人们几乎每天都与人交流，通过交流，传达彼此的情感，碰撞出思想的火花。而倾听就是表达的前提和基础。

（一）你说我听，热身运动

家长朋友，我们先来做一个小游戏，游戏规则：每组第一位记下发下去的句子，听到"开始"后，小声传给身后的家长，后面的人听清楚后，小声传给下一位，最后一位要把听到的话写到黑板上。

注意事项：1.听话的时候，只能听，不能说话，可以用动作、眼神交流。2.注意音量，不要让旁边的人听见。（出示游戏卡片，只让每组第一位家长记清楚）

展示游戏卡片：为什么最后一位所听到的与第一位听到的卡片上的文字有这么大的出入？

（二）听听孩子们的评价（个人小视频）

生：爸爸妈妈，你们听清楚了吗？告诉你们一个小技巧，在倾听的时候，不光耳朵有任务，心和脑也要一起行动哦！

生：倾听是一种智慧、一种修养、一种心灵的沟通，我会慢慢养成认真倾听的习惯，因为这是对别人的尊重。

生：只有听清、听懂才能得到正确的信息，才能反应既快速又准确，爸爸妈妈要加油哦！

设计意图：通过游戏激发参与的热情，调动视听感官，触动情感之弦，并通过孩子们提前录制好的小视频，拉近亲子之间的关系。

二、生活引领，归纳技巧

（一）观看视频，寻找倾听技巧

播放视频《鲁豫有约》——《爸爸去哪儿》田亮、叶一茜做客鲁豫有约，畅谈幸福生活。

播放前提醒：大家注意鲁豫在倾听时的表情、动作、语言等，看她有哪些地方值得我们学习。

从视频中我们看得出来鲁豫的倾听技巧有：

1.表情：轻松、平和的微笑，自然、温和的目光注视对方，表情或是欣赏，或是同情，或是疑惑，或是陶醉，使嘉宾感到自己得到了充分的尊重、理解和关注。

2.动作：保持着身体前倾的姿势，给人"侧耳倾听"的感觉。适时给予对方自己倾听的反馈信号，如应答的词语"哦""嗯"或点头认同的动作。

3.善于把握时机，引导性提问。在倾听中，不急于给别人建议，而是诱导

对方完全说出内心的感受和需要，从而获得足够的信息，为别人提供真正的帮助。

（二）成果展示，归纳倾听的技巧

看了上面的视频，你们认为怎样倾听才算是良好的、有效的倾听？

其实可以用更简洁的"三心"来概括：用心、耐心、会心。"用心"就是全身心倾听，准确记住别人所说的信息；"耐心"就是听别人把话说完，尽可能完整的了解别人的意思；"会心"就是通过运用倾听技巧，抓住契机，让说话者充分表达内心的感受和需要，倾听者充分体会说话者的感受和需要，如果有必要，再提供相应的帮助。最后倾听者和说话者会心会意，心灵相通。这就是倾听的力量。

我总结了一些孩子在倾听中应避免的不良习惯：

1. 身子不停地转来转去或不停地变换姿势——什么时候可以结束啊。

2. 随意插话、抢话——你说的我都知道了；你的意见我不在意。

3. 东张西望——你可不可以不要再说了。

4. 转笔——真有些无聊。

5. 不停地看表——逐客令：你是不是该走了？

设计意图：倾听是一种艺术，一种品质，一种素养，是一种心灵碰撞的过程。家长通过观看视频感受倾听的魅力，学会倾听的技巧。

三、案例分享，巩固提升

乔·吉拉德向一位客户销售汽车，交易过程十分顺利。当客户正要掏钱付款时，另一位销售人员跟吉拉德谈起昨天的篮球赛，吉拉德一边跟同伴津津有味地说笑，一边伸手去接车款，不料客户却突然掉头而走，连车也不买了。吉拉德苦思冥想了一天，不明白客户为什么对已经挑选好的汽车突然放弃。夜里 11 点，他终于忍不住给客户打了一个电话，询问客户突然改变主意的理由。客户不高兴地在电话中告诉他："今天下午付款时，我同您谈到了我们的小儿子，他刚考上密西根大学，是我们家的骄傲，可是您一点也没有听见，只顾跟您的同伴谈篮球赛。"

吉拉德明白了，这次生意失败的根本原因是因为自己没有认真倾听客户谈论自己最得意的儿子。不会倾听让吉拉德失去了一次销售机会，这恰恰印证了"风流不在谈锋胜，袖手无言味最长"。

既然倾听这么重要，那我们应该如何引导孩子做到更好地倾听呢？

（一）倾听是一种主动的过程

在倾听时要保持心理高度的警觉性，随时注意对方谈话的重点，要能站在对方的立场，仔细地倾听。

（二）表示兴趣，保持视线接触

聆听时，必须看着对方的眼睛。判断你是否在聆听和吸收说话的内容，是根据你是否看着对方来作出的。

（三）全神贯注，表示赞同

点头或者微笑就可以表示赞同正在说的内容，表明你与他意见相合。

（四）让人把话说完，切勿武断地下论断

听听别人怎么说，让他把话说完整并且不插话，这表明你很看重沟通的内容。

（五）积极予以回应

对出现精辟的见解、有意义的陈述，或有价值的信息，要以诚心地赞美来夸奖说话的人。例如，"这个故事真棒！""这个想法真好！""您的意见很有见地！"等，仅仅是良好的回应就可以激发很多有用而且有意义的谈话。

设计意图：通过具体的案例，点出倾听无处不在，与我们的生活息息相关，进而总结出有效的倾听方法。

四、音频交流，榜样示范

养成良好的倾听习惯，不是一朝一夕的事，父母的榜样起着举足轻重的作用。孩子们有话对我们说，请大家注意倾听，你能理解孩子内心的感受和需要吗？

播放音频：爸爸妈妈，请您听我说——《心声》。

孩子的话触动了我们的内心，作为家长，我们在和孩子交流时也应注意倾听。

（一）当孩子跟父母说话时，父母应尽可能放下手头的工作，先听孩子把事情说完。孩子感觉受到尊重和鼓励，也很愿意说出自己的心理感受。

（二）想要孩子得到锻炼和成长，父母要肯花时间、有耐性，做个有修养的听众，要用心聆听孩子的心声，用心走进孩子的世界。听完孩子的倾诉后，家长还要根据自己的阅历，给予合理的建议。

（三）孩子有时候并不需要父母给他们说一些指点的话，他们最需要的其实是倾诉，把自己心里想说的话说出来也就没事了。所以那些没有倾听孩

子说话习惯的爸爸妈妈们,从现在开始吧,给孩子一些倾诉的时间,不要指点和干涉,只是用认真地态度去倾听,相信你们坚持下去,一定会有意想不到的收获。

因为时间关系,还有一些同学没有来得及说,他们把要说的话写在卡片上,现在发给大家。

设计意图:通过换位思考,让家长明白自己身上存在的不足,从而让家长蹲下身来,耐心倾听孩子的内心世界,不断提高自己,尊重孩子,做孩子良好的倾听者。

让我们的孩子学会倾听、学会善听吧,当孩子能够沉静地坐下来,目光清澈地注视着对方,释放自信和优雅,将是一件多么美妙的事情呀!各位家长,让我们自己也学会倾听吧,聆听孩子的心声,融洽亲子关系,当心与心碰撞的美妙音响萦绕耳边,将是一件多么幸福的事情啊!

（龙口市南山双语学校　刘名芳）

【相关链接】

1.《只需倾听》　　　　　　[美]马克·郭士顿
2.《倾听,让关系更美好》　　[美]麦克·P.尼可斯

校园安全无小事

【活动背景】

学生在成长过程中会遇到这样或那样的伤害,特别是一年级的小学生自我防范意识淡薄,自我保护能力低下,加上家长的溺爱,导致孩子发生意外的概率增大。事实上,家长无法负责孩子安全的全部,特别是上学以后,孩子的大部分时间都不在父母的视线之中,一些突发状况更是不可预知。要让孩子愉快地度过校园生活,家校应联手培养孩子们的安全意识,教给他们自我保护的安全常识。

【活动目标】

1. 让家长认识到提高孩子安全意识的重要性。

2. 指导家长对孩子进行相应的安全教育。

【活动准备】

1. 活动课件。

2. 调查问卷。

3. 意见反馈表。

【活动过程】

一、典型案例,导入主题

（一）活动致辞（配乐）

尊敬的各位家长朋友,大家好!感谢各位家长百忙之中来参加今天的家长会,这既是对学校工作的配合,也是对我工作的支持,更是对您孩子教育的关心。虽然我们平时的沟通不是很多,但我们的心是相通的——都是为了孩子。

（二）引出主题

事例一：2015 年 11 月 8 日，一小学三年级学生李某，在午饭后来到学校教学楼三楼走廊上玩耍，他右脚跨在走廊栏杆上，不慎失手坠落至一楼，因头部严重受伤，经抢救无效死亡。

事例二：某小学二年级学生刘颖用扎头发的橡皮筋做了一副弹弓。一天课间休息时，刘颖邀上同班同学华小刚在操场射弹弓，他俩用弹弓上的橡皮夹住小石子，对着不远处的一个矿泉水瓶不停地射击。刘颖在射击时，华小刚站在他的右前方对他进行指点，射出的小石子竟击中华小刚右眼。华小刚受伤后，在医院住院治疗 26 天，花医疗费 3408 元。

这些事件给我们敲响了学生在校安全的警钟。所以，今天我们就学生在校安全召开一次家长会。

设计意图：学生教育离不开家长的理解与支持，特别是一年级的孩子更需要老师的正确引导和家长们的关注。安全重于泰山。学校是学生生活的重要场所，安全隐患随时随地。提高家长的安全意识，得到家长的工作配合非常必要。

二、介绍学校的安全管理措施

（一）课件显示学校安全执勤教师安排表且强调：学校每天都会在各路口配有值日老师护送学生过马路，校门口也配有保安维持秩序，学生进校门后不得再随意出校门。

（二）课件播放学校定期进行的地震疏散演练、消防演练和防踩踏安全演练的视频，让家长了解科学应对意外灾害的方法，配合学校加强教育。

（三）关于学生在校学习、活动等学校都有具体的要求和相关管理办法，现已印发至家长手中，请家长再次阅读明确（见附件《小学生守则》《小学生日常行为规范》）。

设计意图：学生的安全是学校的责任，更是家长的义务。让家长明确学校在安全方面的相关规定可以加强家校间的互通了解，也可以更有效地得到家长的配合。

三、关注安全隐患，提高防范意识

（一）聚焦常见的校园安全隐患

1. 不当活动隐患。学生在课余时间相互追逐、戏耍、打闹时不掌握分寸和方式方法，使用笔、石子、小刀、玩具等器械造成的伤害。

2. 挤压、踩踏隐患。放学和下课时,在楼道、门口等黑暗和狭窄的地方相互争先而造成的挤压、践踏等事故。

3. 交通事故隐患。学生在上、下学路上不走人行横道、随意横穿马路等造成的交通事故。乘坐无牌、超载等不安全车辆造成的安全事故。

4. 体育活动隐患。体育活动或课上不遵守纪律、活动随意,体育器械使用时不得要领而造成的伤害。

5. 劳动或社会实践活动隐患。在劳动或社会实践活动中安全意识差,操作不熟练或不按要求操作造成的伤害。

6. 校园暴力隐患。少数学生讲究哥们义气,拉帮结派,欺负弱小。

7. 设施安全隐患。学校设有多媒体等用电设备,学生出于好奇随意触摸摆弄。

8. 卫生安全隐患。学生免疫力低,容易在各种传染病高发的季节患病。部分学生利用手里的零花钱购买不健康的零食,造成身体伤害。

9. 自身疾病隐患。个别学生自身体质特殊或患有严重疾病,但是隐瞒不报而在学习或活动中造成意外伤害。

(二)立足实际,发现问题

1. 利用课件,播放教师在校园随机抓拍的学生出现不安全因素的各类照片,让家长明确校园安全隐患不容忽视。

镜头一:学生跑到学校乒乓球台上蹦跳玩耍。

镜头二:同位两人用铅笔当“武器”互相比画、戏耍。

……

2. 出示面向学生进行的安全问卷调查,了解学生现有的安全意识。

设计意图:通过直观的影像和具体的数据、案例可以更切实地触及家长的敏感神经,提高家长的安全意识,特别是学生的问卷调查,让家长清楚地认识到自己孩子身上存在的安全问题,再进行教育才能有的放矢。

四、家长如何对孩子的安全负责

虽然我们有严格的管理,但也不可能时时处处将每一个学生都置于老师的掌控之中,这就是俗话说的“手再大也捂不过天来”;虽然我们有多层次的安全教育,但不可能保证每一位学生都能按学校的要求认真执行,“教育不是万能的”;所以还需要家长的支持和配合。

(一)关于孩子的监护问题。教育部颁发的《学生伤害事故处理办法》

及《未成年人保护法》明文规定,家长是学生的监护人,学校的职责是代表国家对学生进行教育,对学生在校期间的活动进行引导和管理。所以,"把孩子交给学校"的这种想法是不正确的,家长应依法履行监护职责,配合学校对学生进行思想教育、安全教育和管理工作。孩子的性格、品行、习惯等方面的形成,主要靠家庭教育。因此,家长应该"营造一个温馨健康的家庭",文明言行,以身作则,成为子女的楷模。

(二)关于孩子的接送问题。年纪较大的老年人;用机动车、农用车、"三无"车辆;驾驶技术不好,车况不好和严重超载的车辆等等,这些都对孩子的安全很不利。另外,学校要求小学生不许骑自行车上学。

(三)家长一定要管理好自己孩子的上学时间,尽量不要提前到校。同时,对于放学接送孩子的家长,我们诚请各位家长准时来接孩子。学校之所以把时间卡得那么准,就是为了加强管理,尽力避免所有可能发生的事故,所以,请各位家长朋友予以支持。

(四)学生有事或生病请假,必须家长亲自打电话或到校请假。所有任课教师走进教室的第一件事情都是清点人数,问询缺勤学生情况,发现问题会及时和家长联系。

(五)严格控制孩子手中的零花钱,经常检查孩子书包里有没有垃圾食品和危险性玩具,保证孩子的身心健康。

(六)播放儿童校园安全自救视频课件,带领家长全面学习了解。

(七)要求家长积极参与网络"安全教育平台——家长使用手册"的学习,提高自身安全意识,以便对孩子进行正确教育和科学指导。

(烟台学校安全教育平台网址:http://www.yantai.safetree.com.cn/login.html)

(八)带领家长认真学习学校制定的《小学生寒(暑)假安全公约》,进一步强调家长的安全责任(见《暑假安全公约》)。

设计意图:学校发挥教育引领作用,不但要时刻关注学生在校安全,还要科学合理指导家长共同参与到学生安全教育中来,家校合力才能使安全工作事半功倍。

五、集思广益,共研安全策略

(一)经验交流。请家长代表交流自己在孩子安全教育方面的经验和做法,实现资源共享。

（二）意见反馈。请家长填写"意见反馈表"，将自己对学校安全教育的意见和建议记录下来，教师汇总后报到学校。

（三）两点建议

1. 家长应该多和孩子的老师沟通交流，向老师反映孩子在家的表现、动向，同时了解孩子在学校的情况，家校配合，教育效果会更好。

2. 家长要妥善处理孩子之间的矛盾纠纷。当自己的孩子与同学发生矛盾时，不要只听自己孩子的一面之词。要通过学校和老师调查清楚后，与对方家长交涉解决，千万不要自己直接找对方小孩理论。

总之，希望各位家长要时刻关注孩子的安全，努力培养孩子的安全意识，提高孩子的自我防范和自护自救能力。也请各位家长支持、理解、配合学校的工作，形成一种家校齐抓共管的局面。

设计意图：学校发挥教育引领作用，不但要时刻关注学生在校安全，还要科学合理指导家长共同参与到学生安全教育中来，家校促成合力才能使安全工作事半功倍。

（莱州市第二实验小学　陈燕）

【相关链接】

一、学生在校"一日常规"细则

（一）礼仪规范

1. 早晨进校见到老师或客人，站好大声说："老师早！"中午则说："老师好！"放学离开对老师说："老师再见。"

2. 进办公室先"报告"，待允许后才可轻声慢步进入，注意不能干扰其他教师办公。

3. 对老师、长辈或客人要用双手接受或递交书簿等物品。

4. 在校园廊道、楼梯行走一律靠右边，遇到老师、客人主动让道。

5. 校内外讲普通话，力求讲准、讲好，注意语言美，要使用"您""请""谢谢""对不起""没关系"等礼貌用语。

6.团结友爱,帮助弱小及有困难的同学。

（二）尊敬老师"四要"

早晨师生要问早,上课互相要问好,进办公室要报告,放学"再见"要记牢。

（三）课堂学习

1.上课"五到"（心到、眼到、耳到、手到、口到）,坐姿符合卫生保健要求。

2.发言时仪态大方、声音响亮。鼓励质疑,不同意见敢于争辩,以理服人。小组讨论轻声细语,不妨碍邻座同学学习。

3.课堂练习要听清要求,独立思考,下笔快速,书写工整,行款规范,克服拖拉、懒散、敷衍等不良习惯,保证练习质量。

4.各科上课要带齐书本及其他学习用品。笔盒里文具摆放要整齐。要爱惜学习用品,不浪费,不乱丢。书籍本子保持整洁,不随便撕毁、涂画、折卷。

5.铃声就是命令,上课、下课听从信号指挥,令行禁止,行动快捷。上课预备铃声响,快步进教室,上课铃声响即刻安静,个个"收心"进入学习状态,下课铃声响听老师指令准备下课。动静有节律,学习有精力。

（四）文明走廊"四不"

不要跑跳与推撞,不要吵闹乱叫喊,不要爬窗骑栏杆,不要扔纸和吐痰。

（五）晨检

建立班级晨检制度,每天检查学生个人卫生,每次1—2项（头发、脸、颈、牙、手、指甲、衣服、鞋、书包、红领巾等）。不带饮料到学校。

（六）早读

1.早晨进教室迅速交作业,准备好第一节课的书籍用品后立即就位早读,做到自主学习,书声琅琅。

2.值日班长应提早到校做好组织管理工作,校值日生分块检查。

（七）午休

下午1:10才准进校,进校后上课前即午休时间。每个同学进教室后就要备好下午第一节课的书籍、用品,然后在座位上休息或阅读书报,或收看学校红领巾电视台节目。但不准喧哗、打闹、随意走动。

（八）仪表穿戴

1. 穿戴大方、仪表端庄,周一及周三一律穿校服,佩戴红领巾,队干部还应佩戴标志。

2. 不戴金银首饰或其他饰物,不涂脂抹粉、不涂指甲、不染头发。女生不烫头发,不留披肩发,不穿吊带衫；男生不留长发,不穿拖鞋、背心进校园。

（九）考勤

学生应按时到校上课,不迟到、不早退,不无故旷课。有事及时请假,由家长出具请假条,请假三天以内,由班主任批准；三天以上,班主任签意见后,由教务处批准；十五天以上由校长批准。

二、暑假安全公约

为使您的孩子安全愉快地度过暑假,特制订安全公约如下,敬请您对孩子进行全面细致的教、监护和管理。

1. 遵守交通规则,过马路走人行横道,左右看,不抢行,不闯红灯,不在路上打闹和游戏,不骑自行车,不乘不安全的问题车辆。

2. 注意用电与消防安全,不玩火,不乱动电器设备和易燃易爆物品等,使用电器和燃气灶等切实注意安全。

3. 注意饮食卫生,不喝酒,不吸烟,不喝生水,不喝开瓶时间过长的饮料,不吃过期、变质的食品,生吃瓜果蔬菜要洗干净。不吃或少吃零食,饭前便后洗手,不长时间看电视、使用电脑。锻炼身体,增强体质,不到人群密集的地方玩耍,预防传染性疾病发生。

4. 不进网吧、游戏厅、酒吧、歌厅等未成年人不宜的场所,不看凶杀、色情、暴力等儿童不宜的影视书刊。

5. 有事外出一定向父母报告去处,并准时返家。未经家长同意,不在外过夜,远离不三不四的人。

6. 严格遵守防溺水"六不准"规定,在没有家长陪同的情况下坚决不到游泳池和海水浴场、池塘、水库等危险水域玩耍。

7. 不携带各类刀具,易燃易爆品、危险玩具等,不做危险游戏。

8. 不随意接受陌生人的饮料、食品及其他礼品,不随便与陌生人搭话,

不轻易相信陌生人的话,牢记父母、亲属的电话。

9. 不听、不信、不传邪功等邪教,不参与任何邪教活动。

10. 认真完成作业,广泛阅读好书,积极参加实践活动,坚持锻炼身体,多做家庭、社会和他人有益的事情。

11. 尊老爱幼,爱护花草树木和公共设施,遵守社会公德,做文明的小使者。

12. 感恩父母,热爱劳动,多做力所能及的家务。

学生签字:_____   家长签字:_____   班主任签字:_____

三、校园安全调查问卷

亲爱的同学:

你好!为进一步了解校园安全这一个与我们息息相关的问题,并发现潜在的缺陷和弊端,我们做了以下问卷调查。希望能耽误您短短的几分钟,提供您宝贵的意见,谢谢您的支持与合作,祝您学习进步,生活愉快!

Q1. 你的性别

　　○ 男　○ 女

Q2. 你的年级

　　○ 一年级　○ 二年级　○ 三年级　○ 四年级

Q3. 你认为校园安全问题重要吗?

　　○ 非常重要　○ 一般　○ 无关紧要

Q4. 你所在的学校经常发生安全事故吗?

　　○ 经常　○ 不经常　○ 不知道

Q5. 您所在的学校发生过打架、车祸、火灾、抢劫等意外而导致人身伤亡的事故吗?

　　○ 有,经常发生　　　　○ 有,偶尔发生

　　○ 很少发生,只有过一两次　○ 没有,从来没有

　　○ 不清楚

Q6. 你对校园及周边环境的治安状况满意吗?

　　○ 非常满意,校内外治安都很好

○ 比较满意,校外治安不好

　　　　○ 不满意,校内外治安不好

　Q7. 你对所在学校有关校园安全措施管理制度以及保安管理制度了解吗?

　　　　○ 非常清楚　　○ 有点印象　　○ 完全不了解

　Q8. 出现校园安全事件时,你对老师的处理满意吗?

　　　　○ 很不满意　　○ 不满意　　○ 一般　　○ 满意　　○ 很满意

　Q9. 你平时能看见学校安保人员巡逻校园吗?

　　　　○ 经常看到,很负责　　　　○ 偶尔看到,还好

　　　　○ 没看见过　　　　　　　　○ 没在意

　Q10. 你所在学校中保卫人员和学生有无冲突

　　　　○ 有　　○ 无　　○ 不清楚

　Q11. 当你遇到校园安全事件时,你首先是

　　　　○ 向周围同学求助　　　　○ 向辅导员或老师求助

　　　　○ 向校园保卫部门寻求帮助　　○ 拨打 110

　　　　○ 不知道该怎么办

　Q12. 当发生冲突时,你是

　　　　○ 和周围同学积极劝阻,并寻求老师的帮助

　　　　○ 和周围同学积极劝阻,争取不惊动校方

　　　　○ 置之不理

　　　　○ 起哄闹事,煽风点火

　　　　○ 不清楚

　Q13. 你觉得校园安全谁的责任更重

　　　　○ 老师、学校　　　　○ 家长,监护人

　　　　○ 学生本人　　　　　○ 各方面都很重要

　Q14. 你觉得老师平日对于安全教育工作做得怎么样

　　　　○ 很不到位　　○ 不太到位　　○ 一般

　　　　○ 比较到位　　○ 很到位

　Q15. 你对校园安全还关注什么,您对做好校园安全有何建议?

　　_____

　　_____

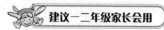
建议一二年级家长会用

安全教育为成长保驾护航

【活动背景】

近年来,小学生在各种意外伤害中遭遇不幸的事件屡见不鲜。孩子是祖国的未来,是家庭的希望,他们能否安全地生活、健康地成长,直接关系到教育的成败、家庭的幸福和国家的兴衰。对孩子进行科学的、系统的安全教育,在保护好孩子的同时让孩子学会保护自己,既是孩子健康成长的前提,也是学校和家庭义不容辞的责任。

【活动目标】

1. 让家长认识到对孩子进行安全教育的重要性。
2. 引导家长从日常生活中对孩子进行安全教育。

【活动准备】

1. 活动课件。
2. 相关视频。

【活动过程】

各位家长大家好!首先对各位家长的到来表示热烈的欢迎,我们此次相聚在一起的目的主要是家校携手抓好孩子的安全教育,预防各种安全事故的发生,积极培养学生珍爱生命、关爱生命的意识,增长基本的安全自护知识,让孩子们安全、健康地茁壮成长。

据中国青少年研究中心的调查发现,安全事故已经成为青少年儿童的第一杀手。我国每年大约有 1.6 万名中小学生非正常死亡,平均每天有 40 多人,也就是说,每天有将近一个班的学生在"消逝"。所以家长从小教给孩子一些必要的安全防范知识、培养孩子的安全意识,做到未雨绸缪,是孩子成长中不可缺少的、至关重要的一课。

一、安全意识，注重从小培养

（一）家长先受教育。要想教育好孩子，家长必须先受教育，这是做好家庭安全教育工作的前提。家长应该加强安全知识的学习，通过参加安全教育培训班、向他人求教、看书自学、进行生存体验等多种形式，来提高自身的水平，以便更好地教育孩子。

（二）生活处处是课堂。家长在日常生活中随时随地教孩子一些安全常识及自我保护的技巧，最好结合生活中的具体事例来对孩子进行教育，做到动之以情、晓之以理。如走在路上，随时随地教孩子认识多种安全标志、交通标志，使孩子能够辨认这些标志的意义，并按照标志的指示行事，这是生存的一种必要的技能。

（三）创造机会，增加孩子生存体验。平时，我们不要对孩子限制太多，应该在其人身安全不会受到严重影响的前提下，放手让他们去探索和尝试，增强其生存体验，让孩子在实践中学会应对各种情况。若有条件，还可以带领孩子到专门的生存体验机构去体验和运用相关的知识。另外，家长还可以创造模拟的环境、通过模拟演练的方式，让孩子在体验和尝试的过程中实现"玩中长智慧"。比如消防队会定期走进社区，举行一些防火演练，家长可以多带孩子参加，给孩子们一些空间，让他们在不断地锻炼中，逐渐掌握多种生存技能，并使安全意识切实的融入孩子们的自身素质之中。

（四）加强亲子沟通，当好安全向导。在生活中，常有一些成人利用孩子的好奇心、无知的特点，对孩子实施伤害，唆使生活经验缺乏、是非善恶分辨能力较差的孩子去从事一些违法违纪活动。细心的父母们在平时不断地给孩子灌输安全意识的同时，还可以结合电视或书刊中报道的一些真实案例，和孩子一起从中学习、吸取教训。面对真实的案例，孩子的触动一般比较大，孩子们会更加积极而用心地接受父母讲授的防范措施。父母还可以问问孩子案例中的人因为什么导致了悲剧的发生、怎样做可以避免、如果孩子遇到了这种事情的时候他会怎么办等等，在循序渐进中，启发孩子，让孩子不断加深安全的意识，并在孩子的回答中，及时的纠正、补充，使孩子掌握正确的、科学的防范措施。

家长应努力成为孩子可以信任的人，经常与孩子沟通，鼓励孩子将其感到奇怪或遇到的不对劲的事情告诉家长。同时，应以宽容的态度对待孩子在

相关事件中无心犯下的错误,并有针对性地进行相关的安全教育,当好孩子的安全向导。

二、远离危险,让孩子健康快乐成长

我们老师与家长在日常生活中可以着重从以下几方面对孩子进行安全教育。

（一）交通安全

1. 家长要教孩子认识各种交通标志、了解它们的含义、学会遵守相应的交通规则。如:教育孩子过马路要走人行横道、过街天桥或地下安全通道,在有信号灯的地段,必须服从信号灯的指示;过人行横道时要注意来往行驶的车辆,先看左边后看右边,千万不可跑着过马路;在街上行走时,不可边走边看书报或带耳塞听音乐,也不要突然从汽车后面跑出来,这些行为都容易导致与来往的车辆相撞;不要翻越马路上的护栏和隔离墩,听到消防车、救护车、警车鸣笛时,要主动避让;在阴雨天气,还要注意提醒孩子穿色彩亮丽的服装,以避免车祸的发生。

2. 乘坐交通工具出行时若不注意安全,也极易造成意外伤害。我们应该教育孩子在乘车时,要站稳扶好,以防急刹车时撞伤或跌倒;要等车辆停稳后,才能上下车;车辆行驶途中,千万不能将头、手等身体部位伸出车外;乘坐地铁,或在火车站接送客人时,要特别注意站在安全线内。乘船时,如遇超载或天气恶劣的情况不要乘坐,上船时不要拥挤、在船上不能打闹或倚坐船头;乘船落水后,不要脱掉衣服,可吹响救生衣上的哨笛或挥动色彩鲜艳的衣服进行呼救;若不会游泳且无救生设备,也要有求生的信心,应在水中尽量采取仰卧的姿势,使口鼻露出水面继续呼吸,并注意呼吸的技巧——深吸、浅呼,这样不容易下沉。

3. 在生活中,我们常看到一些小朋友骑着自行车你追我赶,甚至有孩子一只手扶着车把或双手离把骑车,相互模仿玩"特技"等,摔跤受伤的事件时有发生,有的甚至造成严重后果。因此,进行这方面的教育十分必要。家长应教育孩子养成骑车前检查刹车、车铃等是否安全有效的习惯,中途发现刹车坏了要下车推行;在马路上骑车,不要并排骑车、相互追逐、骑车带人或放开车把骑车,也不要在 2 个车把上都悬着东西而影响转弯,应靠右行驶并走非机动车道,遇到陡坡要下车推行……另外,还应告诉孩子在骑车遇到紧急情况时,如何进行有效的自我保护:骑车快要跌倒时,不宜拼命保持平衡,最好是果断、迅速地将车抛开,而人则向另一侧跌倒;同时,要注意绷紧全身的肌肉,尽可能用身体的大部分面积接触地面;不可用一只手、一只脚或单肩着地,更不可让头部先落地。更要注意一点, 12 周岁以前的儿童不能独自骑车上马路。

（二）用电安全

在日常生活中,家长要注意向孩子传授安全用电知识,教孩子安全的使用家用电器。应教育孩子不要触摸电源开关或破损的电线,以防触电;不能用小刀、铁丝等金属物去捅电源插座和开关,以防因金属导电而发生意外;电扇转动时,不可把手伸进去,也不可擦拭电扇等等。其次,要教孩子不可在电力设施附近玩耍,以免发生意外。再次,要教孩子预防雷电,告诫孩子在雷电交加的下雨天,不要站在大树和高压电线杆下避雨,不要靠近避雷针和其他接地装置,不要在旷野里行走或者打着雨伞在旷野里跑,不要使用电视机和收音机,以防雷击而遭意外。

（三）预防火灾

1. 家长应教育孩子使用这些物品时注意事项

（1）不要拿着油灯、蜡烛等可移动的火源进入阁楼之类的狭小空间或床底等低矮的地方;应将其固定好并放置平稳,以防倾倒引燃附近的物品;外出或睡觉时,要将其熄灭以杜绝隐患。

（2）不要在炉灶边放置易燃物,也不要在火炉边玩耍、打闹,以防意外。切勿在明火熄灭之前,直接往酒精炉、煤油灯内添加酒精、煤油等液体燃料;不可将汽油、酒精混合在一起作燃料使用。使用旧式泥砖砌成的炉灶时,应注意不要在炉灶旁堆放过多的柴草,离开灶膛前要检查柴草是否完全进入灶膛内,若是长时间离家外出,还要注意熄灭灶膛内的余火,以防死灰复燃引发火灾。使用煤气灶时,若在家里闻到了煤气味,千万不要划火柴或者使用打火机,也不能开关电灯、拉合电闸、拖拉金属器物,这样容易引起煤气爆炸。此外,家长还应提醒孩子外出时要关好煤气阀,并告诉他们如何正确地处理煤气泄漏。

（3）不可将燃着的蚊香放置在窗帘、床单等附近,以防这些易燃物因风吹动而触及蚊香火头导致火灾。

2. 让孩子知道如何拨打 119 报警电话

（1）拨打火警电话,要沉着镇静,听见拨号音后,再拨"119"号码。

（2）拨通"119"电话后,应再追问一遍对方是不是"119",以免打错电话。

（3）准确报出失火的地址（路名、弄堂名、门牌号）。如说不清楚时,请说出地理位置,说出周围明显的建筑物或道路标志。

（4）简要说明火灾原因及范围,以便消防人员及时采取相应的灭火措施。

（5）不要急于挂电话,要冷静地回答接警人员的提问。

（6）电话挂断后,应派人在路口接、迎消防车。

（四）紧急防护

1. 在日常生活中,还可能遇到异物误入气管、晕车船、受伤出血等紧急情况。家长要向孩子传授相应的急救办法,并告诉孩子在这些情况下,千万不要惊慌失措,应该找大人处理或去医院,同时冷静地想想家长教给的简易急救方法,尽可能想办法救护自己或其他受伤的人。此外,家长还应教育孩子积极地进行相关的自我保护,包括叫孩子在日常生活中,怎样保护好自己的眼睛、牙、大脑、皮肤、耳朵等。如:告诉孩子为防止异物进入气管造成的危险,不要把豆子、花生仁、小石子或纸团等塞进鼻腔,以防这些东西通过鼻腔进入气管;当有小虫爬进耳朵时不要慌乱,要立即上医院,如医院很远,可请大人处理——先用植物油、酒精等滴入耳道,把小虫粘住或淹死后用镊子取出来,或者用生理盐水冲洗、将小虫冲出来,等等。

2. 让孩子知道如何拨打 120 急救电话

（1）拨打"120"电话时切勿惊慌,要保持镇静、讲话清晰、简练易懂。

（2）报警电话进入调度席,会有调度员向你询问来电目的:"您好,请问您是需要救护车吗?"如你确实需要救护车,可简要回答:"是,要救护车。"

（3）准确报出自己的地址（路名、弄堂名、门牌号）。如说不清楚时,请说出地理位置,说出周围明显的建筑物或道路标志。

（4）简要向调度员介绍伤病员,如"现在胸痛"或"出车祸了,大概伤了多少人"等。调度员会根据病情或受伤的人数确定所派救护车的类型和数量。

（5）最后留下你的联系电话和姓名,方便急救车随时和你保持联系。

（五）预防拐骗

1. 家长应尽可能给孩子具体的行为指导。如教育孩子在遇到陌生人来访时，应采取如下措施：

（1）独自在家时，决不开门。如果来访者是从未见过面的，不论他说什么好话，都不能将门打开；如果来访的陌生人自称是抄电表或收水费的，或是能道出父母姓名并自称其朋友、同事的人，也不要开门，应将其婉拒门外，并告诉他们在大人回家后再来访。

（2）如果陌生人是打听某件事、某个人的，也要注意辨别对方意图，如果对方确实有事，自己又确实能给予帮助，可以隔着门回答。

（3）听到敲门声，也可从防盗门的"猫眼"看一下，如果对方是陌生人可假装家里没人而不予理会，过会见没有反应，来访者多半会走开。

（4）见到成群陌生人，切勿随便开门。若是来了一群陌生人，没有自报姓名而上来就敲门是决不能开门的。若对方急于入室，必要时可打电话给父母或邻居，若来者不善，要一边沉住气，一边打"110"报警。另外，还要提醒孩子不要轻易相信陌生人，更不可随便吃陌生人给的食物；不要一人到人少偏僻的地方去，也不要在晚上孤身外出；独自一人在快要到家时，要环顾四周，看看有无陌生人跟随，如果发现有人尾随，而家里可能又无大人时，不要先开门，可以先到邻居家等等。

2. 刚柔并济，机智应对。在生活中，家长应该教育孩子勇敢地与坏人作斗争。但是，也应该教育孩子做一个刚柔并济的人，我们应该教育孩子在四顾无援的情况下，面对匪徒要摆出一副受害者的样子，而不可表现得十分潇洒，以免招来更大的灾祸。另外，我们不主张孩子鲁莽地与犯罪分子搏斗，或是用眼神和其他动作激怒罪犯，这并不是教孩子当懦夫，但孩子在毫无反抗能力、伤害无可避免的情况下，必须学会放弃匹夫之勇、钱财等，以求保住自己的生命。

（六）严禁带凶器、锐器

小刀、水果刀、打火机、锐利物等，这些物品容易戳伤、划伤人，家长与老师必须严令禁止学生私藏或者购买违法小贩出售的一些危险性较大的玩具枪与刀。

（七）养成良好的个人卫生习惯

饭前便前便后都要洗手，不吃垃圾食品，注意饮食安全，防范传染病的

发生。

设计意图：安全教育涉及方方面面，分类教育让家长们做到心中有数。

三、亲子时光，同学习、共成长

今天在这里我向家长们推荐中国公安大学王大伟教授的系列讲座《让孩子远离伤害》，您回家后可以和孩子一起观看，一起学习安全知识，提高孩子保护自己的技能，为自己的生命安全保驾护航。

最后，我还想强调一点，安全教育不光是说教，还要多实践。曾经在央视看过一个节目，节目组故意让家长把孩子一个人放在家里，然后让主持人去敲门，想各种办法哄骗孩子开门。当时参与节目的家长都笃信自己的孩子绝对不会开门，结果节目中的孩子无一例外地跟随着敲门人走出了家门，丝毫没有戒备之心。我们身边也有这样的案例，一位同事的家中突遇火灾，全家竟无一人在第一时间想到拨打119。所以，对孩子进行安全教育要落到实践才能真正发挥作用。家长应经常和孩子做一下这方面的应急演练，帮助他们将这些安全技能真正内化为一种本能。

设计意图：王教授的讲解通俗易懂，配有案例与方法，家长与孩子一起学习、演练，提高生存与防范技能。

四、家长会总结

小学生安全问题涉及生活的方方面面，相关的知识也极为丰富。我们衷心地希望通过本次活动有更多的家长能重视小学生安全教育，努力和学校携手做好这方面的工作，让孩子们掌握更多的生存知识和技能，安全茁壮成长！祝福大家！本次活动到此结束，谢谢大家的参与！

（牟平区实验小学　孙春）

【相关链接】

系列讲座：《让孩子远离伤害》　　中国公安大学王大伟教授

父母的角色如何定位

【活动背景】

《虎妈猫爸》是一部都市家庭喜剧。该剧以独特的视角聚焦了"幼升小"等社会热点问题,直击教育中的观念冲突与矛盾,引发家长对自身角色定位和教育方式的反思。在现实生活中,也存在着很多父母角色定位失当的现象,从而影响到孩子的健康成长,在一年级下学期的第一次家长会,和各位家长一起探讨家庭教育中的角色定位问题是很有必要的。

【活动目标】

1. 让家长认识父母角色定位的重要性。

2. 引导家长定位好自己的教育角色。

【活动准备】

1. 活动课件。

2. 视频资料。

3. 有关材料。

【活动过程】

在家长会开始之前,先让我们来做一个小调查:今天的家长会,爸爸来了多少位?妈妈来了多少位?我比较了一下,来参加家长会的妈妈比爸爸要多很多,在我们班,似乎妈妈们更关注孩子的教育。

一、播放视频,引发思考

播放《虎妈猫爸》视频资料。

师:家长朋友们,这部电视剧相信有很多家长都有了解,那对电视剧中的爸爸妈妈大家都有什么看法呢?

家长1：当妈的，随着孩子的成长，遭遇着各种孩子间的比较，她们恐慌甚至无所适从，于是就为自己和孩子敲响警钟，为了孩子能够接受更好的教育拼尽全力。

家长2："猫爸"这样角色的产生，来源于父亲自身的心理，他们可能希望和孩子拥有比较宽松的关系，害怕自己的孩子"恨"他，希望以"宽松"换来"感恩"。

家长3：在我看来，"虎妈"和"猫爸"的角色，打乱了中国传统教育中"父爱是山，母爱是水"的惯例，其实这才是中式家庭教育的根基，我们坚持了这么多年，现在这一切似乎在发生着改变，更多的家庭把教育孩子的责任全权移交给了母亲，以往家庭中"严父慈母"角色的设定开始向"慈父严母"转变。

二、角色选择，用心倾听

（一）父母角色在家庭教育中的作用比较

师：父母是两个不同的角色，因此产生的教育效果肯定是不一样的，对孩子表达爱的方式也是不一样的。在座的各位家长您认为，究竟是谁在家庭教育中起重要作用呢？

家长1：妈妈重要，不是有本书叫《好妈妈胜过好老师》吗？家庭里对于孩子的教育应该以妈妈为主。

家长2：妈妈比较重要，因为爸爸每天都很忙，没有太多和孩子交流的时间，在家里妈妈陪孩子的时间比较长。

家长3：爸爸比较重要，尤其是男孩子的爸爸，要是一直让妈妈教育，会不会缺少男子汉的气概啊！

家长4：妈妈重要，妈妈的心思很细腻，肯定考虑问题比较全面。

家长5：我们家就是妈妈说了算的，妈妈在家全职看孩子，肯定是比爸爸强。

家长6：爸爸虽然工作忙，但是现在的妈妈也有工作啊，不能用这个为借口就把孩子的教育都推给妈妈。

　　……

师：各位家长，虽然大家对于父母在家庭中的重要性都做了阐述，但是，这两种爱都是不可或缺的，少了哪一种，孩子都很难拥有一个真正健康的身心。

师：各位家长都有自己不同的见解，那我们在孩子心目中是怎么样的呢？昨天的课外活动,我给孩子们布置了一个小小的任务,请他们将爸爸妈妈在家中的样子,选择一只小动物的形象表示出来,并在旁边进行说明,请大家欣赏。

（二）课件出示同学们的选择,教师解读

学生1：在我们家妈妈是一只大花猫,我和爸爸是两只小老鼠,只要大猫一声吼,我们就吓得乖乖地站住不动了。

学生2：我的妈妈是一头勤劳的老牛,家里的什么事都是她去做,爸爸是一只小鸟,吃饱饭就飞出去玩了。

学生3：我真希望爸爸妈妈都是小鸟,陪我一起玩。

……

师：各位家长,看了孩子们的想法,大家有什么感触呢？

（三）家长交流,教师总结

三、父母分工,角色定位

到底父母在一个家庭的角色应该是怎样的？我们应该以怎样的角色去爱护和培养我们的孩子？

（一）母亲的角色不可替代

母亲的地位在孩子心中是无可替代的,她是孩子出生后接触到的第一个人,是孩子决定性的启蒙老师,她能理解自己孩子的个性,了解他的倾向、爱好和特点,从而能够照顾他,鼓励他,为他做准备,给他指明前进的道路。反过来讲,母亲也是孩子的第一所学校,是塑造孩子的决定性人物,是孩子的主要模仿对象,她的言行举止将会在孩子的成长发展过程中起到举足轻重的作用。母亲的言传身教直接影响到孩子的品质和特性,善良温柔的女性才能培养出优秀的孩子,反之,品质恶劣的母亲很难教出优秀的孩子。

1. 培养孩子的情商

生活中我们不难发现,有的孩子很会协调自己与他人的关系,而有的孩子在这方面则显得呆板,不够灵活。其实这很大程度上取决于他们的母亲是否培养了他们较好的情感智商,那些情感智商高的孩子往往在长大成人后,也会有比别人更多的机会在生活中遥遥领先。教育专家所进行的一系列调查表明：那些成果丰富的人并不一定是智商最高的,而是那些能与他人进行良好沟通的。

2. 做孩子的引路人

如果母亲对培养孩子的责任感、正直、忠诚等品质方面足够重视,就相

当于为孩子的成长树立了一个价值体系,孩子会在其影响下走正确的路。当然,母亲本身的行为是孩子最好的道德指南。如果母亲是一个懂得负责任、正直的人,那么孩子也会向这个方向发展;如果母亲本身就是一个喜欢逃避责任的人,那么她的孩子就难以有正确的行为导向。

3. 多和孩子一起玩耍

很多母亲对孩子的功课及物质要求总是非常关注,对孩子的情感需求则经常忽略。其实,在我们这个生活节奏紧张的社会里,孩子们渴望的不仅仅是学习上的优越及物质方面的富足,他们更希望与母亲一起游戏,相互沟通,度过快乐美好的时光。所以,建议妈妈们尽量多抽出时间和孩子一起玩耍、谈心,这对于孩子来讲必将是成长的财富,对母亲来讲也将是弥足珍贵的记忆。

(二)父爱不可或缺

父亲对孩子的教育同样不可忽视,父亲参与孩子的日常生活,可以极大地促进父亲与孩子之间的情感发展,而和父亲待在一起较多的孩子,长大之后也会更有同情心、上进心,心理也更加健康。

父亲以自己男性的榜样,不仅为男孩子提供了模仿、学习男性角色的范例,而且为女孩子角色定位提供了重要的参照物,缺少父亲影响的男孩长大后容易缺少男子汉气质,而女孩长大后则容易出现自卑、焦虑等现象。

1. 父亲要多花些时间和孩子相处

工作再忙,作为父亲也要每天拿出时间来和孩子相处。相处的形式多种多样,可以和孩子做游戏、陪孩子搭积木、开展户外活动等。如果实在太忙而无法在孩子睡觉前回家,打个电话和孩子聊上几句也是很重要的。这样,孩子不仅能始终感受到父亲的爱,而且父亲的气质、情感、智力等都影响了他,并为其自身的心理与智力发育补充养分。

2. 了解并分享孩子的感受

作为父亲,更要学会了解、分享孩子的需要和感受,让孩子充分感受到父爱的存在,以避免他体验孤独无助的感觉。要从细节做起,比如平常应拥抱、抚摸孩子,让他时时体验到父爱的温暖,在孩子的美好记忆里,将始终有一个空间贮存着父亲与他在一起的时光,这对孩子的作用是潜移默化的。

3. 发挥父亲角色的独特优势

父亲一般对外界事物较有兴趣,动手能力较强,这样对孩子有潜移默化

的影响；父亲的热情、宽厚、敢于冒险、勇于坚持等特征，可以使孩子在不知不觉中模仿和学习。在和男孩子的交流过程中，父亲的严格要求会使男孩学会审视自己的行为，学会承担责任，男孩也会更好地从爸爸那里观察、模仿男性的语言和行为，日渐表现出男子汉气概。而父亲和女儿的交流过程中，可以让女儿从小接触到良好的、明确的男性榜样，并分清男女之间的差异，更有利于培养女孩子的女性气质。最重要的是，父亲和孩子交流往往能扩大孩子的社会活动范围和社交内容，有利于孩子今后的社交兴趣、社交经验、社交技能，学会准确地做出分析和判断，这样就能很好地与身边的人交往，成为一个健全自信的人。

（三）做最好的父母

父亲在孩子成长的过程当中，在两个方面扮演着非常重要的角色，一个是智慧的启迪，二是人格或者是做人的一种引导。难怪古人云："养不教父之过。"大量的研究告诉我们，父亲跟孩子待的时间越长，孩子的后劲越足。

母亲在孩子的成长当中两部分最重要。一个是孩子习惯的养成，家庭生活的习惯一定会向孩子的学习习惯迁移。泰戈尔深情地写到"播种习惯，收获人生"，李嘉诚先生说过"播种习惯，成就事业"。母亲对孩子的另外一个影响在"情商"，今天这个社会，高智商的人都在给高情商的人打工。

要想扮演好各自的角色，家长能做的事情就是加强与孩子之间的沟通。在与孩子沟通时，请家长们注意以下几个方面：

提高沟通水平：他们读的东西我们也读；

刺激沟通兴趣：力图寻找共同话题，求认同；

讲究沟通策略：母亲→父亲→齐上；

抓住沟通时机：心情愉悦时；

注意沟通方式：力求心平气和、平等真实。

四、家长会总结

各位家长，家庭教育，其实就是对根的教育、心灵的教育，只有根壮、心灵好，才能枝粗叶肥。通过刚才的学习交流，相信各位家长对于父母对孩子成长的重要作用都有了深刻的理解，请大家把自己的角色定位设计成一个亲子小故事，回去讲给孩子听，谢谢大家的配合。

（栖霞市实验小学　周少霞）

【相关链接】

推荐阅读：放养孩子

祝 郁

常听到专家说"孩子需要放养"。潜移默化里,感觉这还真是一件特别酷的事儿!一提起"放养"的孩子,联想到的形容词就是个性、独立和自信,但情况好像没有想象中的那么美好!

1. 让孩子独自判断,并尊重孩子的每个选择

因为没有老人可以帮忙带,我女儿很小就进了幼儿园。到大班毕业时,本来按照年龄她还应该再读一年,但是她不同意,一定要和小朋友们一起去上小学。

我没有武断地回绝女儿,而是请了三天事假,带不到 5 岁的她到小学去旁听了三天,然后让她自己判断是否可以上小学。

这三天里,我们旁听了每一节课,把小学生的生活都过了一遍。三天后,她很坚定地说:"我要上小学!"

那时候,不到年龄走个后门还可以进去,所以我就尊重了她的意愿,让她上了小学。

小学一年级第一个学期她是学得最好的,因为这是她争取来的,是她的选择。这样,在不到 5 岁的时候,她就学会了独自判断和为自己的选择负责。

升初中时,我仍旧让女儿自己选择,是去民办学校还是对口的公立学校。她到对口公立学校看了一次之后说:"我喜欢这个学校。"我尊重了女儿的选择。

从女儿 4 岁到今天,我一直坚持一句话:我尊重你的选择。当父母和孩子发生争执,最后要么家长听孩子的,要么孩子听家长的。当孩子什么都听家长的时候,那就出问题了。他会觉得,我的人生是你帮我规划的,那你就替我走下去吧。

人们总是说孩子"开窍"了就要学习,其实几乎每个人在学习期间都有一个发现自己的过程。这个过程包括两个内容:先是发现了自己到底想要什么,然后才是发现自己的能力所在。

一旦进入这种状态,孩子就会感受到一种前所未有的力量从心底涌出,那情形就是很多人说的"开窍了"。

2. 让孩子学会承受选择后的结果

尊重孩子的选择,也要让孩子学会为自己的选择负责。

女儿读初中时,我带她到上海很多高中去转了一圈,让她看看希望将来进哪个学校。最后她说:"妈妈,我要考上海中学,因为上海中学漂亮。"

因为这个目标,初中最后一年,她的成绩突飞猛进,但我个人判断要考上中还是有点危险。中考填报志愿时,我建议她填报上师大附中,但女儿坚决要报上中,我尊重了她的意愿。

成绩揭晓,她因为两分之差与上海中学失之交臂。

虽然她最终也进入了心仪的曹杨二中,但有时仍有些遗憾:"如果当时零志愿不填上中,什么学校进不去啊!"这时,我告诉她:"那是你自己的选择。"

我觉得一个人不可能永远做对事情,但只要是自己的选择并且是经过思考的选择,就没有什么可后悔的。

就像开车在高速公路上选择了一个岔口,就只能按照这个方向开下去。哪怕错了,也只能在下个出口再做调整。即便孩子的选择最后走了弯路,甚至走了回头路,也不一定就是坏事,毕竟多了一份人生经历。

后来女儿进大学选专业、出国读研都是自己做决定,自己去操作。我也曾经担心她的一些选择。比如她曾想进入传媒行业,我知道传媒业非常辛苦,但收入和社会认同度都不高。我和她沟通了好几次,但她态度坚决。我也接受了,于是和她一起设定了未来的路线图。

后来,女儿自己到传媒公司实习了一段时间之后改变了主意。我也尊重她,并继续积极和她一起调整、设计新的职业路线图。

3. 要维护老师和学校在孩子心目中的形象

我每次家长会都会跟家长谈到这一点。这不是我作为校长护着老师,而是因为:孩子不会从他不喜欢的老师那里学到任何东西——这是初中这个阶段的非常明显的特点。

家长要想明白一点:学校是孩子每天要去的地方,家长本事再大也不可能替代所有学科的老师。即使对老师有意见,也不要让孩子看出来,可以背着孩子和老师沟通。

我女儿在上小学四年级时很顽皮,总是闯祸。那个期末拿到成绩报告单,女儿伤心得直哭。原来老师给出的五行评语中竟然没有一句肯定,全是批评。这是做了 14 年班主任的我看到的第一份奇特得让我终生难忘的评语。

晚饭女儿吃得很少,临睡前还问我:"妈妈,我是不是真的很差呀?"

那一夜我和丈夫都失眠了,我知道女儿开始怀疑自己的能力,开始失去自信了。

我连夜给孩子写了一封信:"孩子,你见过磨刀吗?把刀放在磨刀石上磨,刀一定很疼,可是他没有发出一点声音,因为他知道只有经过这样的磨砺,他才能变成一把好刀、快刀。你想变成这样一把好刀吗?那就要经历磨砺!你睡觉之后,妈妈已经和老师通过电话了,老师说,今天的评语就是那把磨刀石,就是要让你去接受反复的磨砺。当你把评语上的缺点改正之后,你就会是一把举世无双的宝刀了。"

我用这封信把老师在女儿心目中的形象挽救了回来。接下来我又和女儿谈了很多,帮她重塑对自己的正确认识,她还给自己写了很多虽然稚嫩却也中允的"评语"。

到今天我还是非常后怕,如果当时我不是用这样的方式来处理,结果会怎么样。我也常常以这个故事来鼓励我们的老师要多几把衡量孩子的尺子,多让孩子感觉到成功。

4. 帮助孩子拥有梦想

女儿小时候,我很想让她学钢琴,但我不是买来钢琴让她学,我用了个小小的"计谋"。

当时我班上有个学生钢琴弹得非常好,我带女儿去她家玩,请她弹琴给女儿听。听了几次,女儿终于忍不住了:"妈妈,我们也买个钢琴吧!"

我说:"钢琴很贵啊!"她说:"可是我真的很想要钢琴。"我又说:"弹钢琴很苦的,你问问姐姐有多苦?每个星期都要练习,还要到老师那里去学琴。"女儿面露难色放弃了。但过了几天,她又忍不住了:"我真的很想要钢琴。"

在女儿的一再恳求下,我才买了钢琴。因为是她自己提出来要弹的,所以她学琴的整个过程中,我从来没有费过心。

女儿曾经说:"你最大的优点是一直尊重我的选择。因为有了选择,我就有了目标。我就会朝着自己的目标走。"

父母要帮助孩子拥有具体的梦想，而当孩子拥有了梦想，要引导他们相信这个梦想能实现，并朝着这个目标不断努力、行动，这种行动就父母是赋予孩子进行自我开发的积极"动机"。

5. 训练让孩子区分优先顺序的方法

大家都在说，小学和初中阶段养成良好的学习习惯非常重要。那么，良好的学习习惯究竟如何养成呢？

女儿上小学一年级时，我规定她晚上 7 点钟必须把所有作业做完。7 点之后全部都是她自己的时间，想做什么就做什么，我绝对不会增加一分钟的课外作业。

有一次，晚上 7 点钟我家访回来，发现她语文作业还没做。阿姨说她前面在玩，所以作业时间来不及了。

我看看 7 点钟已经到了，就把女儿的作业本子没收了。

女儿怕第二天被老师批评，哭着求我，我妈妈也在旁边求情。但再哭也没用，我告诉她，7 点钟之前完成作业是铁打的规矩，规矩就不能破坏。

第二天一早，我打电话给女儿的老师，解释了昨天的情况，并请她该怎么批评女儿就怎么批评她。从那以后，这种情况再也没有发生过。

定下行动顺序是在训练判断力，从小开始让孩子自己选择玩或学习，就是在训练孩子区分优先顺序。

6. 要进入孩子的语言系统

我在美国做影子校长时，采访过美国加州的一位年度教师。她说："我每天晚上都要看两部肥皂剧。"

我问为什么，她说："这样第二天我才可以和我的孩子聊，才可以用孩子能接受的语言，从这些肥皂剧的剧情聊到我的课堂，讲到我要教的历史知识。"

这就是需要家长去努力的，你要进入孩子的语言系统，包括了解孩子在看什么电视，包括一些网络上的热门语言。

为什么我们有些孩子总嫌妈妈烦，到了初二就不怎么和母亲多讲话了？

我曾经和一个孩子聊，他说我讲的妈妈都不懂；一个家长听到孩子说"逗比"批评孩子骂人，孩子也很气愤："你懂什么？"我们的家长确实不

知道,有些词汇在网络环境中,词语的含义已经发生了变化。

家长要了解孩子,就要进入孩子的语言系统。三年一个代沟,孩子不可能穿越到家长的话语系统,那你就要蹲下身子寻找和孩子沟通的共同语言。作为家长,永远不要过时。

7. 让孩子有目的地旅行

女儿在高中时,学校组织孩子们坐铁皮火车去南京进行"生存挑战",虽然孩子很辛苦,但我却非常赞成。

旅行是很好的教育方式,通过旅行,孩子能培养自立能力、忍耐力和挑战精神。

大学里,女儿曾经组织了一帮年轻人一起从云南泸沽湖徒步到四川亚丁稻城。我当然也担心,但看到她为了这次徒步各种做攻略、锻炼体能,我知道她已经学会了为自己的选择负责任。

当我不能阻止她的时候,我就积极支持她。我为她买了能在零下50度的恶劣环境中使用的睡袋,买了各种徒步需要的东西。他们的徒步非常顺利。

在这个世界上走得越远,眼界就越宽,适应力也就越强。

8. 鼓起勇气拿起笔

我非常鼓励家长拿起笔,以信的方式,把想对孩子说的话告诉他,不管是书信还是邮件都没关系。

我们学校每年5月4日都会搞一个告别红领巾的入团仪式,其中有个环节,就是家委会提前请家长给自己的孩子写一封信,语文老师提前让孩子们给父母写一封信,但家长和孩子们彼此之间都不知道对方也写了信。

到仪式这天,家长和孩子们把写好的信彼此交给对方。读信的时候,很多家长和孩子都忍不住流下热泪。因为这种方式,把家长和孩子很多从来说不出口的话都表达了出来。

我也会给女儿写信,用文字的方式和孩子沟通,这种方式不仅沟通更深入,而且还能够留存下来,日后每次翻看,感觉都不一样。

建议一年级家长会用

做个"懂教育"的好父亲

【活动背景】

有道是"母爱似海,父爱如山"。父母在家庭教育中具有同样重要的作用。但是现实生活中,许多家庭在家庭教育方面是母亲承担着更多的责任。据权威调查显示,60% 的父亲不屑于或无暇参与子女的教育,同时又有80% 的受访者认为父亲对他们的影响最大,父亲影响孩子最多的是他们的人生态度和人生追求。因此,为人父者应该正确认识自身的家庭教育角色,承担自身的教育责任,采取积极的教育手段,促进孩子的健康发展。

【活动目标】

1. 让家长了解父亲在家庭教育中的重要意义。

2. 让父亲明确父爱应该以何种方式发挥作用。

3. 整合家校的教育力量,促进孩子健康成长。

【活动准备】

1. 活动课件。

2. 相关视频。

3. 问卷调查。

【活动过程】

一、出示课件,引发思考

古代启蒙经典《三字经》开篇就说:"养不教,父之过。"如果生了孩子,只知道养活他,而不去教育他,那就是父亲的过错,是做父亲的失职。

现代教育理念认为,在孩子成长的过程中,父亲的角色无可替代,父亲对孩子具有极大的影响力,这种影响涉及孩子的智力、体格、情感、性格等多

方面,对孩子的独立、坚强、理性、探索等品格的培养起到重要的作用。当然,如果孩子与父亲接触少,则会出现"父爱缺乏综合征",孩子在体重、身高、动作等方面的发育会比较缓慢,并存在诸如焦虑、自控能力弱等情感障碍,在性格方面也会变得懦弱、胆小、孤僻、自卑等。可以说,父亲教育将影响孩子的整个人生。父亲对孩子的教育是不能缺失的。父亲必须与母亲一起承担培养孩子的职责。但是现实生活中,许多爸爸因为忙于事业,或是贪玩——玩手机,打麻将,或是教育孩子的意识淡薄,因而没有担负起教育孩子的责任。其实父亲的言行举止,身体力行在孩子成长的各个阶段都起着举足轻重的作用。

二、了解父亲在孩子成长各阶段的重要作用

(一)孩子成长各阶段的发展任务和目标

埃里克森人格发展八阶段理论认为,人的一生可以分为八个发展阶段,每一个阶段都有其心智成长的特定目标。如果在该阶段因为某些原因不能正常发展,这个人会在生活上出现一些问题,长大后他就需补回这个过程,但要付出很大的人生代价。

八个阶段的前五个,在一个人的 18 岁之前完成:

第一个阶段:0—1 岁,信任与不信任;

第二个阶段:1—3 岁,自主与羞愧;

第三个阶段:3—6 岁,主动性与内疚;

第四个阶段:6—12 岁,勤勉与自卑;

第五个阶段:12—18 岁,统一与混乱。

对于孩子来说,人生早期阶段的三个关键期,一是幼儿期(3～6 岁),孩子完成性别认同,女孩学习妈妈做女人,男孩学习爸爸做男人,同时崇拜异性父母;二是童年期(6～12 岁),孩子在父亲的参与下,逐渐与母亲分离;三是青春期(12～18 岁),孩子要完成和母亲的分离,父亲对孩子成长的支持很重要。

埃里克森人格发展八阶段理论,为不同年龄段的教育提供了理论依据和教育内容,任何年龄段的教育失误,都会给一个人的终生发展造成障碍。它也告诉每个人你为什么会成为现在这个样子,你的心理品质哪些是积极的,哪些是消极的,多在哪个年龄段形成,给你以反思的依据。

（二）父爱如山，父亲在各个阶段的重要作用

1.6—12 岁，父亲是孩子崇拜的英雄和模仿的偶像。母亲的思维模式是管理、追求有序，而父亲的向外探索以及游戏、趣味精神，给孩子一个较大的自主空间。孩子遇到困难时，就要发挥自己的能力、智慧，他的意志品质和解决问题的能力得到充分锻炼，这对孩子的智力开发非常有利。这样，父亲就起到了教会孩子控制情感、学习接受规则的作用。在父亲的指导和带领下，孩子从父亲身上学习怎样成为一个社会人。父亲身上勇敢、坚毅、意志坚强的男性特征，给予孩子更大的生命激情和对事情的执着追求。所以，在孩子的童年时期，甚至一辈子，父亲都可能是他心目中的"英雄"。父亲是孩子内心安全的保障，力量的所在。

2.12～18 岁，父亲是孩子逆反的对象和超越的标杆。一个极为特殊的阶段，身体的生长发育迅速成熟，心理的发展相对缓慢，人处于一种非平衡状态。一方面渴望像大人一样得到信任和尊重，另一方面又对一切都不愿顺从，不愿听父母、老师以及其他成人的意见。但内心并没有完全摆脱对父母的依赖，面对困难、挫折时，很容易退缩到家庭里。对权威和规则的破坏与反叛意识，使得这个时期父亲就成了"替罪羊"。父亲代表着权威和规则，孩子就去反叛和超越他。越是严厉的父亲，此时父子冲突就越大；平时温和、民主的父亲，这时父子间的关系就会缓和许多。

三、父亲角色赋予男孩、女孩的不同意义

（一）"父亲"对于男孩的意义

父亲身上的男性特质，比如果断、刚毅、坚强、有力量、保护性等等，都会刺激并引导男孩向往这些特质，对男孩性格的形成至关重要。对男孩来说，父亲就是自己的榜样，小时候喜欢依赖父亲，总觉得有父亲在自己的身边才觉得安全。随着年龄的增长，很多事情都会征求父亲的意见，也许只有这样，自己心里才会有底。生活中父亲在为人处世方面都会潜移默化地影响着男孩对生活的看法，在他们遭受挫折时，男孩们通过和父亲的交流变得更加勇敢和坚毅。无论是在生活还是工作中，男孩更喜欢和父亲探讨彼此间的看法，这是因为父亲会根据他的人生经历给予男孩对待某件事的看法，而这些都会对男孩的判断产生一定的影响。

案例 1：曾担任 Google 中国区总裁的李开复博士就曾说过："父母是孩子的第一个偶像。"李博士在追忆他父亲的文章中写到"对于大多数孩

子来说,父母的影响力通常不是看他们说什么,而是看他们做什么。在我的心目中,父亲是道德和正义的化身,给我留下经久不褪的烙印。父亲留给我的遗产就是那十个字:'有容德乃大,无求品自高。'渐渐我明白了,父亲是在用他自己为儿子作榜样,用一种无声的权威指引儿子的未来。"

(二)"父亲"对于女孩的意义

父亲身上的男性特质,比如果断、刚毅、坚强、力量等,能让女孩体会到安全、被保护,安于并享受自己的弱小。同时。女孩与父亲之间的亲密,可以帮助她建立未来的异性关系模式,使他对异性不好奇、不恐惧,在有了性的意识后以及发展过程中能建立并保持恰当、安全的异性关系。对女孩而言,从小时依赖父亲到青春期时崇拜父亲再到长大成人后与父亲沟通减少,这三个阶段是女孩们普遍经历的过程。小时的依赖是因为父亲相对于母亲来说,往往更加宠爱女儿。多数女孩都曾在父亲的肩膀上度过公主梦的幼年时期。青春期时女孩开始对异性关注,而父亲是女孩成长中见到的第一位男性,所以女孩此时更会加深对父亲的崇拜敬仰之情。长大成人后,女孩接触的生活变得更为丰富,遇到很多专属于女性之间的话题,她们更喜欢找母亲分享秘密。而不是父亲,此时父女之间沟通减少也就不足为奇。

案例:一位妈妈发现6岁的女儿正在跟爸爸讨论《孙子兵法》,她不由得想到女儿的未来:将来女儿带回家的小伙子一定也会对古代文化津津乐道。

这位妈妈的想法并非没有道理。调查表明,5个女孩中有2个会显示出和异性交往的能力与父亲有关。如果说母女的亲密关系带给女孩满足的体验和情感的支持,那么父亲与女孩的关系,则使女孩初步懂得了怎样与异性相处,以及如何维持与异性间的关系。

(三)"父亲"角色对孩子的特殊意义

为了实现自我塑造,男孩女孩不但需要一个现实中的父亲,还需要一个"内心的父亲"——"父亲角色"。这个"角色"有很强的理想化色彩,甚至是抽象的,象征着力量、规则、权威。有这样一个"内心的父亲",男孩就有了效仿的模板、超越的目标,女孩就有了内心的依赖、庇护的港湾,这个父亲给予他们成长的源动力,让他们去和规则、权威自由相处。

缺乏父爱的孩子,其个性往往有不健全的倾向,大都有或多或少的缺陷。其中最明显的两种个性倾向是:懦弱或逞强。一种是表现懦弱无能,特别是男孩子，身上总缺乏应有的阳刚之气，做事扭扭捏捏。另一种是争强好胜、好出风头，表面上看是勇敢，实则内心脆弱，一遇到挫折就会倒下。

据美国的一项调查显示，大街上无家可归和离家出走的孩子，90%来自无父亲的家庭 72%的少年凶杀犯、75%的青少年吸毒者、60%的强奸犯，都来自从小就缺乏父爱或感受不到家庭温暖的孩子。这是因为他们从小缺乏父亲的关心与教导，没有受到过来自父亲的约束、权威和纪律感，因此，他们身上缺乏应有的纪律教育和监督，导致他们走向了歧途。

四、父亲角色的积极影响

（一）调整与孩子相处的方式，融洽亲子关系

父亲带孩子玩游戏，都是自发的、本能的，比如走"勇敢者"道路、玩滑梯，父亲喜欢什么，就会带孩子做什么。比如孩子与妈妈出门，妈妈一般会说："系好鞋带，不要走丢"；而爸爸则会粗犷些——"走，上车"。比如爸爸喜爱运动、看书，孩子通过这些活动来认同这个男人形象，自己也会喜欢这些。所以，身为在职场苦苦打拼的爸爸，可以趁着和孩子玩亲子游戏的机会，好好放松一下自己紧张的情绪，减轻工作造成的压力，密切亲子关系。

（二）夫妻关系和谐是孩子成长的温暖助力

如果父母关系融洽、亲密，对孩子来说，父亲就更容易接近。否则就会人为拉开孩子与父亲的距离。父亲对孩子的影响是间接的，是通过母亲起作用。孩子与父亲的联系倘若被阻断、减少，父亲的功能就不能正常发挥，那是因为母亲与父亲的关系出了问题。如果父母关系紧张，孩子就会很容易卷入这场婚姻战争中，被这场战争迷惑了双眼，孩子出于本能，会保护与他更亲近的母亲，疏远他的父亲。所以在夫妻关系和谐，家庭幸福的环境中长大的孩子，性格阳光开朗，积极向上，人格健全。

（三）父亲应增加美好的聚会，减少无聊的应酬

美国有位很著名的商界人士，51岁时得了癌症，时日无多，他开始对自己的生活做一次反省。他发现自己是个工作狂，为了拿到一个工作合同，他愿意从美国飞到澳大利亚的悉尼，再陪同商业伙伴从悉尼飞到堪培拉，然后再从堪培拉飞回美国，连续飞行四十几个小时。他把自己这么多年交往的人做了个统计，发现在交往的两千多人中，可以分成三个圈，最外圈是商业上的合作伙伴，中间一圈是亲友，最里面一圈是家人。这么分完之后，他非常感慨，他说他几乎把所有的时间都放在了最外围一圈了，给予家庭的时间是

最少的，而真正决定人生质量的都是最里面的这一圈。通常我们总以为我们投入工作、投入应酬的时间越多，越能够提高家庭的经济状况，越能给家人带来幸福，现在我们也都要反省一下，真的是这样吗？当应酬成为习惯时，我们还有多少时间陪伴孩子、陪伴家人？可以毫不夸张地说，我们失去的很可能就是孩子的未来。

如果要把以上的内容做个归纳，就是无论你多艰难、多忙碌都应该和孩子生活在一起，和孩子生活在一起是天职，也是美德；下班的路就是回家的路，只要你和孩子在一起，你就会少犯很多错误；你对孩子的爱越多，你的烦恼可能就会越少。夜晚的时间应该是家庭的时间，周末的时间应该是家人的时间，和孩子在一起，你也会有更健康的生活方式。增加美好的聚会，减少无聊的应酬，一定也更有利于孩子的成长。

（四）妈妈要在孩子心目中帮助父亲树立威信

父亲在家对孩子有语言、动作、表情等等的影响。父亲不在家也是一种影响：位置是空的，给人想象，他不在，去了哪里……重要的是母亲对父亲不在家的解释是什么，是用什么情绪说的。笑眯眯，抱怨，两种不同的解释，包括其中的情绪，对孩子都会有不同影响。

（出示奥巴马和母亲、继父及同母异父的妹妹的老照片）老奥巴马弃她而去，但妈妈从不对儿子讲父亲的坏话。奥巴马之所以能有今天，一个很关键的原因，他的妈妈没有向他传递怨气，尽管她看上去有足够的理由向儿子抱怨不负责任的父亲，但她每一次给儿子讲起父亲时讲的都是父亲的优点。

（五）无论境况如何，努力不要让孩子缺失父爱

地域上的分别只是空间距离，不意味着心理距离。如果父子关系亲密，虽相隔遥远，孩子知道父亲在，父亲角色功能的发挥照样可以很好。父亲平时工作忙，即使回家很晚，或一周或一月陪孩子一次，如果每次都是全身心投入，感觉很开心，比每天同孩子在一起却冷冰冰的没有互动更好。即使由于各种原因造成了父亲的缺位、父爱的缺失，在成长的过程中，孩子还会遇到或找到其他很多重要的人，仍然有机会在家庭以外适度补偿缺失的父爱功能。比如说祖父、舅舅、老师、兄长、偶像、文学作品中的人物等，都能部分替代父亲的角色，起到补偿作用。至于孩子心中需要一个什么样的"理想父亲"，他会在爱自己的父亲的同时，再以其他的方式去寻求补偿。

五、问卷调查,查找问题

(一)家长做调查问卷。

(二)教师针对问卷内容与家长进行交流。

(三)家长针对问卷查找自身的问题。

(四)教师小结(教师可根据时间现场操作或会后统计分析解决问题)。

六、畅谈感受,交流总结

(一)作为父亲,要与子女有效地沟通,要倾听他们的内心之声,要了解他们在生活中的实际状况。

(二)作为父亲,对孩子的关注,不仅是在他们过得很舒适、做得很好时,更重要的是当他们面临困难、挣扎或是叛逆时,在更需要得到父亲的关爱和指导时。

(三)父亲不要只忙工作事业,无暇顾及孩子的教育。

(四)父母不要只重成绩不重素质,忽视孩子人格的养成。

一位成功父亲曾说:"我的事业是'父亲'。'父亲'就是我的终身事业和人生理想,子女就是我的最大荣耀。"其实,作为父亲,没有什么比把孩子一步步引上正确发展的道路、培养成才更为伟大的事业了。陪伴,沟通,父亲要参与到孩子的成长当中来,父亲的作用是无可替代的。

(烟台大学附属中学　任冰冰　王英哲)

【相关链接】

一、调查问卷

尊敬的孩子父亲:您好,首先十分感谢您在百忙之中抽出时间来参与此次调查问卷。本问卷旨在了解父亲参与家庭教育的现状,以便对父亲更好地发挥在家庭教育中的作用提出合理有效的建议。在填写问卷的过程中您的答案无正确与否,请您根据实际情况作答。且郑重承诺调查结果仅供研究所用,不会透漏您任何个人信息。请您做完问卷后一定进行保存,感谢您的配合。

1. 您的年龄

　　○ 25 岁以下　　○ 25 岁 ~35 岁　　○ 35 岁 ~45 岁　　○ 45 岁以上

2. 您的职业

　　○ 专业技术人员（教师、医生、公务员等）

　　○ 劳动技术人员（蓝领、企业员工等）

　　○ 个体经营者

　　○ 普通劳工

　　○ 农民

3. 您的文化程度

　　○ 高中以下　　○ 高中　　○ 专科　　○ 本科　　○ 硕士　　○ 博士

4. 您孩子的性别

　　○ 男　　○ 女

5. 您的孩子是否为独生子女

　　○ 是　　○ 否

6. 您的家庭结构

　　○ 夫妻、子女　　○ 夫妻、子女、父母　　○ 夫妻、子女、岳父母

7. 您认为家庭中应排在首位的关系是

　　○ 夫妻关系　　○ 与孩子的关系　　○ 与父母的关系

8. 您认同"父亲的主要职责是赚钱养家,抚养孩子由母亲承担更适合"吗?

　　○ 同意　　○ 比较同意　　○ 不太同意　　○ 不同意

9. "父亲参与的缺失会对儿童的人格、人际交往、性别认同等方面造成影响和障碍"您同意这种说法吗?

　　○ 同意　　○ 比较同意　　○ 不太同意　　○ 不同意

10. 您认同"养不教,父之过"吗?

　　○ 同意　　○ 比较同意　　○ 不太同意　　○ 不同意

11. 您是否认同"父亲的抚育能力比母亲差"?

　　○ 同意　　○ 比较同意　　○ 不太同意　　○ 不同意

12. 您每周平均有多少时间与孩子进行交流?

　　○ 不足 1 个小时　　○ 1~4 个小时　　○ 4~8 个小时

13. 您与孩子交流的内容有哪些?

　　○ 思想情况　　○ 学习情况　　○ 交友情况

　　○ 生活状况　　○ 礼仪举止　　○ 做人标准

14. 您有时间给孩子讲故事吗?

　　○ 经常　　○ 有时　　○ 很少　　○ 从来没有

15. 您会主动陪孩子说话、聊天吗?

　　○ 经常　　○ 偶尔

16. 您觉得您目前是否发挥了父亲角色的作用?

　　○ 发挥得很好　　○ 发挥得一般　　○ 发挥得较差　　○ 发挥得很差

二、书目推荐

《从"家庭三角关系"谈家庭的裂变与和谐》　　孙晓峰

《婚姻关系三角论》　　陈德茂,香港公教婚姻辅导会 [桥] 第 80 期

《父亲教育缺失对教育孩子的影响》　　韩国成

三、奥巴马不缺席家长会

　　奥巴马任美国总统期间,平日忙碌的程度可想而知,但他总是努力地保持着工作与家庭之间的平衡,作为父亲的奥巴马获得了大众的好评。

　　对孩子特别的爱源于奥巴马缺失父爱。他两岁时,父亲抛下他回到非洲,只在他 10 岁时探望过他一次,并在他 21 岁那年父亲死于车祸。父亲和他在一起的时间很有限,但那些记忆片段永难磨灭。奥巴马说:"那种事会给孩子的心灵留下一个空洞,没有哪个政府能填补它。"为此奥巴马女儿出生后,他发誓要给她们自己没有得到过的东西,要做一个好父亲。

　　奥巴马无论工作多忙,都会尽量与女儿共进晚餐,在吃饭时,他并不是匆匆忙忙,而是会询问女儿学校的情况,分享女儿一天的喜怒哀乐,并且耐心地回答女儿的问题,为她在学校交友出谋划策,有时还玩一种名叫"玫瑰和刺"的游戏。奥巴马融入女儿的生活,努力成为她们的伙伴与朋友。如果奥巴马出差在外,他每晚都会给女儿打电话,让她们知道父亲从没有将她们遗忘。

奥巴马会用各种方式来表达对女儿们的爱,尽可能多地陪伴孩子,而参与她们的活动就是最好的方式之一。他曾和大女儿玛丽亚一同读完《哈利·波特》系列的七本书,并一直引以为荣。有时会手拉手滑旱冰,相互击掌鼓励对方。学校会举行很多活动,奥巴马也是常客,比如他曾到学校观看了女儿萨莎班上的一个展示会,他很少缺席孩子的钢琴汇报演出。当大女儿玛丽亚参加足球比赛时,奥巴马夫妇会带着小女儿萨莎一起去观战;总统为女儿加油助威的劲头,一点也不比其他家长逊色,有一次,女儿所在的球队得分,奥巴马激动地大叫:"得分!加油!加油!加油!"引得旁观者很感动。

奥巴马很关心女儿在学校的点滴成长与进步。洛迪希校长透露:"总统很信任学校,有时还会把老师请到白宫做客。"奥巴马很宝贝自己的两个女儿,玛丽亚和萨莎的班主任有时会接到奥巴马的电话,他很迫切地想知道女儿的近况,当听说孩子们又进步了一点,他会很高兴。

学校过一段时间就会开家长会,是老师和家长一对一面谈的那种形式。时任总统的奥巴马,他从来不错过会见自己女儿老师的机会。本来家庭去一个大人即可,可是奥巴马则夫妇同去。即使奥巴马在竞选总统 21 个月的漫长日子中,他也从没有耽误过一次家长会。奥巴马有一次去女儿就读的希德威尔友谊学校开家长会,老师们对两个孩子赞不绝口,这是他成为总统以后最美妙的时刻之一。

奥巴马身体力行,实践自己的理论:父母应该积极参与子女的教育。奥巴马说:"有时候一些看似平淡的时刻可能最为重要。"

四、为什么由爸爸带大的孩子智商更高

爸爸的形象高大,爸爸的力气也更大,爸爸更有阳刚之气。小时候坐在爸爸的肩膀能看得很远,躲在爸爸的怀抱里很温暖,爸爸能给孩子带来更多的安全感,因此,爸爸的陪伴是孩子健康、快乐成长过程中不可或缺的角色。

爸爸让孩子更勇敢

在很多孩子的心目中,自己的爸爸就是一位超级大英雄,他有挺直的腰背、宽厚的手掌,遇到困难不退缩,帮妈妈和家里解决很多难题,男性相比女性更坚强、更勇敢。

俗话说："男儿有泪不轻弹。"孩子要从小就有坚强勇敢、不怕苦、不后退的精神，而爸爸也必须要锻炼孩子，不骄纵、不溺爱，让孩子成为比爸爸更勇敢的人，长大后才能保护好自己的家人，为家庭承担责任。

爸爸使孩子更早独立

都说男生比女生成熟的晚一些，但男生却比女生更独立。生活中，妈妈对孩子会更加呵护，担心孩子受到伤害和委屈，而爸爸更多的选择让孩子自己面对，鼓励孩子自己处理问题，因此，爸爸对孩子的溺爱更少一些。

爸爸遇到困难更有独立解决的能力，爸爸的"点子"更多，思维更灵活，孩子就会从中学习爸爸解决问题的方法，只有独立的孩子才能长大，不事事处处都依赖父母。

爸爸的动手能力更强

男性天生具有比女性更强的探索、冒险精神，遇到新鲜的事物或问题喜欢去研究，善于用双手去创造。家庭中，爸爸会修理自行车、水龙头，会换灯泡，制作玩具，这些都能影响孩子的动手能力和创造力。

动手能力强的孩子不懒惰，行动能力更强，长大后也会比其他孩子拥有更多成功的机会。因此，在孩子小的时候就要培养他的动手能力，爸爸要多和孩子一起合作动手制作一些小东西，或一起做家务等。

爸爸更有担当

一般来说，爸爸是整个家庭的"顶梁柱"，包括经济收入、大小问题的承担等，因此，爸爸被赋予了更多的责任和担当，孩子在生活中深受影响，促进了责任感、有担当等精神品格的形成。

爸爸把对家庭的负责"传授"给孩子，孩子长大后也会成为一个对家庭有责任感、对工作有责任心，对自己负责的人。

感恩父母 孝敬长辈

【活动背景】

班级里大多数学生都是独生子女,在家里通常是六个或更多的大人围着一个孩子转,容易使他们形成以自我为中心的心理。在孩子心中,父母长辈为他们做的很多事情都是理所应当的,而父母也心甘情愿地给孩子"当牛做马",全然不知道这样的做法对孩子的成长是不利的。五月的第二个周日是母亲节,刚好期中考试也结束了,利用这次家长会,和家长一起教学生感恩父母,孝敬长辈,这是一箭双雕的好事情。

【活动目标】

1. 让家长认识到培养孩子感恩的重要性。
2. 让家长了解和掌握培养孩子感恩的做法。
3. 指导家长和孩子互相理解,形成良好的亲子关系。

【活动准备】

1. 活动课件。
2. 视频音频。
3. 调查问卷。

【活动过程】

一、出示视频,引发思考

请大家看一段视频。(播放视频)

家长朋友们,看了这段视频,您一定有很深的感受。视频中的父母在孩子小的时候,总是百般呵护,没想到,"惯子如杀子",孩子没有一颗感恩的心,你为他做得再多,他也无法感知。孩子的感恩之心需要我们悉心培养,而不是与生俱来。所以,我们今天家长会的主题是:感恩父母,孝敬长辈。请大家和我一起探究如何引导孩子们拥有一颗感恩的心。

1. 请家长欣赏孩子的感恩卡,教师为家长讲解做贺卡的故事。(播放《烛光里的妈妈》背景音乐)

各位家长,这是孩子们昨天做的第二张感恩卡。请您打开,静静地读一读孩子们的心里话。

家长们随着音乐,静静地读着。

孩子们在做第一张卡片的过程中,有不少孩子敷衍了事,一会儿就写完了,有的孩子很久都没写出一句话来。于是,我就给孩子们进行了一番引导,才有了大家现在手中的贺卡。

为什么会出现这样的现象呢?说到底,是孩子们的感恩之心不足,很多事情,他认为父母就应该为他们做这些事情。

2. 听听孩子们的心声。

师:各位家长,孩子们有些话想和你们说,让我们一起去听一听吧!(播放学生的录音)

生1:我去帮妈妈刷碗,妈妈总是不耐烦地把我赶开,说:"别过来捣乱,赶紧写你的作业去!"所以,我几乎从来不帮妈妈做家务。我听别的同学说自己在家里做这些事情,我还挺羡慕呢!

生2:妈妈成天在奶奶背后说她的坏话,我感觉自己的奶奶像个老巫婆,我的妈妈也像个后妈妈。有一次,奶奶生病住院了,妈妈还说又得上班又得去陪床,都是奶奶的错。

生3:爸爸妈妈在家里老是管我,不是打就是骂,我才不想给他们做贺卡呢!

设计意图:活动伊始,让家长通过看视频,懂得感恩教育的重要性。明白会感恩不是孩子与生俱来的品质,需要老师、家长的精心培育,更需要家长的以身作则。让家长听听孩子说心里话,让家长听听孩子们的心声,触动家长的心灵,引发家长的思考。

二、小组讨论,查找问题

各位家长,看了孩子们的贺卡,听了孩子们的心声,你们的内心是否有所触动?孩子生下来就是一张洁白无瑕的纸,是什么让我们的孩子变得不再可爱?是什么让我们的孩子变得没有感恩之心?

1. 家长做调查问卷。

2. 家长针对问卷查找自身的问题。

3. 师小结：从调查问卷中，我们能看到有些家庭在感恩教育方面存在以下问题：

（1）认为孩子的任务就是学习，干家务活就会耽误学习。

（2）认为孩子做家务活越帮越忙。

（3）认为孩子奶奶家的人不好，自己不想让孩子长大像他们一样，所以，就在孩子面前说他们的坏话。没想到孩子学得这么快。

（4）认为孩子还小，父母打架孩子不会懂，没想到却给孩子做了一个坏的典范。

其实，父母是孩子学习的榜样，父母的一举一动、一言一行都是教育。"孝在于质实，不在于饰貌。"父母对自己的长辈要孝敬有加，孩子也会对父母多些孝敬。

设计意图：看完视频，听完孩子的心声，家长心里会有很多话说，小组交流，让家长发现自己的不足，互相取长补短，明确今后努力的方向。

三、交流方法，引领方向

中国有句古语："百善孝为先。"意思是说，孝敬父母是各种美德中排在第一位的。一个人如果不孝敬父母，很难想象他会热爱祖国和人民，他会友善待身边的人。古人说："老吾老，以及人之老；幼吾幼，以及人之幼。"我们要教会孩子孝敬自己的父母，才能会尊敬别的老人，在全社会形成尊老的淳厚民风，这是我们的责任。

1. 请耀信爸爸分享他教育孩子的成功做法。

耀信爸爸做交流发言（相关链接三）。

2. 周末，我给孩子们布置了"三个一"活动：送给父母一张贺卡；对父母说一句感恩的话；帮父母做一件力所能及的事情。请家长将活动结果反馈回来，我们会根据您的反馈和孩子们的表现情况，评选"十佳孝亲小标兵"，利用这样的活动，引导孩子学会感恩，希望赢得您的支持。

3. 家长谈想法和做法。

（1）和孩子一起去看看家里的老人，给姥姥和奶奶送一份贺卡，向他们说说感恩的话。家长以身作则，给孩子做榜样。

（2）孩子对家长表达爱心的时候，要坦然接受，可以送给孩子一个拥抱,一句赞美的话。对孩子做得不够得体的地方要直言不讳。

（3）不在孩子面前说自家老人、其他长辈的坏话,即使他们有做得不够好的地方,也应该实事求是进行评价,避免给孩子造成错觉。

（4）对孩子的感恩教育不能一蹴而就,更不必求全责备,要循序渐进,即使这次效果不太好,也不必过于在意,毕竟对孩子的教育需要耐心、爱心和恒心。

……

设计意图:通过分享成功育子的案例,让家长对自己的家庭教育做一下梳理,了解其中做得好的和不太好的地方。然后大家一起总结有利于培养孩子爱心、感恩之心的好方法,进而明确做为父母如何实现自我成长。

（莱阳市实验小学　孙彦华）

【相关链接】

一、调查问卷

调查问卷一:同学们,我们对自己的父母了解吗？了解有多少？下面我们做一个小测试。

1.爸爸妈妈每天早上几点上班？晚上几点下班？下班回家后还要为你做些什么？

2.你知道爸爸、妈妈的生日是在什么时候吗？

3.妈妈穿多大码的鞋子？

4.妈妈最爱说的口头禅是什么？

5.妈妈最大的爱好是什么？

6.爸爸最大的心愿是什么？爸爸感到最开心的事情是什么？

7.妈妈最喜欢吃什么菜？最讨厌吃什么菜？

8.爸爸妈妈有让你不满意的地方吗？你最不喜欢的地方是什么？

调查问卷二:各位家长,你对孩子了解吗？你是如何让孩子懂得感恩父母,孝敬长辈的？

1. 你怎么孝敬你的父母？你会和孩子如何交流你的做法和想法？

2. 孩子在家里帮你做些力所能及的事情的时候，你是赞成还是反对？

3. 你会利用春节、中秋节等传统节日，引导孩子孝敬家里的长辈吗？

二、家长会交流材料：看似无"情"却有"情"

　　百度上阳光男孩（女孩）的十大标准为"衣着整洁、体魄强健、举止稳重、坚强执着、宽容豁达、幽默风趣、乐观开朗、礼貌教养、有责任感、照顾弱小"。大家也是按这个标准来培养和塑造孩子的。下面谈一下我在培养孩子爱心这方面的做法和想法。

　　餐桌论语让孩子看到外面的世界。我们家每天就餐时我会主动引起各种话题，话题是提前设计好的，有腹稿的，一是讲国事、社会事、人情世故之事，二是所讲之事都体现出正能量、正义，以及人际交往中的真、善、美。比如讲天津8·12大爆炸、抗日纪念日大阅兵，讲小学生扶起倒地老奶奶被诬陷、讲消防战士战友之情"我爸就是你爸"等等。这个过程，爷爷、奶奶、父母和孩子都有交谈和争论（但话题是由我把控的，确保导向正确），为孩子打开了认识社会的窗口，让正确的、积极的、向上的思想占领孩子的思想阵地。大家会问"别人"是谁，是如送福音之类以及假借佛教、基督教之名的各种邪教、非法传销、西方媒体唱衰中国的言论等等，它们正在侵袭我们的孩子，它们就在我们身边，我们必须警醒。

　　亲情让孩子与家长心灵沟通。耀信从小就得到爷爷、奶奶、爸爸、妈妈和哥哥的疼爱。他爷爷是个十分严格的人，经常给耀信讲家谱、讲孝道、讲他写的自传和诗，讲人生道理，耀信多数听不进去，爷爷就会斥责他，耀信有点怕爷爷，会特意躲着爷爷。爷爷去世三周年后，我把老人平日的诗集整理打印成册，耀信要去一本整天装在书包里说是阅读课看，因为老人才完小毕业，文化程度不高，他的作品称之为诗或打油诗都行，其中的意境不了解他生活经历的人是很难读懂的，我估计耀信是读不懂的，但他却在书包里放了很长时间，我想也许这就是耀信与他爷爷的心灵沟通吧。

　　生活体验让孩子学会孝敬。我们有意识地让孩子多一点生活体验，一次我因肾结石需要做物理碎石手术，是个小手术，我躺在手术病床上让耀信握着我的手,感受我的痛苦。爷爷患重病住院,我们向他隐瞒了病情,但大家在讨论手术和治疗方案时耀信也在场,在老人弥留之时,耀信抚摸着爷爷的脸,又用脸贴着爷爷,让爷爷十分欣慰。有人会说让孩子早早体会生死离别会不会太残忍? 不会的,这会让孩子更坚强、更成熟。在爷爷的告别仪式上,耀信与哥哥手拉手,主动与来宾和亲朋好友握手,那一刻他长大了。

从孩子一辈子的角度来说,你的孩子分数是好是坏,进北大还是进普通大学,没有任何的本质区别。真正能把孩子一辈子距离拉大的,是他怎样融入这个社会,而一个体魄强健、坚强执着、宽容豁达、有责任感、有爱心的孩子势必会成为这个社会的弄潮儿。

建议二、三年级家长会用

感恩的心

【活动背景】

"感恩"是一种生活态度,是一种品德,是一片肺腑之言,是一种真诚的举动。如果人与人之间缺乏感恩之心,必然会导致人际关系的冷淡,所以,每个人都应该学会"感恩",这对于现在的孩子来说尤其重要,所以,我们必须通过多种形式和途径让他们学会"感恩",让孩子从小知道爱别人、帮助别人,懂得尊重他人。

【活动目标】

1. 让家长认识到实施感恩教育的重要性。

2. 让家长了解学生感恩教育缺失的原因,并查找自身问题。

3. 通过分享成功教育案例,让家长明确自己努力方向。

【活动准备】

1. 活动课件。

2. 调查问卷。

3. 典型案例。

【活动过程】

一、出示案例,引发思考

大家好,欢迎各位的到来!首先,我想给大家讲几个真实的故事:

1.《女儿嫌弃母亲"土"》

2.《对父母的严厉管教产生仇恨心理》

3.《孩子不懂感恩是父母包办溺爱的结果》

听了这几个故事,相信大家感慨颇多。是呀,我们为孩子付出了那么多,可他们为什么不知体谅父母的辛苦,尽管有时我们对孩子很严厉,可出发点都是为了他们,最后换来的是什么? 真是想不到啊!

当我们在抱怨的同时,有没有想过其实孩子不懂感恩,错不全在孩子,当我们没有底线地为孩子付出,一味包办而忽略界限时,孩子自然而然就不愿意承担责任,而且觉得父母的付出是理所当然的。因此,父母必须放手让孩子去做他们力所能及的事。当然,不是不可以帮孩子,但什么是孩子的责任,什么是家长的责任,都要跟孩子说清楚。让孩子明确家不是父母的,他也是其中重要的一分子,家里的每个人都有责任承担家务。要让孩子明白即使现在他可能力不能及,但不代表与他无关。

设计意图:活动伊始,让家长通过真实案例,体会到孩子感恩教育缺失的原因及严重后果,用事实触动家长的心灵,引发家长的思考。

二、问卷调查,查找问题

孩子生下来就是一张洁白无瑕的纸,是什么让我们的孩子变得任性? 家长会前我们做了一份《调查问卷》。通过问卷,我发现有的家长在教育方式上存在以下问题:

1. 认为学校的感恩教育幼稚,多此一举,不能很好地配合;

2. 认为教育孩子是学校的责任,自己不懂,也不会教育;

3. 不能很好地言传身教,总是对孩子进行空洞的说教,不具有说服力。

其实,现在的孩子不懂得感恩,绝大多数的原因是家长的过分包办溺爱,让他们有一种"小皇帝""小公主"的优越感,久而久之,他们不是想着如何回报父母,回报师长,而是互相攀比,有的孩子甚至会因为父母无法给自己买名牌,感觉在同学面前丢人,而埋怨,甚至仇视父母,又何来感恩之心?

设计意图:"知不足然后能自反也",通过问卷调查的结果,让家长认识到自己的一些错误的教育方式,为后面内容的展开做好铺垫。

三、成功案例,引领方向

下面我们一起来看一个家庭教育的成功案例。

张弛,是剑桥大学有史以来最年轻的中国籍博士生,年仅22岁。他的成长和培养,是普通人可望且可及的。他的父亲张明山谈到对儿子的家庭教育时,他注重了以下几点:一是孩子良好习惯的培养;二是孩子学习情感的培养;三是教育孩子学会做人,及爱心的培养;四是独立意识的培养;五是与孩子平等沟通,"面与面"的交流;六是对孩子实行积极暗示;七是

适时适度夸奖和欣赏孩子；八是培养自信,培养孩子劳动意识、吃苦精神、刻苦学习；九是培养和提高综合素质；十是家校实施教育一致。

从这位父亲身上,我们不难发现许多科学的教育方式,希望大家以这位父亲为榜样,转变观念,理性地教育孩子。

设计意图：通过分享成功育子案例,让家长对自己的孩子树立起信心,并向案例中的父亲学习,举一反三,学习科学的教育方式。

四、感恩教育,重在行动

好的家庭环境和适当的感恩行动,会让孩子养成良好的习惯,所以感恩必须要付诸行动。建议家长在日常生活中多为孩子创设一些体验情境。

1. 亲情沟通

在日常生活中父母要与孩子多沟通。让孩子了解父母的生日,父母的童年,父母的工作情况,父母的爱好等。并为孩子创设情境,让孩子充分体验父母为自己所做的事,体会父母对子女的良苦用心。

2. 亲情体验

子女不理解父母,是因为孩子根本不了解父母到底为子女付出了多少,家长可以和孩子进行一次"今天我当家"角色互换活动,让学生代替父母考虑一天的柴米油盐问题和家务安排,使学生真正明白："一粥一饭,当思来之不易"。使其体会父母持家之不易,真正体会到父母之恩深似海。

3. 亲情回报

"谁言寸草心,报得三春晖。"父母的爱,孩子是永远报答不了的,但可以引导孩子为父母做力所能及的事,作为对父母亲情的点滴回报。如：在父母下班回家时帮他们拿鞋子,倒杯热气腾腾的茶；在他们累时为他们揉揉肩、捶捶背；大人在烧菜时,及时地送上碗碟等。

设计意图:指导家长在日常生活中有意识地为孩子创设各种体验情境,让孩子感悟到,积累亲情并不在于轰轰烈烈,关爱父母要体现在平时的一言一行中,应该从小事做起,从现在做起,感恩必须要付诸行动。

（龙口市南山双语学校　王晓娜）

【相关链接】

一、孩子感恩教育缺失的真实案例

案例1. 女儿嫌弃母亲"土"

一位同事到女儿就读的学校看望女儿，特意买了许多女儿爱吃的零食，女儿却嫌弃母亲穿得"土"，长得不好看给她丢了脸，粗暴地告诉妈妈以后别再来找她了。这位母亲痛不欲生。她不明白，为什么现在会有这样无情无义的孩子？自己做错了什么，怎么用十几年的爱换不到女儿的一丝感恩，却得到这样冷酷无情的回报？

案例2. 对父母的严厉管教产生仇恨心理

有个学生成绩很优秀，有一次，我给全班学生一个话题：你爱你的父母吗？你如何孝敬他们？他的回答居然是：不爱，我要积攒下所有的仇恨，等他们老了再报复他们。看了这个答案，我着实吓了一跳，把他的名字看了好几遍，简直不敢相信自己的眼睛。问其父母，他们说，就是对他要求严一些，有时犯了错误可能动手打过他，别的什么也没有。母亲请求我在班里多讲一些感恩的故事，因为她也很苦恼，我说，还有害怕吧，她听了尴尬地笑了。

案例3. 孩子不懂感恩是父母包办溺爱的结果

我曾问过一些妈妈，要不要求孩子参与劳动，有的竟说："我疼都来不及，还忍心让孩子劳动？"也有的说："叫'小东西'做事更麻烦，还不如我帮他做了。"所以三四岁的孩子还要喂饭，还不会穿衣，五六岁的孩子还不会做任何家务事，不懂得劳动的愉快和帮助父母减轻负担的责任，这样包办下去，必然失去一个勤劳、善良、富有同情心的能干、上进的孩子。

二、调查问卷

要求：请家长仔细阅读后，认真填写。

1. 感恩是中华民族传统美德之一，您觉得目前正在逐渐消失吗？（　）

A. 没有消失　　B. 已经消失　　C. 正在消失

2. 从总体说,您觉得您的孩子是否具有感恩意识? ( )

A. 有　　B. 不多　　C. 严重缺乏

3. 您认为孩子如果缺乏感恩意识,最主要的原因是什么? ( )

A. 学校教育　　B. 家庭教育

C. 社会风气　　D. 学生本身缺乏自我修养

4. 平时在家里,您的孩子是否会向您或其他长辈的辛苦付出表示感谢? ( )

A. 经常会　　B. 偶尔会　　C. 从来都不会

5. 您觉得作为子女,应该回报父母吗? ( )

A. 完全应该　　B. 应该　　C. 没必要,可有可无

6. 您认为感恩重要吗? ( )

A. 十分重要,是成才的基本

B. 不是很重要

C. 学生的任务是学习,不应该想这么多

7. 您会不会经常教育您的孩子要懂得回报、感恩? ( )

A. 经常会　　B. 偶尔会　　C. 似乎没有过　　D. 完全没有

8. 您觉得孩子的感恩意识应该如何加强? ( )

A. 父母以身作则从小培养

B. 任由自由发展

C. 在学校开设感恩课程,由老师教导

9. 您的孩子知道您的生日吗? ( )

A. 知道　　B. 不知道

10. 您的孩子知道您赚钱辛苦吗? 平时是否懂得节约? ( )

A. 知道　　B. 偶尔会　　C. 从来不会　　D. 不达目的不罢休

11. 您希望您的孩子以什么形式表达对您的感恩?

_____

_____

学会感恩 点亮心灵

【活动背景】

在平时的学校生活中,很多孩子在与人交往时情商不高,很容易与同学和老师发生冲突；在处理矛盾的过程中,认为家长、老师、同学就应该无条件为自己服务,对别人的付出很漠视,丝毫没有感恩心。对学生进行感恩教育是一个永恒的话题。关于感恩教育,除了学校教育外,更重要的是家长的影响和感染。所以,在家庭中,家长如何以身作则,拥有一颗感恩的心,知行合一,引导孩子,是让孩子学会感恩至关重要的一环。

【活动目标】

1. 让家长认识到感恩教育的重要性。

2. 指导家长明确培养孩子感恩心的途径。

【活动准备】

1. 活动课件。

2. 调查问卷。

3. 视频材料。

【活动过程】

家长朋友们,不知道大家是否发现这样一个现象,现在的孩子不知道感恩！他们对周围人的付出,理解为理所应当,比如：父母理所应当该为自己洗衣服、做饭、甚至收拾书包、检查作业,如果父母哪一天或者哪一项做得令他（她）不满意,就会牢骚满腹甚至发脾气。那么这些事情就该家长做吗？孩子为什么会如此的不懂事？我觉得根本原因是孩子不懂得感恩,在生活中只知道索取,不知道回报,自然不会想着去关心别人和感激他人。所以教

育孩子"学会感恩"成了一件势在必行的事情。今天我就和家长朋友们聊一聊这个话题。

一、出示问卷，引发思考

1. 出示学生的调查问卷

本次活动前我对全班 52 名学生进行了问卷调查，请大家看一下调查结果：

（1）你知道爸爸妈妈喜欢吃什么吗？（38 人知道，14 人不知道）

（2）你为父母洗过袜子吗？（18 人洗过，34 人从未洗过）

（3）你打扫过楼道或扫过雪吗？（22 人干过，30 人从未干过）

（4）大热天，清洁工收拾走你丢的垃圾，你说过谢谢或从内心表达过感激吗？（27 人说过，25 人从未说过）

（5）同学和老师帮助过你，你说谢谢或从内心表达过感激吗？（42 人说过，10 人未说过）

（6）你从内心感恩过天地万物吗？（6 人感恩过，46 人未意识到）

（7）妈妈每天为你洗衣做饭，你说过谢谢或从内心表示过感激吗？（15 人说过，37 人未说过）

2. 请大家听一个发生在我们身边的故事

小华小时候嘴巴特别甜，与人相处时也很大方懂事，碰到别人给他零食或玩具，每次都一个劲儿地道谢；家里有什么好吃的，他也总不忘和爸爸妈妈一起分享。可父母总对他说，"爸爸妈妈不吃，家里所有的好东西都是留给你吃的。"

长此以往，小华慢慢开始"冷漠"起来，动不动就命令父母为他做这做那，而且稍不满意就大吼大叫，无理呵斥。对于小华的无理取闹，父母没有给予任何指正，任其发展。有一天下着小雨，爸爸送小华去上学。爸爸一不小心，脚打滑了，一下子摔倒在地，半天爬不起来。小华见到了，不仅没有安慰爸爸，而且还哈哈大笑。爸爸也没有对他的行为表示出任何的不满意。

一次，爸爸出差了，妈妈又生病了，但第二天早上还依旧起来给他做早饭。看着妈妈端来的牛奶、鸡蛋和面包，小华噘着嘴满脸不高兴："我不爱吃，你给我做我喜欢吃的糖包。""妈妈今天不舒服，明天再给你做好吗？""不，我就不！你是我妈妈就要给我做饭！"为了儿子，妈妈只好再次走进厨房。

上小学后，除上学读书、做家庭作业外，父母、爷爷奶奶包办了一切。爷爷负责接送小华上学、放学；奶奶每天为他洗衣服、做好吃的；妈妈为他整理书包、文具……刚进校园时，小华还知道说声谢谢，但大人们每次都说，"这是我们应该做的，你还小，大了你再做。"

今年暑假，小华参加了夏令营，爸爸妈妈很担心，每天电话不断。但让爸爸妈妈伤心的是，他们的牵挂和关心，在小华看来竟是那样的理所当然，电话里只有父母的问候和叮咛，换来的是儿子少得可怜的"好""知道"，而更多时候是以鼻子出气的"嗯"来回答。父母感到很困惑，儿子的身上缺少了什么？我的教育又忽视了什么？

请你对照一下故事里面，有没有你和自己孩子的身影。是的，小华的父母在培养孩子的过程中，忘记培养孩子的责任感，忘记让孩子学会感恩。

设计意图：通过问卷调查和身边的小故事，让家长了解三年级学生感恩教育的现状，引发家长对孩子感恩教育的思考。

二、梳理问题，查找原因

家长朋友们，看过调查数据，听完了这个我们"似曾相识"的小故事，我相信你们的内心会被触动的。是的，这就是我们现在的孩子，他们也许从未有过感恩的意识。那么，是什么导致孩子们没有感恩的习惯呢，我们一起来看一下背后的原因吧！

1. 家长的"包办"导致孩子缺少感恩心。现在的孩子独生子女居多，父母过于溺爱，总认为孩子小，凡事都替孩子包办，好吃的给孩子留着，铅笔替孩子削好，书包替孩子整理好，替孩子背着，家务不让孩子碰，甚至有的学生吃饭都要大人喂。家长这些无条件地付出，孩子只顾一味地索取，把父母所作的一切看作理所当然。这样，孩子怎么能去感恩父母呢？

2. 家长缺乏对感恩教育的正确理解。各位家长的教育意识中恐怕还是分数至上，分数决定一切，只要孩子的分数考得好，大家不会去过多地关心孩子思想的变化和言行的不正确。在每次考试之前，一些家长就开始许诺，只要孩子能把打满分的考试卷拿回来，你就会给孩子买吃的、买玩的，或者去旅游等。我相信不少家长都曾经以这种方式和手段来刺激过孩子得高分的欲望。殊不知，长此下去，家庭教育的天平就失衡了，我们必须清楚，在家庭教育这架天平上，除了承载着分数以外，还承载着感恩等诸多道德因素。懂得感恩的人，会得到更多的回报。下面请家长来听一个小故事：

有一位归国的老华侨想资助一些贫困地区的学生,于是,在有关部门的帮助下,给多个受捐助需要的学生每人寄去一本书,随书将自己的电话号码、联系地址以及邮箱等一同寄出。老华侨的家人很不理解老人的做法:为什么送一本书还要留下联系方式?在家人的不解中,老人一直焦急地等待着什么,或是守在电话旁,或是每天几次去看门口的信报箱,或是上网打开自己的邮箱。直到有一天,一位收到书的学生给老人寄来祝贺节日的卡片(也是唯一与老人联系的学生),老人高兴极了,于当日给这位同学汇出了第一笔可观的助学资金,同时毅然放弃了对那些没有反馈消息的学生的资助。这时家人才明白,老人是在用他特有的方式诠释"不懂得感恩的人不值得资助"的道理。

3.孩子没有体会感恩的机会。我们这一代人在小的时候,家里孩子多,生活条件差,我们不得不帮助家长做很多的家务活,在劳动中,我们感受到了父母为我们所做的所有事情都很不容易,自然就知道了感恩。而现在生活水平提高了,在孩子眼中,家里所有的东西都来得很容易,对于自己的各种要求,父母毫不费力就能满足,根本不需要提什么感谢。尤其是家务活,更是跟孩子没有任何关系,他不参与家庭劳动,如何感悟家长的艰辛?如何激发感恩意识?

父母应该在日常生活中,引导孩子关注自己的付出,引导他们学会感恩。那么,该如何有效引导呢?也许听了下面的故事,各位家长会受到一些启发。

一天,一个小姑娘跟妈妈又吵架了,一气之下,她转身向外跑去。

她走了很长时间,看到前面有个面摊,香喷喷热腾腾,她这才感觉到肚子饿了。可是,她摸遍了身上的口袋,连一个硬币也没有。

面摊的主人是一个看上去很和蔼的老婆婆,看到她站在那边,就问:"孩子,你是不是要吃面?"

"可是,可是我忘了带钱。"她有些不好意思地回答。

"没关系,我请你吃。"

很快,老婆婆端来一碗馄饨和一碟小菜。她满怀感激,刚吃了几口,眼泪忽然就掉下来,纷纷落在碗里。

"你怎么了?"老婆婆关切地问。

"我没事,我只是很感激!"她忙擦着泪水,对面摊主人说,"我们又不认识,而你就对我这么好,愿意煮馄饨给我吃。可是我自己的妈妈,我跟她吵架,她竟然把我赶出来,还叫我不要回去!"

老婆婆听了,平静地说道:"孩子,你怎么会这么想呢?你想想看,我只不过煮一碗馄饨给你吃,你就这么感激我,那你自己的妈妈煮了十多年的饭给你吃,你怎么不会感激她呢?你怎么还要跟她吵架?"

女孩愣住了。

女孩匆匆吃完馄饨,开始往家里走去。当她走到家附近时,一下就看到疲惫不堪的母亲,正在路口四处张望。这时,她的眼泪又开始掉了下来。

的确,我们常常会为一个陌生人的帮助而感激涕零,却忽略了父母给予我们细小琐碎而又无微不至的关怀。

4. 孩子感恩的想法一般不会受到鼓励。我们的孩子在成长的过程中一定有过想为父母做事、感恩父母的想法,但我们做父母的从来没让他们做过。这是因为父母对孩子的爱都是伟大和无私的,从内心深处就没想过让孩子为自己做什么,没想过要孩子的回报。正是这种不需要回报,不鼓励感恩,才把孩子变成了一个不懂感恩的人,而一个不会感恩的人就是一个没有责任意识的人,没有健全人格的人。

5. 社会不良风气对孩子健康成长的亵渎。现在许多孩子受到社会上追求奢侈、虚荣和攀比等不良风气的影响,同学之间比吃、比穿,认为让自己过上舒适的生活是父母的职责,是天经地义的,因而不顾家庭情况如何,家长必须满足自己的一切要求,如果得不到满足就会埋怨父母没本事,甚至恨父母,感恩就更无从谈起了。

6. 家长没有起到以身作则的示范作用。一些同样缺失感恩教育的家长缺失感恩意识,在遇到挫折的推卸责任,把原因归结于他人,归结于社会,也是影响孩子感恩心培养的直接原因。也就是说,家长没有给孩子做好榜样。

设计意图:通过查找孩子感恩教育缺乏的原因,让家长真切地看到自身问题,才能对症下药,效果更好。

三、成功案例,引领方向

(一)欣赏故事《一杯牛奶》

师:家长朋友们,听完这个故事,我们知道是小姑娘妈妈的良好家教救了她自己,一个人是否有感恩之心,与他所处的环境,所受到的教育是密不可分的。作为一个孩子,从小培养他具有感恩的心是至关重要的,让孩子知

道感恩,是每一个家长的重要责任。那么,家长应如何做呢?

（二）优秀家长交流

师:下面请我们班两位与孩子践行感恩教育非常好的家长和大家分享一下他们的经验。

（家长分享经验）

师:看来我们必须调整家庭教育的方式和方法,不失时机地对孩子进行感恩心的培养,具体可以从以下几方面入手:

1. 家长要做孩子的榜样。夫妻间要做到互相感谢;家长要做到孝敬自己的父母,无论你的工作有多忙、多累,都别忘了在假期带上孩子去看望双方的老人;春暖花开时带上孩子一起陪老人去公园赏花观景;过年过节、老人生日时和孩子一起为老人选购礼物;朋友送来的稀有食物先给老人留出一份。你对父母的关爱言行会深深地印刻在孩子的心里。我们家长与邻居、同事、朋友的相处要有一颗感恩的心;家长也要对孩子的帮助表示感谢。

2. 让孩子每天写下一句感恩的话。每个孩子都不可能不与身边的人接触,在接触的过程中,一定会有发自内心的感激别人的事和话,让孩子做生活的有心人,每天记录下一句感恩的话。比如"我发现了妈妈的一根白头发,这是为我操心的结果,我要谢谢妈妈"、"我的脚摔坏了,爸爸把我背到楼上,都累出汗了,我要谢谢爸爸"、"同桌把笔借给我用,我要谢谢他"等等。这样坚持下去,孩子就会从感恩父母开始,学会感恩同学,感恩老师,感恩身边的人,从而体会到亲人乃至人间的温暖,更好地激发孩子感恩的情感。

3. 家长与孩子做好亲情沟通。与孩子谈我们的工作,让孩子知道父母在工作中很辛苦;与孩子谈家长把他带大的过程,让他知道在他成长过程中父母付出了很多;与孩子谈我们是怎样感恩父母的,让孩子知道父母对孩子的要求并不高,点滴小事也是对父母的回报。

4. 家长与孩子互换角色。子女不理解父母,是因为孩子根本不了解父母到底为他们付出了多少。所以,家长要找一个合适的机会和孩子做一天的角色互换,让孩子当一天家长,我们家长做一天孩子,这样可以让孩子试着体会做父母的感受,让他们知道做父母比做孩子还不易。

5. 向孩子"索要"回报。大人做家务时,一定要让孩子参与,让他知道只要是家庭中的一员,就要共同为家庭分担责任;分享食物时,不要对孩子有特殊的照顾和偏爱，相反，一定要让孩子把好吃的东西先分一些给长辈；大人每天给孩子洗衣服，也要要求孩子偶尔给大人洗洗袜子。

6. 给孩子一个感恩的机会。当孩子自发地要为大人做些事的时候，我们一定不要拒绝，要把孩子为我们做的每件事都看作是对父母的一种回报，是一种感恩的表现。如果连任何感恩的机会都不给孩子，孩子会认为，父母本来就是不需要回报的，这就容易让孩子误认为他身边的其他人也是不需要回报的，所以也就没有了感恩的意识和行为，也就把自己变成了一个没有责任心的人了。

7. 多带领孩子走进社会，多参加公益活动，感恩社会。如到敬老院当义工，周末和孩子捡社区里的垃圾，做节约能源义务宣传员；鼓励、组织孩子与贫困地区的孩子结对交友、到福利院看望孤寡老人、残疾儿童等，让孩子在对比中体会过去不懂、不在意因而也不会珍惜的东西，改变孩子的冷漠，从而引发其慈悲心、惜福心、感恩心。

设计意图：通过分享感恩教育的案例，让家长对自己和孩子树立起信心，并调整自己的家庭教育方式，从自身做起，和孩子一起在感恩中成长。

四、活动总结，感悟升华

各位家长朋友，你想自己的孩子从小有一颗感恩之心吗？那就先从我们自身做起吧！你的言传身教，是对孩子最好的教育！让我们创造更多的机会让孩子去感恩吧，让孩子在表达中感悟感恩的美妙！当我们和孩子学会感恩，你会发现很多曾经的教育问题都不复存在，你也会发现自己和孩子的成长会越来越好，你更会发现你们的感恩，得到的回报太多太多！

下面，我们一起来欣赏一下视频表演《感恩一切》吧！（从网上可以搜到）让我们的身心都在感恩中，舒展、绽放！回家也可以和孩子一起表演，一起体会。

设计意图：通过欣赏手语表演《感恩一切》把家长们的感恩之情由人升华到天地万物，并把它带回家，和孩子一起体会，一起成长。

（牟平区实验小学　孙春）

【相关链接】

一、学生调查问卷

（1）你知道爸爸妈妈喜欢吃什么吗？

_____

（2）你为父母洗过袜子吗？

_____

（3）你为邻居打扫过楼道或扫过雪吗？

_____

（4）大热天,清洁工收拾走你丢的垃圾,你说过谢谢或从内心表达过感激吗？

_____

（5）同学和老师帮助过你,你说谢谢或从内心表达过感激吗？

_____

（6）你从内心感恩过天地万物吗？

_____

（7）妈妈每天为你洗衣做饭,你说过谢谢或从内心表示过感激吗吗？

_____

二、感恩小故事《一杯牛奶》

　　一个穷苦学生为了付学费,挨家挨户地推销货品。到了晚上,发现自己的肚子很饿,而口袋里只剩下一个硬币。然而当一位年轻貌美的女孩子打开门时,他却失去了勇气。他没敢讨饭,却只求一杯水喝。女孩看出来他饥饿的样子,于是给他端出一大杯鲜奶来。

　　他不慌不忙地将它喝下。并且问："应付多少钱？"

　　而她的答复却是："你不欠我一分钱。母亲告诉我们,不要为善事要求回报。"

　　于是他说："那么我只有由衷地谢谢了！"

当他离开时，不但觉得自己的身体强壮了不少，而且信心也增强了起来，他原来已经陷入绝境，准备放弃一切的。

数年后，那个年轻女孩病情危急。当地医生都束手无策。家人终于将她送进大都市，以便请专家来检查她罕见的病情。

他们请到了郝武德·凯礼医生来诊断。当他听说，病人是某某城的人时，他的眼中充满了奇特的光辉。他立刻奔向医院大厅，进了她的病房。

医生一眼就认出了她。他立刻回到诊断室，并且下定决心要尽最大的努力来挽救她的性命。从那天起，他认真观察她的病情，经过漫长的医治之后，终于让她起死回生，战胜了病魔。

最后，计价室将出院的账单送到医生手中，请他签字。医生看了账单一眼，然后在账单边缘写了几个字，就将账单转送到她的病房里。

她不敢打开账单，因为她确定，需要她一辈子才能还清这笔医药费。

但最后她还是打开看了，而且账单边缘上的一些东西，特别引起她的注意。

她看到了这么一句话："一杯鲜奶足以付清全部的医药费！"签署人：郝武德·凯礼医生。

她眼中泛着泪水，心中对郝武德·凯礼医生充满了感激。"感恩"是一种对恩惠心存感激的表示，是每一位不忘他人恩情的人萦绕心间的情感。学会感恩，是为了擦亮蒙尘的心灵而不致麻木，学会感恩，是为了将无以为报的点滴付出永铭于心。在生活中，如果我们每个人都不忘感恩，人与人之间的关系会变得更加和谐、更加亲切。我们自身也会因为这种感恩心理的存在变得更加愉快和健康。感恩一切，内心才会时刻充满温暖，活在感恩中，人才会幸福快乐。

建议四年级家长会用

让孩子在欣赏中快乐成长

【活动背景】

小学生进入四年级后,他们逐渐有了主见,而烦恼也接踵而至。有的孩子认为家长不爱他们,他们做任何事,家长都会批评多于赞美,并多次在日记中流露出父母的做法让他们很苦恼。在跟家长交流时发现,家长们对孩子也是满腹怨言,就连个别优秀孩子的家长也认为自己的孩子除了缺点没有一点儿优点。这种现象也显现出家长对开始进入青春期的孩子没有做好充分的准备,从而激化了亲子矛盾,他们的言行给孩子造成了很多负面影响,这对孩子们的成长是非常不利的。为了让家长学会欣赏孩子,让孩子内心充满阳光,策划一次《让孩子在欣赏中成长》为主题的家长会势在必行。

【活动目标】

1. 让家长认识到赏识教育的重要性。
2. 指导家长在家庭中进行赏识教育。
3. 家校合作,让孩子在赏识中健康成长。

【活动准备】

1. 活动课件。
2. 班级活动资料。

【活动过程】

一、案例展现,引出班会主题

亲爱的家长们,孩子升入四年级将近两个月了,从我个人的感受来说,孩子们不仅个子长高了,心智也有了很大的变化。他们不再是凡事都需要我们辅助督促的小屁孩,而是变成有想法、有主见的小大人了。课件展示:这是本月在咱班奥翔同学的提议下，在他妈妈的帮助下，他在群里策划的两次绿色行活动的纪实照片，从中看出咱班的孩子们是多么可爱与可敬。我在陪同家长和孩子们一起到峁山捡垃圾的过程中，发现了一个比较严重的问题，那就是在我眼中如此优秀的孩子们，在好多家长的眼中竟一无是处。我也知道咱们中国父母有谦逊的美德，但如果孩子经常接收这样的信号，那是非常消极不利的，所以我很着急，甚至非常迫切地盼望这次家长会早早来临，因为我想呼吁广大家长：学会欣赏我们的孩子，让他们快乐成长。

设计意图：用具体案例直奔主题，引起家长们的重视与兴趣共鸣。

二、视听结合，引发心灵震颤

大家也许觉得我有点儿小题大做，认为孩子在成长阶段就该批评，一旦受表扬就会骄傲，不服管束。

是这样吗？在这里我想跟大家分享几张图片。

配合图片说明：因为数学不及格被父亲说"没出息"："你脑子让猪吃了吗？考成这样还有脸回家？"因为打破一个盛满油的碗被母亲吼："你还能干点什么？""天天毛手毛脚，你上辈子是闯祸精啊，家里有你真是倒了大霉了！"因为弄脏了衣服，被母亲吼："没见过你这么脏的孩子，你是从垃圾堆里拣出来的啊。"……

看看这些图片，语言的暴力如同一只只无情的手，重重地打击着孩子的头，扼住孩子的咽喉，揪起孩子的头发。父母是因为愤怒，或是一时情急，一句不经意的言语，有心或无意地把孩子某个行为方面的缺点无限放大，语言暴力不仅仅是语言会让孩子受伤，说话者的神态，动作，甚至父母咄咄逼人的气势，就像一颗颗钉子，像一把把锋利的匕首，甚至是枪，狠狠地击打着孩子脆弱的内心，成为孩子的噩梦，成为孩子一生甩不掉的伤害。

大家来看一段视频：《语言暴力》。

看了这个视频之后，心里是不是有些许的震动？其实，这个年龄段的孩子已经有步入青春期的苗头，青春期是什么，它是孩子一生中自我意识的诞生期。你打他骂他，那些负面的情绪都在他的内心深处积累，等他青春期到了，就像一个高压锅一下子集中爆发。爆发之后轻则伤了亲子感情，让我们的教育走弯路，重则将对他们一生造成不可弥补的伤害。相信没有一个父母不爱自己的孩子，但是往往爱之深，责之切。亲爱的家长朋友们，从今天开始，请大家在进家门之前，就把所有的负面情绪、所的压力都扔掉，在进家

门的同时就把快乐和喜悦带回家。做父母有一份天职，要永远让孩子生长的空间充满着梦想与欢笑。

大家再来看一段视频：《说话的艺术》。

我觉得从今天开始，请大家记住：永远不要对孩子说负能量的话。我们说拒绝语言暴力，不是说不能批评孩子。孩子犯了错误，该惩罚要惩罚，该提醒要提醒，该管就要管，这都没有错。如果可以的话，在批评孩子的时候不妨试试降低你的声调，不但可以约束自己，控制情绪，还可以降低孩子的反抗。有话好好说，切记：教育孩子，有效果比有道理更重要。

每天只和孩子聊四个问题。一是学校有什么好事发生；二是今天你有什么好的表现；三是你今天有什么收获；四是有什么需要父母帮忙的。

设计意图：通过观看图片、视频，让家长明确尊重的重要性，并根据自己平日的做法进行反思，对后面赏识教育的认同予以铺垫。

三、师晒照片，引领幸福之路

一张张图片、一个个视频我相信大家会从中有所收获。接下来，从我做起，让我先来晒晒咱们的孩子在学校里到底是何等的优秀。（教师一边用PPT演示孩子们优秀表现的照片，一边解说照片内容）

出示本月四周来文明小标兵的评选名单。老师分类介绍每一周孩子们在学习、纪律、卫生、整理、礼仪等方面的优秀者与进步者，并从中选一个代表性的孩子进行详细讲解。第一周代表：王胥淇，同学尽管对生字不太敏感，每次挑写都不是很理想，但他在课堂上的思维非常活跃，发言也很积极，如在学习古诗中，他能发挥自己对古诗词的热爱这一特长，代替老师给大家讲诗的写作背景，古诗的写作顺序，有理有据，得到同学们的高度认可。第二周代表：俞骄芮同学，自开学第一天就按老师的要求写完日记再进行二次阅读，将自己运用得好词用横线标记，优美的句子用波浪线标注，做到题材新颖，视角独特，书写认真大方。第三周代表：李佶宸同学，在弯腰捡垃圾这一习惯中做得非常出色，无论是操场上、楼梯里、教室的各个角落，只要是发现有废纸或垃圾，就会主动弯腰捡起来放到储物柜的簸箕里，并去洗手间洗手，是热爱校园和班集体的典范。第四周代表：孙渝涵同学，尽管纪律上经常管不住自己，给班级扣分，但是打扫卫生是个好手，不怕脏、不怕累，主动扫楼梯、拖楼梯，为班级拿得好几枚好习惯储蓄卡。

时间关系，我只演示这一部分，给大家晒晒这些孩子的优点，哪位家长想知道自家孩子在学校的表现,可以举手。

设计意图:有些家长性子急,想知道自己孩子在老师眼中的样子,为了活跃气氛,让家长们随意一些,我设计了给三位家长机会的小环节,最后评定这三位家长的孩子之所以优秀,就是因为有个关心自己的家长。从而引导更多的家长认真听其他孩子的优点,并针对自家孩子的教育取长补短。

四、迫切需求,引入赏识教育

如何发现孩子的优点呢,我觉得应做到三点:第一,近距离的接触和观察孩子;第二,放手给孩子表现的机会;第三,在心里提醒自己:孩子们的优秀不是天生的,需要我们的精心指导与耐心培养。如果你能做到这三点,对孩子的成长就是一种健康的引领。

我之所以坚持这么做,正是因为我认同一种教育方法,那就是"赏识教育"。

1. 什么是赏识教育

最早提出赏识教育的是中国青少年研究中心赏识教育研究室主任周弘,他著有《赏识你的孩子》一书。赏识教育源于父母教孩子"学说话、学走路"成功率百分之百的教育现象,是这个教育过程中的"承认差异、允许失败、无限热爱"等奥秘的总结,它与人民教育家陶行知教育思想是一脉相通的。而这种教育最成功的案例要数周弘老师曾用这种教育方法将双耳全聋的女儿周婷婷培养成了留美博士生,并用这种理念培养了一大批"周婷婷",被新闻媒体称为"周婷婷现象"。

PPT 显示:赏识教育不是表扬加鼓励。是赏识孩子的行为结果,以强化孩子的行为;是赏识孩子的行为过程,以激发孩子的兴趣和动机;创造环境,以指明孩子发展方向;适当提醒,增强孩子的心理体验,纠正孩子的不良行为。

2. 赏识教育的基本理念

教育界认为:赏识教育是一种尊重生命规律的教育,这种教育总结的"花苞心态"调整了无数家庭教育中的"功利心态",也就是说,您越是不讲究方法的一味要求孩子考高分,效果越会事与愿违,而孩子在您的焦虑中开始烦躁厌学,您也会随之陷入极度的痛苦和绝望中,这就是典型的功利心态造成的恶劣后果。可是如果您把孩子看成一个花苞,开的不早、不艳没关系,找找原因和方法,和孩子一起进步,又何尝不是一件快乐而有意义的事。

PPT 出示："花苞心态""生命像一条河"、"全纳思维""先骄傲、后成功"。

赏识教育的基本理念是：没有种不好的庄稼，只有不会种庄稼的农民；没有教不好的孩子，只有不会教的父母！农民怎样对待庄稼，决定了庄稼的命运；家长怎样对待孩子，决定了孩子的一生！农民希望庄稼快快成长的心情和家长希望孩子早日成才的心情完全一样，但做法却截然不同：庄稼长势不好时，农民从未埋怨庄稼，相反总是从自己身上找原因；而我们孩子学习不好时，家长却更多的是抱怨和指责，很少反思自己的过错！

3. 赏识教育的特点

赏识教育的特点是注重孩子的优点和长处，发现并表扬，逐步形成燎原之势，让孩子在"我是好孩子"的心态中觉醒。相反的，批评教育的特点是注重孩子的弱点和短处——小题大做、无限夸张，使孩子自暴自弃，在"我是坏孩子"的意念中沉沦。不只是好孩子应该赏识，所有的孩子都需要。孩子是脆弱的、敏感的。适当的赏识是一种正确的爱，也是对孩子的一种鼓励和赞赏！

4. 如何进行赏识教育

我给大家几条建议：一是家长和孩子每人准备一个小本子，每晚晒晒这一天中自己欣赏到的人或事，带着愉悦的心情进入梦乡。同时，让孩子知道我们对他的欣赏，让他也谈谈对班级同学、老师或家人的欣赏内容。咱们相约每周五晚上在群里晒晒对孩子的欣赏记录，坚持四个周，我们和孩子们互相欣赏的品格就能养成。二是每天或者至少每星期规定自己在微信圈里或者咱们的班级群里上传孩子们的优秀作业（含进步大的）、做家务等感动到父母的照片，让孩子知道自己的哪些行为是对的，晒完以后，家长把叔叔阿姨们点赞或者评论的内容再反馈给孩子，让孩子心中因为自己的努力得到认可而充满喜悦。

五、成效落地，引导家长晒宝

相信我的一番晒幸福活动，和对赏识教育的介绍，足以引起大家的反思，我多么希望家长们能在百忙中，抽出时间和孩子一起共处，您一定也会发现自家孩子有很多值得欣赏的地方，是我们老师所不知道的。下面我们进行一个活动：给大家五分钟，考虑自家孩子的优点有哪些？并将孩子的优点写下来，以方便我全方位地去欣赏咱们的孩子。接下来让我们来个晒宝大

会吧！（发调查表）

设计意图：心动不如行动,在老师的一番欣赏大餐中,家长们肯定也在回味自己宝贝的优点。那就趁热打铁,让他们记录下孩子生活中点点滴滴的优点,并作为他们欣赏的凭据。

刚才的晒宝活动我不问也能从各位的脸上,尤其是您的眼睛里看出答案——幸福、快乐、满足……我希望家长们在今后的生活中,用自己的眼睛发现孩子的美,并由衷的赞美他们,哪怕是一点点,因为也许您的这一点点的鼓励就是孩子生命长河中那盏最明亮的导航灯。

温馨提示：

各位家长,欣赏孩子并不等于不能对孩子的错误行为进行批评、指正,毕竟"缺乏批评的教育是不完整的教育",家长切不可从一个极端走向另一个极端,我们只是希望每个家庭能在教育孩子的问题上多一些冷静、温情、理性、科学,少一些野蛮、抱怨、打击和摧残,希望家长们能用心思考老师本次家长会传达的"赏识教育"的理念,让孩子在欣赏中快乐成长。

最后我要给大家读这样一首小诗来结束本次活动。

《相信孩子,静等花开》

每个孩子都是一颗花的种子,

只不过每个人的花期不同。

有的花,一开始就会很灿烂地绽放,

有的花,需要漫长的等待。

不要看着别人怒放了,自己的那颗还没动静就着急,

相信是花,都有自己的花期。

细心地,呵护自己的花,慢慢地看着长大,陪着他（她）沐浴阳光风雨,

这何尝不是一种幸福。

相信孩子,静等花开。

也许你的种子永远不会开花,因为他（她）是参天大树。

（牟平区第二实验小学　谭艳丽）

【相关链接】

教孩子学会欣赏他人

欣赏他人是一种积极乐观的人生态度,只有学会欣赏他人,孩子的学习和生活才会精彩纷呈。

现在的孩子大部分是独生子女,从小在家人的呵护及褒扬声中长大,已经习惯了别人对自己的欣赏,但往往没有学会欣赏别人。有一次,我上了一节品德课,主要内容是正视自己的优点,发现别人的优点。当学生谈到自己的优点时,滔滔不绝,情绪高涨。一谈同桌的优点时,他们面面相觑,支支吾吾。最终,在我的提示下,同学们才恍然大悟,不是同桌没有优点,而是自己熟视无睹,缺少了发现美的眼睛。

心理学家威·杰姆斯说:"人性最深层的需求就是渴望别人的欣赏和赞美。"每个人付出一定的劳动之后,都期待着别人的欣赏,这种欣赏可以促进人际关系的和谐,让生活充满阳光。欣赏,能够使人欣赏他人,是一种积极乐观的人生态度。只有学会欣赏他人,孩子的学习和生活才会精彩纷呈。怎样教会孩子欣赏他人呢?

不要做挑剔的父母,要用欣赏的眼光看待孩子。一位专家曾经谈到一个奇怪的现象,他说,有一次,中国和外国的孩子一起参加一项测试,并把成绩拿给父母看。结果,中国的父母看了孩子的成绩后,有80%不满意,而外国的父母则有80%满意。实际上,外国孩子的成绩还不如中国孩子的。这就说明,中国的父母习惯用挑剔的眼光来看待孩子,而外国的父母习惯用欣赏的眼光看待孩子。中国的父母通常会在别人面前数落孩子的不是,从不轻易在他人面前夸自己的孩子。因此,建议父母们学会用欣赏的眼光去看待孩子,教会孩子善于发现别人的长处,并真诚地赞赏他人。

当孩子挑剔别人的缺点时,父母要及时纠正、引导。很多孩子总是指责别人的不是,尤其是他们的同龄人。这时候父母不能听之任之。因为孩子的认知非常有限,看人认事往往很片面。父母听到孩子挑剔他人的缺点时,要帮助他客观地分析问题,告诉他每个人身上都有优点和缺点,看别人要多看优点,不要总是盯着别人的缺点。比如,你的同桌虽然成绩不如你,可是人家唱歌比你好，或是比你会做家务等等。这样，孩子悦纳了他人，心情自然会好，也有利于孩子与他人的相处。多看别人的优点，才能够欣赏他人。

让孩子学会换位思考，体会欣赏与被欣赏的重要性。让孩子站在别人的角度，评价一下自己的优缺点。如果自我评价集中到孩子的缺点及不足上，孩子一定会感到不愉快，甚至沮丧。可是，一个善于发现别人优点的孩子，真诚地去赞赏他人，那么被赞赏的人一定会很愉快。给予别人快乐，自己也会很快乐。这样，孩子就更能体会到欣赏他人以及被欣赏的重要性。在以后的交往中，孩子就会下意识地去发现别人的优点，欣赏别人。会欣赏他人的孩子是快乐的。培根说："欣赏者心中有朝霞、露珠和常年盛开的花朵，漠视者则冰洁心城，四海枯竭，丛山荒芜。"

总之，欣赏他人是孩子悦纳他人的第一步，也是孩子快乐人生的轻易在他人面前夸自己的孩子。因此，建议父母们学会用欣赏的眼光去看待孩子，教会孩子善于发现别人的长处，并真诚地赞赏他人。

让赏识成为孩子的温暖源泉

【活动背景】

随着孩子年龄的增长,他们对人对事逐渐有了自己的看法,有时候对家长的说教有了排斥反应,这时许多家长会给孩子扣上"犟嘴""叫他干啥偏不干啥"的帽子,在家长日渐严厉的管教之下,孩子的反抗也愈演愈烈,如何化解这一矛盾呢?教育专家认为,在孩子个性凸显期,我们只需给予孩子一定的肯定及他们允许下的帮助即可,相信孩子最终会通过实践自己得出答案。希望通过本次家长会,将这一家教理念传递给家长并能运用到家庭教育的实践中。

【活动目标】

1. 让家长认识到赏识教育的重要性。

2. 让家长学会发现孩子身上的闪光点。

3. 指导家长了解并掌握赏识教育的方法。

【活动准备】

1. 活动课件。

2. 有关资料。

【活动过程】

一、发放调查表,了解情况

在调查表里让家长写下孩子在家庭中的优点,以及在教育中最让家长头疼的地方,了解学生在家庭里的具体情况。

将具有典型性的行为进行总结,引起大家的思考,并进行热烈而充分的交流。

二、观看生活影片，让赏识在心中扎根

流程一：说出我们的快乐、充实

请大家欣赏孩子们近阶段在学校学习生活的照片及录像。

（制作方法：按照故事情节，选取图片、录像并配以文字和孩子的解说。家长可以清晰地看到孩子在校的快乐生活。例如：富有激情的晨读，唇枪舌剑、思维对话的课堂，津津有味、井然有序的加餐，活泼欢快的大课间等。）

家长朋友们你们看到了孩子们真实的在校生活，有什么感想呢？（与家长们互动交流）

总结：孩子们的学习生活是多么的充实、多么的快乐、多么的阳光呀……所以我们一定要拥有一双赏识的眼睛。

流程二：倾诉你的感动

请大家一起欣赏结合本学期班级涌现的感动同学、感动班级、感动家长所举行的"感动五班"活动剪影。

这是孩子们眼中的那份赏识和感动，接下来，我们邀请家长代表讲述家长与学生间沟通与交流的成功事迹。

在家长思考的同时，引导大家要懂得，在肥沃的土地里不可能不长杂草的，要知道事情的发展有其必然性的，不必过度拦截，要像大禹治水一样，学会疏导孩子的言行，因为叛逆和成长是同步的，要避其不足，用包容心和耐心去正确地改变孩子的发展轨迹，让学生的热情去创造奇迹与感动。如同阳光雨露，孩子们的成长是离不开我们的理解与赏识，是我们的赏识让平凡的小事透露出了不平凡的魅力，让我们心灵有所触动，让这一切都扎根脑海，沁入心扉吧。

流程三：表现你的优势

家长朋友们，我们走出感动，看看孩子们近阶段所取得的属于自己的成就吧！这是我们班级近阶段举行的书法、演讲、口算、才艺等活动的明星榜，仔细观察不难发现，其实每一位孩子都有自己的优势，我们给予支持和鼓励，他们一定会带给我们最美的惊喜。此时，我想说的是，结合孩子的特长一起有指向性地赏识孩子吧，他们才是我们未来的骄傲！

设计意图：这是家长会的小重头戏，因为，很多家长此时有了赏识的意识，但是容易感情爆表出现极端。所以通过这一环节让家长知道赏识是要有度、有指向的，并且是长期持久性的优良品质。

三、赏识教育的方法

赏识并不简单等同于"赞扬"或者"奖励",后者更多的是对于孩子已经取得的成绩和已经完成的良好行为的肯定,而赏识更多的是针对孩子做事情时所表现出的努力过程,让孩子更加有信心地坚持下去。想要坚持,最主要的是让他一直有取得成功的动力。如何才能让孩子一直有动力呢,最简单的方法就是不断地让孩子尝到成功的喜悦。让孩子感到成功有个诀窍,不妨称为"摘苹果原理":跳一跳,够得着。

怎样才是真正的赏识呢?

1. 为孩子设定"小目标"

不要认为赏识一定要怎样夸奖孩子。针对孩子的实际情况,为孩子设定一个"够得着"的小目标,这本身就是一种有效的赏识,而且这种情况下的赏识不会产生"副作用"。

2. 这个目标如何设定

（1）父母应该对孩子的能力和现实条件有一个正确认识,对目标设定有长远的打算,有足够的耐心参与其中,切忌急于求成。

（2）在目标设定时应该和孩子一起决定,这样不仅能听取孩子的意见,也能让孩子更有积极性。

（3）如果父母对孩子的情况把握不准,最好与孩子的老师商量。

（4）可以考虑给孩子设定一个只要努力就一定能够得着的目标。

（5）在孩子犹豫迟疑的时候给予支持和鼓励。赏识最能发挥作用的时候,应该是孩子想"跳"又有点怕的时候。这时,"赏识"就是一双无形而有力的手,在孩子后面用力推他一把。

（6）尽量少用奖励诱惑孩子。"奖励"虽然会起到作用,但也常会有副作用。我们要让孩子前进的动力来自自身的需求,而不是外在的诱惑。要让他们为了成功而努力,而不是为了奖励而努力。

设计意图:通过家长的共同交流,梳理出赏识教育的家庭实践方法。

四、赏识中谈"度"

我们赏识了孩子的优点,又包容、引导了孩子的"成长痛",是不是我们的孩子就变得非常完美了呢?其实不然,因为任何事情向有利方向发展的同时也会带来弊端,大家试想,我们的孩子大多是家中的独子,当他把赏识看成是日常品甚至是专属品时,是不是会出现自满或无视呢?所以赏识的

"度"需要我们充分思考,认真把握。例如:有的家长对于孩子的缺点能够做到细致入微的教育,并从赏识的角度给予孩子认可,但是对家中其他成员身上出现的问题,却是急躁、粗暴地解决,这样双重的标准,会让孩子认为对于他的那份赏识是厚爱甚至是纵容,所以我们的赏识必须是在和谐统一的氛围中进行的。赏识的度没有具体的标尺,但是我们可以结合家庭和孩子的实际进行有效的定位和不断地调整。

孩子的教育是一个长期研究的过程,我们每个孩子都是一个鲜活、发展的个体,处处都反映着来自我们家庭的影响。所以,我们要正确客观地看待每个个体,我们可以讨论、取经,但是一定要带着思考与我们的孩子相处。最后,祝孩子们都能够拥有健康的人格和属于自己的快乐人生。

（开发区实验小学　许建荣）

【相关链接】

家长会家长感言

亲爱的"战友"们,非常荣幸能够参加本次的家长会。说实话,刚才我是含着眼泪看完的这段视频。以前,我总是觉得我们家牛牛这也不如人家孩子,那也不如人家孩子,我总是把唠叨和指责给孩子,今天我看到了孩子在校的一天生活,我怀疑自己的眼睛,这是我家牛牛吗?我从每个环节中都能看到孩子的"闪光点",或大或小……不论怎样,孩子是快乐的。大家看到了吗?我们每个孩子的脸上洋溢的是自信和欢笑。我此刻内心很纠结,我在不断地反思,为什么孩子在家里总是抵触我们的教育,总是愁眉苦脸……我想说我所缺失的正是许老师在每件事情开始时的那份信任,过程时的那份鼓励,结束时的那份赏识,这一切给了孩子无数的动力。我此刻要感谢老师,如果不是老师及时地让我们看到这一切,我还会活在自己那困惑、痛苦、纠结的现状中。谢谢老师,谢谢大家!

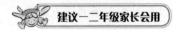

建议一二年级家长会用

用好"三种镜子" 成就孩子未来

【活动背景】

新接手的一年级，家长们大多是 80 后，观念新，但教育孩子容易急躁。经常听到家长们说："你看人家孩子多优秀！""我真拿孩子没办法，什么法子都用了，就是不管用。"对孩子的期望值高但又缺乏家教经验，是家长们面临的困惑。本次家长会，旨在带领家长走进孩子的内心世界，体会"三种镜子"的妙处，转变家长的教育理念，提高育子实效。

【活动目标】

1. 学会运用放大镜，欣赏与赞美孩子。

2. 学会运用多棱镜，多角度看待孩子的问题。

3. 学会运用显微镜，看自身的不足，与孩子共同成长。

【活动准备】

1. 活动课件。

2. 音频视频。

【活动过程】

一、披情入境，融入主题

（一）热身活动——请你像我这样做

邀请高鹤淇妈妈（幼儿园老师）领做小鱼游动的各种动作，其他家长们模仿做（播放音乐）。在快乐的笑声中，拉近了老师和家长之间的距离，营造了家的温馨氛围。

（二）谈话导入：亲爱的家长朋友们，孩子们进入实验小学已经两个月了，这段时间孩子们都有了可喜的变化。上课挺直的腰板、高举的小手；下课快乐地游戏,和谐的相处;放学整齐的路队,响亮的口号,时时刻刻让我们感到骄傲。但是,我也从与家长们的交流中发现了不少问题,有的家长说:"孩子今天又忘记带作业了,我吼了他一个小时。"(出示图片)你看,这位火冒三丈的妈妈,这是她的形象;有的家长说:"孩子写字太难看了,撕了一张又一张,最后忍不住揍了孩子一顿。"(出示图片)你看,这位暴跳如雷的爸爸就是他的形象;还有的家长说:"孩子拼读这个费劲啊,真想把他送午托算了,不然我要得心脏病了。"(出示图片)你看,这位跟在蜗牛后面的妈妈就是她的形象。这些可都是你们当中的真实记录啊,是不是?

听到看到这些反馈,我真的很替大家着急,替我们的孩子着急。所以抓紧时间准备了这次家长会。今天家长会的主题是《用好"三种镜子"成就孩子未来》。

设计意图:充分调动家长中的优势力量,营造温馨欢乐的氛围,吸引家长很快进入主题。

二、用好"镜子",幸福成长

(一)放大优点,赏识孩子——第一面镜子:放大镜

1. 现场测试,寻找优点

请家长在纸上写出自己孩子的至少 10 个优点。再请几位家长大声地说出自己孩子的优点。

小结过渡:带着满满的自豪感,我感受到您对孩子满满的爱了。那没写出 10 个优点的家长,您对孩子的爱比别的家长少几分吗? 当然不是了。

2. 走近名人,感受赏识

(1)走近名人

讲故事:出示周弘和女儿周婷婷的图片,深情讲述周婷婷的故事:婷婷这个从小双耳全聋的孩子,在父亲周弘的赏识教育下,成为中国第一位聋人少年大学生。

播放周弘的讲座视频。

实践活动:请家长跟着我一起练习竖起大拇指夸奖孩子,高高地,面带微笑的,眼神中要带满欣赏与赞美之情。再请相邻的家长互相竖起大拇指夸奖对方,体会赞美和被赞美的美好心情。

(2)走出误区

紧扣周弘讲座视频,引导家长走出赏识误区:孩子犯了错误也要赞美

吗?

给家长支招儿:我们在提醒或批评孩子的时候,可不可以降低声调,有话好好说呢?

温馨提示:在爱的鼓励和提醒声合奏的乐曲声中,孩子成长的小船才会越走越远。

(3)情景模拟

给家长提出以下建议,请每天回家只和孩子聊4个问题:

A.学校有什么好事发生?

B.今天你有什么好的表现?

C.你今天有收获吗?

D.有什么需要父母帮忙的吗?

请两位家长现场进行情景模拟,表演具体做法。例如:

妈妈:宝贝儿,学校有什么好事发生?

孩子:妈妈,今天我们班获得了流动红旗。

妈妈:今天你有什么好的表现?

孩子:我发言精彩,被老师表扬了!

妈妈:你今天有收获吗?

孩子:我今天学会了"一"字的不同读法,还学会了一个谜语,我说给你猜猜吧。

妈妈:有什么需要妈妈帮忙的吗?

孩子:妈妈,我扫地老是太慢,这可怎么办?

妈妈:妈妈来教教你吧。

3.分享案例,欣赏赞美

(1)优点分享:展示学生在校优秀表现的照片和视频(进行配乐解说),再出示任课教师欣赏赞美本班学生优点的话,打开了家长赏识的慧眼。

(2)现场互动:请家长分享生活中赏识自己孩子的事例,先小组交流后集体分享。

有的家长说,有一次儿子帮自己提东西,就趁机赞美儿子说:"有个儿子真好!"后来孩子经常帮自己和家里的老人提东西,并且总结说要及时捕捉孩子的优点。有的家长说孩子第一次测试后回家对妈妈承认自己有道题做错了,妈妈表扬了孩子知错就改得好品质,并和孩子一起分析原因。

设计意图：这一环节,旨在用视频触动心灵,用方法引路,用分享与实践提升家长的赏识意识。

（二）寻找原因,转换角度——第二面镜子：多棱镜

1. 故事启迪

老师拿来了一个阳桃,让孩子们画,大家都画的五角形,只有一个小男孩画的奇形怪状,同学们都笑他,老师却没有生气,而是让同学们都坐坐小男孩的位置,结果看到的阳桃和画上的一模一样,大家都向小男孩道歉。

请家长谈感受。

有的家长说："幸亏这位老师遇事会找原因、换角度,不然,一位天才可能就被埋没了。"有的家长说："我也要像这位老师这样,学着用多棱镜,学会多角度看待孩子的问题。"

2. 视频引领

播放视频《说话的艺术》。

视频内容：

许多人举着牌子排成一队,上面写着："什么都不能跟人家比,谁像你一样没有用啊！"

镜头一转,这些人换了换站的位置,变成了："没有谁能像你一样啊,不用什么都跟人家比！"

让家长体会到：转换角度,换种态度,变批评的语言为赏识鼓励的语言,处理事情的效果是不一样的。

3. 实践活动

（1）课件出示两种不同的做法（播放不同的声音）

A. 你写字太难看了,写了这么多遍也不见强！真笨！

B. 你看这次写的这一笔有很大进步,我们继续努力！加油！

（2）小组互动,互相说说生活中的例子

一人说斥责挖苦的话,其他人转换成鼓励的话语。

设计意图：小组互动,换种说法,在实践操练中家长们改变的不光是态度,更是观念。这一环节,旨在通过感受、触动、转化,使家长学会多角度看问题,使赏识的内涵更上一层楼。

（三）严于律己，身正示范——第三种镜子：显微镜

1. 播放视频

播放视频：《谁是原件》。

视频内容：孩子模仿妈妈的样子训斥爸爸这么晚了还不回家。

设计意图：显微镜是专为家长准备的，有的家长看不到孩子的优点，殊不知很多原因是在自己身上。让家长明白孩子只是复印件，自己才是原件。

2. 朗读小诗

请两位家长朗读一首小诗：

我们的孩子，

眼睛就像摄像机，

耳朵就像录音机，

细胞就像小吸盘，

身体就像存储器。

看到什么，听到什么，

感触到什么，

他就吸收什么，

存储什么，

种植什么……

3. 反思不足

请家长们在纸上写下自己的 3 个不足，集体交流。

有的家长反省了自己把工作中的不良情绪带回家的影响；有的家长检讨了自己动不动就打孩子给孩子带来的模仿后果，并且说要跟着孩子一起学习，一起成长……有叙述，有反思，有改进的方法。

设计意图：显微镜为赏识教育提供根本的保障，通过现场反思，旨在帮家长端正以身作则的态度。

三、能量朗读，分享提升

（一）分享本次家长会的收获

（二）和家长一起进行能量朗读（相关链接：亲子关系能量朗读）

（三）布置作业

1. 找出孩子的至少 10 条优点，写在纸条上贴到孩子床头，并且读给孩子听。

2.每天坚持能量朗读,反思自己的行为,为孩子的成长保驾护航。

(设计意图:有人说,好习惯的养成至少需要 21 天。一次家长会的力量是有限的,所以,带家长进行能量朗读,请家长回家坚持诵读,旨在巩固家长会的长效。)

【活动反思】

本次家长会,我对自己原来的设计稿进行了反复修改,删繁就简,突出重点,从真诚沟通,真实成长的角度去预设。

收到的实效是:座位安排营造了家的温馨氛围;视频播放唤醒了家长内心的迷失;互动分享促进了家长心灵的成长。来自家长们的日记真实地反馈了家长会的效果,来自孩子们的进步与喜悦也见证着家长会的力量。

今后,我还要在与家长的沟通中更具亲和力,使家校携手的力量更上一层楼。

(莱州市实验小学　王伟伟)

【相关链接】

亲子关系能量朗读

从此刻起:
我要多表扬、鼓励、赞美孩子,
而不是批评、指责孩子。
因为我知道,
只有鼓励和赞美才能带给孩子自信和力量,
批评、指责只是在发泄,
只会伤害孩子稚嫩的心灵。

从此刻起:
我要用行动去影响孩子,
而不是用言语去说教孩子。

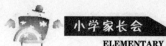
因为我知道，
孩子的行为不是被教导而成，
而是被影响和模仿而成。

从此刻起：
我要控制自己的情绪，
和孩子一起安静和平地处理好每一个当下。
因为我知道，
脾气和暴力只能代表我的无能和对孩子的伤害。

从此刻起：
我要通过孩子的问题，
找出自己的问题，
修正我自己的错误。
因为我知道，
孩子的所有问题
都是我的问题，
我是孩子的根源。

从此刻起：
我要成为孩子生命中最好的朋友，
最亲密的伙伴，
最慈爱的爸爸（妈妈）！
因为我知道，
孩子在一天天长大，
终将离开我们，
成长为独立的自我！

大手握小手 陪孩子安然过渡

【活动背景】

　　三年级是小学生由低年级向中、高年级过渡的关键期,在小学阶段的学习、生活中起到承上启下的作用。三年级也是他们的一个心理反叛期。在这个阶段,会出现一种心理矛盾:孩子们的辨别力比较弱,但又很想吸收新鲜知识。他们还不能完全理解到底哪些事可以做,哪些事不能做。这也就需要我们大人经常给孩子一些建议和帮助,陪伴孩子们安然度过这一人生第一"分化期"。

【活动目标】

　　1. 让家长了解三年级学生的心理特点。
　　2. 让家长明确帮助孩子安然过渡的方法。

【活动准备】

　　1. 活动课件。
　　2. 家长经验交流准备。
　　3. 搜集孩子的相关变化。

【活动过程】

一、观察、了解三年级孩子发生的变化

　　各位家长朋友,大家好!我是三年级 2 班班主任孙老师,和有些家长还是第一次见面,请允许我代表三(2)班所有的任课老师向你们的到来表示热烈的欢迎和衷心的感谢!感谢大家百忙之中抽出时间来参加我们的家长会,感谢你们一直以来对我校工作以及我们班级工作的大力支持。

　　接手我们这个班以来,很多家长向我反映孩子进入三年级后变了,变

得和以前不太一样,家长们很烦恼。我把家长们反映的孩子的变化整理了一下,集中体现在以下几个方面:

1. 自己的孩子现在变了,不愿意和家长说悄悄话了。

2. 不听大人的命令了,学会表面一套背后一套了。

3. 当你不在意的评论孩子的时候,可能会引起他的反感了。

4. 还有,孩子的作业比过去难了许多,孩子写作业没有过去认真了,玩的心劲儿更大了。

可能有些家长还没有留意到孩子的变化。请各位家长猜一下,一个人学生时期最重要的是哪一年?答案不是一年级,也不是初一,而是小学三年级!也许家长朋友会感到惊讶,为什么会这样呢?原来小学三年级是心理学家说的人生第一个"分化期",很容易产生"马太效应"即优者更优,差者愈差,所以我们家长要特别关注三年级的孩子。我们应该怎样面对孩子身上发生的变化呢?作为父母,我们的责任就是了解孩子发生变化的原因,给孩子更多的合理引导,帮助孩子顺利度过这一时期。

下面,我们全面了解一下小学生三年级转型期的心理、学习、交往方面的特征,做到心中有数。

二、三年级孩子的发展特点及建议

(一)孩子的心理特征

三年级孩子的心理特点主要表现在以下三个方面:

1. 个性差别大:三年级的小学生是形成自信心的关键期。他们在接受别人的评价中能发现自身的价值,产生兴奋感、自豪感,对自己充满信心;有的还表现出强烈的自我确定、自我主张,对自己评价偏高,甚至有时"目空一切",容易导致自负的心理。相反,有的孩子由于成绩不良或某个方面的缺失,受到班级同学的歧视,往往对自己评价过低,对自己失去信心。

【温馨建议】家庭是培养孩子自信心的主阵地,家长一定要无条件地爱自己的孩子,而不是哪天分数高了,爱就多一点儿,分数低了,爱就少一点儿,要真实客观地看待孩子。以表扬鼓励为主,但不能泛泛地说:"孩子,真聪明!""你真棒!"而是对孩子具体的言行进行评价:"闺女,瞧你把桌子擦的多干净呀,都能当镜子用了!"就事论事,让孩子自我认同感更强烈,这样的评价,孩子们既能找到自身的价值,又不会产生自负心理。家长要尽量放手让孩子去做他能做的事情,比如简单的家务等,做得多了,经验就有了，自信心自然就足了。家长过度保护，对孩子的成长不利，让他们做起事来，缩手缩脚，久而久之，他们会丧失对自己的信心，越来越依赖家长。

2. 情绪不稳定：三年级学生由于生活经验不足，他们在陌生、严肃、冲突、恐怖、约束、遭受指责等情况下，容易产生紧张的情绪，自我调节能力比较差，难以释放心理压力，这样就容易使他们的心情变坏。他们喜欢与伙伴共同游戏、学习，但情绪很不稳定，容易激动、冲动，常为一点小事面红耳赤，情绪变化极大，并且表露在外，心情的好坏大多数从脸上一望便知。

【温馨建议】学会管理自己的情绪对三年级的孩子来说非常重要，家长首先要给孩子做好榜样，在孩子面前经常保持微笑，多用积极情绪去影响孩子、带动孩子、感染孩子，在潜移默化中改变孩子的性格特征，逐渐让孩子变得开朗、乐观、积极。家长遇事要会表达情绪，而不是情绪地表达，比如：一回到家，看到孩子把玩具扔得到处都是，这时家长不要立刻怒发冲冠，指着孩子说："你真烦人呀，把玩具乱丢，你看看到处都是，气死我了！"而是表达自己的情绪："儿子呀，看到这些玩具横七竖八地躺在房间里，我感觉真凌乱，不太舒服。"孩子自然会看到自己行为的后果，会不好意思地收拾起来。如前者，家长怒骂一顿，孩子的情绪也会很激动，自然会和家长对立起来，久而久之，孩子就会易怒。

孩子在学校受到批评，或和小朋友之间有矛盾，回到家情绪很激动时，家长不要先做评判，急着说谁对谁错，而是耐心地倾听，让孩子表达自己的情绪，在他们诉说完之后，家长首先要对孩子表示理解，接纳他刚才的情绪，在孩子认为他们被理解接纳之后，家长再帮着他们分析一下，刚才的事情孩子自己有何做的不妥之处，让他们想一想有没有更好的解决问题的方法。这样孩子们自然能听得进去家长的建议，更重要的是他们再遇到类似的事情，学会了处理好自己的情绪，能够理智地解决问题。孩子的心理也不会被压抑，自然就能阳光快乐地成长。

3. 自控力不强：从三年级开始，学生进入少年期，此时会出现一种强烈要求独立和摆脱成人控制的欲望，因此他们的性格特征中也会表现出明显的独立性。同时，随着年龄的增长，他们对外部控制的依赖性逐渐减少，但是内部的自控能力又尚未发展起来，还不能有效地调节和控制自己的日常行为。

【温馨建议】对于孩子，自控力比智商更有助于提高学习成绩，比情商

更有助于社会交往。从这个角度来看，自控力就是孩子自我成长的"秘密武器"，虽然我们看不见、摸不着，但时时处处都在影响孩子的成长和发展。父母和家庭成员首先要以身作则，给孩子树立一个良好的榜样。比如，在人多的地方自觉排队，让孩子明白什么是"先来后到"；在面对诱惑的时候成功抵御，让孩子明白什么是"控制欲望"。父母要启发孩子的自觉性，养成孩子良好的行为习惯，让孩子坚持一些必要的生活准则，比如不能跟大人顶撞，尊重老师，独立完成自己的事情等等，并且自己想办法克服生活和学习中遇到的一些困难，让孩子形成比较稳定的意志品质。当孩子出现缺乏自控力的行为时，比如哭闹、小气、顶撞等行为时，父母一定要冷静，要耐心说服；同时父母也要反省一下自己的教育方法是否得当，是否采取了令孩子心悦诚服的态度和方法，并检查规定是否有些过头了，过于束缚了孩子等等。只要父母不粗暴地对待孩子，而采取生动活泼、寓意深刻的故事耐心说服孩子，孩子是会改变一些不良习惯的，并逐步成为一个具有较强自控力的人。

（二）学习方面

小学五年一般可分为三个阶段：一、二年级为低段；三年级为中段；四、五年级为高段。而三年级的孩子正处在中段的跳跃期。知识学习广泛了、考试科目变多了，相对作业也增加了。就拿语文课来讲，低年级的时候我们主要学习拼音、生字、词语，读一些简短的小文章。但是，现在语文学习的重心开始往阅读和写作倾斜，课文篇幅也长了。考试试卷上多了一些比较"灵活"的题目，比如各类成语，什么描写春夏秋冬的词语，名言警句等等和一些课外知识的积累，而阅读题和作文占了试卷的一半分数。

常听有些家长说：我孩子一二年级一直考99.100分，怎么到三年级只有90来分、80多分了。孩子要保持高分，需要花费更多的时间，付出更多的努力，如果马虎的话，成绩很容易大幅下滑。但是只要在座的各位家长和孩子的老师密切配合，抓住这关键的一年，培养孩子养成踏实、勤奋的学习态度，一般都会平稳度过这一时期。

学习方面的改变还表现在课程内容增加了，开设了英语课、品德与生活课和科学课。相应的孩子们的学习方法需要转变，不再是低年级时的以机械记忆为主，而要向理解记忆转型。作为家长，请你们也思考一下，你们该怎么做，才能帮孩子迈好学习生涯中这关键的一步呢？

【温馨建议】新东方的老总俞敏洪说过："十八岁之前是人生的重要阶段,是培养孩子的行为习惯、学习习惯的最重要的时期。"他有一个朋友,亿万富翁,孩子已经上了高中,不务正业,成天和别人斗富,这个朋友找到俞敏洪哭诉说:"我把我所有的钱都给你,只求你能让我的儿子变成一个正常人。"俞敏洪说:"晚了。"为了避免这样的悲剧再次发生,我们家长一定不要本末倒置,我们挣钱是为了孩子,但如果我们只顾着挣钱,耽误了孩子,那可是多少钱也换不回来的呀。

从习惯养成的特点来看,三年级是强化良好习惯和改变不良习惯的关键时期。习惯的培养越早越好,在一二年级习惯养成教育的基础上,我们家长应着重培养孩子以下几个好习惯:

1. 广泛阅读好习惯。三年级的孩子要重视课外阅读。如果孩子除了教科书什么书也没读过,那么他的阅读能力和理解能力会相对较弱,而阅读能力弱的孩子在数学方面也会落在后面,因为他可能读不懂题目。有的家长会说:"正课还学不好呢,去读那些杂书岂不是耽误功夫?"好像只有学有余力的孩子才能看课外书,这种看法是不对的。孩子越是感到学习困难,就越是应该多读各类书籍。苏联教育家苏霍姆林斯基说:"让孩子变聪明的办法不是补课,不是增加作业,而是阅读,再阅读。"学习需要一个广泛的基础,孩子读的书越多,他的知识面就越广,思维就越清晰,智慧就越活跃,学习新知识就会变得越容易。因此,做父母的要尽自己的能力引导孩子认真阅读,养成他广泛阅读的习惯,这将是孩子一辈子的财富。

假如您的孩子到现在还没有爱上阅读,下面给您几条小建议,您可以回家试试。(1)带孩子进书店:在书店里看书的孩子很多,或坐或趴,都在翻看自己喜爱的书籍,这样无形的"气场",慢慢地就会对孩子产生影响。(2)与孩子同读书:每天拿出固定的读书时间,保证在这一段时间内,大家都在读书,雷打不动,经过一段时间的反复强化,固定时间内读书,就成了一种习惯,和洗脸、刷牙、吃饭、睡觉一样,成为一种需要后,想不让孩子读书都难了。(3)和孩子聊书:和孩子共同读一本书后,你们就有了许多共同的话题,你们在聊的过程中,孩子的表达力与思维力就得到了提升,读的多了,感受多了,孩子的价值观也会慢慢建立起来,对孩子来说,是一种无声的教育。同时,你和孩子的关系也会越来越融洽。

2. 认真独立完成作业好习惯

三年级孩子书面作业开始增多。家长要让孩子明白作业不能让别人代替。有些孩子不愿自己做作业，要么在校抄袭他人的作业，要么在家里缠着家长替他解答、替他检查。这样的孩子即使每天交了作业也是很难掌握真知的。所以，家长要培养孩子认真独立完成作业的习惯。

（1）养成先做作业再玩耍的习惯。每天学生放学后，要养成回家第一件事就写作业的习惯，不能回家放下书包就出去玩了，晚上才草草把作业写完。（举例：以前有这样的学生，家长认为孩子小，每天回家先玩够了再写作业，结果孩子的心玩野了，四五年级作业量增加，就出现了不写作业的现象。）

（2）写作业时要专心致志。写作业时一定要保证有一个安静的学习环境，别让孩子在人多的地方写作业。写作业时精神一定要专注，不能边写作业边吃水果，或者边写作业边看电视，这都容易养成学生三心二意的坏习惯，咱们要有意识地给孩子创造良好的学习氛围，如果大人在家里打麻将，或者大声地聊天、看电视，却要求孩子安心写作业，都是不现实的。

（3）养成自己检查作业的习惯。孩子的作业写完后，要让孩子自己检查，否则会让孩子有依赖心理。

3. 科学合理安排时间好习惯

要珍惜时间、合理利用时间。这对孩子来说是比较抽象的，家长若不加指导，孩子自己是很难做到的。家长要从具体的时间安排抓起，比如要孩子早睡早起，早晨起来后做操、晨读，下午放学后做作业，晚饭后运动、游戏、读书等等，都应该给孩子规定一些具体任务，持之以恒形成习惯。建议家长不妨和您的孩子一起多参加些运动，这样既锻炼了孩子身体，还可以增进亲子关系，也把孩子从电视、电子游戏中解放出来。

（三）交往方面

三年级的学生与同伴的友谊进入了一个双向帮助阶段，他们愿意交更多的朋友，从与朋友的交往中寻找自我定位。一、二年级的时候，孩子在外面见到什么事或者自己做了什么事回家都要讲给大人听，大人不听还不高兴，但是到了三年级情况就发生了变化，一部分学生不愿意把在外面发生的事讲述给家长，有时自己经历的事也不告诉家长，显示出独立的个性。并且此时父母对他们的要求也从"听话"标准上升到"学习好，能力强"的标准，而对他们的照料和关注则比以前要减少许多,因此父子、母女之间的沟通通常被忽视,矛盾与代沟开始出现。

【温馨建议】针对三年级学生的这些特点,建议各位家长:多花些时间陪孩子,多做一些沟通和交流。有的家长说,我的事多得不得了,哪有时间去问孩子的学习,哪里顾得上陪孩子。心理学家对几千例学生进行调查,结果发现:与父母在一起时间多的孩子,在学业成绩、能力素质和品德发展等各个方面的发展明显优于与父母在一起时间少的孩子。

设计意图:通过教师的讲解让家长全面了解三年级学生的心理特征、学习方面、交往方面的变化,让家长明白孩子的变化就是成长,作为家长要适应。

三、典型交流,用好身边的家长资源

我们班有很多优秀的家长,下面请某某同学的家长交流一下经验和做法。

四、活动总结

家长朋友们,处在三年级过渡期的孩子更需要家长关切的眼神、真诚的鼓励和热情地帮助,只要家长能够正确引导,孩子就会顺利度过这一时期。为了孩子,让我们一起努力!

(牟平区实验小学　孙春)

【相关链接】

一、家长经验交流

1. 养成孩子的阅读习惯。一是语文是各科的基础,哪怕对于理科的数理化也是如此。我给高三学生讲数学题的时候发现,很多时候并不是不会做,而是学生根本读不懂题意,进而无法下笔。其实阅读问题,我请教过 N 多语文教师,阅读本身不光是认字的过程,真正的阅读可以开拓孩子的视野,增加孩子的"见识"。二是可以了解孩子的所思所想。如《爸妈太过分》这本书上讲如何对付爸妈,其中一招就是沉默应对,真是"道高一尺,魔高

一丈"。

2. 培养孩子的专注力。古语说：能够到达金字塔顶端的动物只有两种，一种是苍鹰，一种是蜗牛。苍鹰之所以能够到达是因为它们拥有傲人的翅膀；而慢吞吞的蜗牛能够爬上去是因为它认准了自己的方向，并且一直沿着这个方向努力。从大处讲，这是李克强总理提出的匠人精神。任正非谈到华为的成功的时候，华为坚定不移28年只对准通信领域这个"城墙口"冲锋。从小处讲，我认为就是培养孩子的好的学习习惯。我班的学生基本上是初中生时的尖子生，看似聪明，其实经常感触到绝大多数学生是胜在更好的学习习惯上。比如自习课，有的学生是静悄悄的，而有的学生就是东张西望，喝水的、摸头发的，根本坐不住。长此以往，胜负立判。我们的孩子又比较小，正是养成习惯的好时候，哪怕用武力的手段进行干预。但我们还是希望这个习惯的养成是靠孩子内心情感的认同感，而不是简单的暴力。比如，有的孩子初中的时候出乎其类，但是到了高中，需要孩子较强自制力的时候，很快就"泯然众人矣"，这样的例子实在太多太伤人。

3. 注重孩子的品性。有位校长曾经讲过，考试的终极意义就是对一个人品性的考验。这里面包括孩子的韧性、耐心、抗挫折等等诸多良好的品质。纵观高三一年，成绩起起伏伏都是很正常的事情。对于高三的学生而言很多考试都是颠覆性的，如果没有一颗强大心脏很难坚持下来。比如我班的祥同学，是学生中的尖子生。非常追求完美，几乎不能容忍自己任何的失误。这种"只许胜不许败"的心理给他的高三学习带来了很大的困扰。高三临近高考的时候，隔三岔五就跟我请假回家调整，回家之后有时甚至是痛哭流涕，结果可想而知。最后说一个伤感的例子：一对好朋友，从高一到高三一直在同一个班级里。刚入高中时，两人的成绩虽谈不上是天壤之别也是相差较大，但是从高一下学期开始，两人的成绩就逐渐接近，到了高三二轮复习，两人成绩竟然交叉交换直到相去甚远。那时已经临近高考，孩子的父母接受不了孩子的成绩，重压之下孩子竟然住进了医院的心理病房，孩子的父母追悔莫及。这样的例子不多，却非常令人痛心。真心希望我们做家长的，风物长宜放眼量，哪怕慢一些，请永远相信自己的孩子能够"大器晚成"。

二、推荐父母读书书目

《陪孩子长大——李子勋亲子关系36讲》《家庭成就孩子》 李子勋

《好妈妈胜过好老师》《最美的教育最简单》 尹建莉

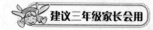
建议三年级家长会用

和孩子一起平稳 "过渡"

【活动背景】

三年级的孩子开始有了一些自己的想法,但辨别是非的能力有限,社会交往经验缺乏,经常会遇到自己难以解决的问题,一些"不安"也随之产生。如何帮助孩子安然度过这个比较特殊的时期,实现更有意义的成长?为此,我专门设计了本次家长会。

【活动目标】

1. 让家长明确三年级学生的成长特点和发展需求。
2. 让家长了解和掌握"过渡期"的教育策略。

【活动准备】

1. 活动课件。
2. 调查问卷。
3. 经验材料。

【活动过程】

一、课件播放,发现问题

家长朋友们,不知不觉我们的孩子已经走进小学三年级了!孩子的成长浸润着家长们的心血和汗水。但是,成长的路上不总是一帆风顺,特别是进入三年级后,孩子们出现了这样那样的问题,这个时候,更需要我们保持清醒,认真面对,陪孩子迈过这个"坎",平稳实现三年级的"过渡"。先让我们看看这个阶段孩子的一些表现(课件出示学生案例小视频)。

1. 学习方面的学生案例:在语数测试中,孩子的成绩出现了明显的差距(出示本班近期语数学科考试成绩统计表),这种差距主要源于学习习惯的差异。

2.行为方面的学生案例：班级中出现了小团队、小帮派,同学间多了小矛盾、小冲突（教师出示一名学生在生活日记中写到的内容：我最讨厌背后说人坏话的人。小丽整天在我面前说我怎么人缘好,怎么喜欢我,可是背后却说我拍老师的"马屁",我真是恨死她了……）。

3.心理方面的学生案例：在班级活动中,孩子们自我意识增强了,出现了不同的声音（教师以本班运动会入场式为例：大部分学生要穿校服,但有个别学生提议男生穿白衬衣,女生穿裙子等）。

设计意图：家长与孩子朝夕相处,从横向上看很难发现孩子身心的各种变化,但是,从纵向发展看,这个时期的孩子的确在不知不觉中发生着重要的转变,无论教师还是家长都不应忽视且必须高度重视、正确引导。

二、调查问卷,走进孩子

那么,这个阶段的孩子到底在想些什么？需要什么？让我们一起来听听孩子的声音。

1.课件播放对个别学生的访谈。

访谈问题一：你觉得学校生活快乐吗？

访谈问题二：你对自己的父母和老师满意吗？

访谈问题三：你希望如何度过自己的周末？

2.出示面向学生的调查问卷。

家长阅读自己孩子的问卷,进一步了解孩子的特点和需求。

设计意图：要想教育好孩子首先要真正了解自己的孩子,但是,许多家长因为生活烦琐忽视了对孩子们的关注,特别是细节的关注,孩子到底需要家长给予怎样的关怀？必须听听孩子们的心声,拉近家长和孩子之间的距离,对孩子的教育真正做到心中有数。

三、现状分析,教师建议

（一）学生特点及给家长的建议

小学五年一般可分为三个阶段：一、二年级为低段；三年级为中段；四、五年级为高段。现在,您的孩子正处在一个由低年级向高年级过渡的非常重要时期。这是一个转折点,如果孩子在三年级能养成良好的学习习惯,掌握科学的学习方法,对于以后的学习是大有益处的。要使孩子顺利地完成这个时期的学习,除了孩子自己的主观因素之外,也需要家长的关怀指导。首先,

家长必须了解孩子的特点。

1. 学习方面：知识内容广泛了，求知欲望更加强烈，知识拓展的同时孩子们的思维也发散了出去，经常从不同角度考虑问题。对于这一智力发展特点，家长要多鼓励，要给予适当引导，让孩子们爱思考、善动脑。家长应该经常与老师沟通，从多个角度了解孩子，以便及时指导帮助。

2. 心理方面：很多事情都处于好奇，似懂非懂，开始有独立性，自尊心逐渐增强。不知家长们有没有发现，这阶段的孩子对很多事情都想试着自己一个人去做，但往往又达不到所预期的目标。其实我们不要管他们最后的结果怎样，首先就是要答应他们的要求，同意让孩子自己试试。另外，家长还要把握好批评的尺度，这阶段的孩子自尊心逐渐增强，也就是我们通常在讲的孩子知道"难为情"了，他怕"丢面子"了，所以各位家长在教育孩子的时候要把握好尺度。

3. 思想意识：思想从单纯走向复杂，想的事情多了，开始有自己的意向，有自己的打算，想干什么就干什么，也就是有些家长说的："孩子个性强，不听家长的话了。"但是他们的辨别力弱，不能把社会上的是是非非搞清楚，也不完全理解到底哪些事可以做、哪些事不能做，需要家长经常给孩子一些指示和告诫，提醒他什么该做、什么不该做，给他明确的方向。家长需要注意的是，大人的"口风"必须一致，不要爸爸妈妈这么说，爷爷奶奶却那么说，这样孩子就更辨别不清楚了。

（二）课程分析

课改后，课节减少了，但是教学内容并没有减少。特别是三年级开始，语数两科的课节明显比一二年级少，同时增添了英语、信息技术、科学、品德与生活等重要学科。在知识难度上，确实有了大幅度的提高，如语文开始写成篇的习作，开始用钢笔书写等等。课堂上，学生没有更多练习巩固的时间，这就要求孩子们提高自学能力，课前做好预习，课后做好复习。另一方面，课程改革倡导学生主动参与、乐于探究。这就需要家长们在重视孩子基础知识的同时，更要注意培养孩子的综合能力，不能一味死记硬背。

给家长们的建议：

1. 加强对孩子课外时间的管理。三年级的孩子开始喜欢脱离父母，与小伙伴一起出去玩耍，特别是双休日存在问题最多。家长要对孩子的活动有一个全面的了解掌握，尽量和孩子一起外出活动，杜绝到网吧或不安全场所。

另外,家长还可以利用孩子的课外时间亲近自然,观察生活,丰富孩子的精神世界,这样才能让孩子在习作中有源头活水,取之不尽。

2.用实际行动关心、帮助孩子的学习。平时多了解孩子的作业和测验情况,重要的是要把作业和测验打开亲自看一看,发现问题,尽量和孩子一起分析解决。加强对孩子书写的要求和指导,特别是钢笔的使用,一定要包容孩子出现的问题,反复纠正训练。英语要加强口语训练,要鼓励孩子在生活中积极实践。

3.加强对孩子良好学习品质的培养。三年级的学习内容难度加大,家长要鼓励孩子积极思考、主动探究,不怕出错,不畏困难。学习不够细心仍是三年级孩子的普遍性问题,家长可结合日常生活有侧重的培养。

设计意图:家长来参加家长会,最想知道自己孩子现阶段在校表现情况,最想听听老师对孩子从学习、心理等方面的分析评价,更想听取老师合理化的建议,以便更好地配合老师进行科学的教育,促进孩子的全面发展。

四、榜样示范,经验共享

孩子的成长虽各不相同,却也存在相同阶段的相似之处,我们面临的难题其他家长同样会遇到,那么,那些处理得当的家长到底是怎么说、怎么做的呢?让我们一起来分享他们的成功经验。

1.优秀家长的经验分享。

2.家长们填写"家长会反馈单"。

设计意图:通过经验分享实现相互教育影响,取他人育子之长,补己养子之短,在学习聆听中查摆自家教育问题,从而促进提高。

(莱州市第二实验小学 陈燕)

【相关链接】

一、小学三年级学生调查问卷

Q1. 作为三年级学生，你认为你的学习任务重吗？

  ○ 太重   ○ 合适   ○ 较轻

Q2. 你每天回家后做作业的时间大约有多长？

  ○ 0.5 小时 ○ 1 小时   ○ 1～2 小时

  ○ 2～3 小时 ○ 3 小时以上

Q3. 你每天的睡眠时间大约是多少？

  ○ 9 小时   ○ 8～9 小时 ○ 7～8 小时

  ○ 6～7 小时 ○ 3 小时以上

Q4. 你对学习的态度是：

  ○ 喜欢学习，学习是一件有意思的事情

  ○ 不喜欢也不讨厌，学习是我的任务，尽力完成

  ○ 讨厌学习，在学校过一天是一天

Q5. 你最希望父母为你做什么？

  ○ 陪伴出去玩 ○ 做好吃的

  ○ 辅导学习   ○ 经常说说心里话

Q6. 你最不喜欢上哪几门课（可以多选）？

  ○ 语文   ○ 数学   ○ 英语

  ○ 音乐   ○ 体育   ○ 科学

Q7. 你不喜欢上这些课的原因是（可以多选）。

  ○ 考试成绩不好 ○ 听不懂 ○ 老师讲课乏味

  ○ 作业不会做 ○ 太难学

Q8. 你父母是否给你买课外读物？

  ○ 经常主动买 ○ 你要求就买 ○ 有选择地买

  ○ 很少买   ○ 从来不买

Q9. 放学后，你最喜欢做的事情是：

  ○ 看书或玩玩具 ○ 帮父母干简单家务活

○ 看电视或上网打游戏　　○ 其他

Q10. 你是否需要特别知心的朋友？

○ 从来不需要　　　　　　○ 已经有很多知心朋友

○ 已经有一两个知心朋友　○无所谓

二、优秀学生家长发言材料

尊敬的各位老师、家长们,你们好：

我的孩子叫 ***,自从进入 XX 小学,我发现孩子变了,变得快乐了,自信了,上进心强了,也爱读书了。这是老师的管理和教育的结果。在这里,我想先表达两个意思：

第一是"给动力但不给压力"。孩子们从呱呱落地那天起,就承载着我们无限的希望,看着孩子们一天天长大,转眼间就将走向人生的新起点——走进学校,学习知识。作为父母,我们渴望孩子过上幸福的生活,渴望孩子展开理想的翅膀自由翱翔。学校,就是为孩子们插上翅膀的平台,承载着我们家长的梦想和期待。可以说,考试考学生,更在"考"家长。作为家长,在孩子每天全力以赴学习的关键时刻,我们多数家长要把主要精力放在孩子身上,无论是学习还是生活方面,做到积极配合学校和老师,为孩子搞好保障,为孩子加油鼓劲,做到加劲但不加压,不在孩子面前絮絮叨叨,不让孩子分心走神,为孩子担心这操心那,生怕孩子不努力、不发奋,结果反而搞得孩子们紧张无比,压力无限。相信我们的孩子,鼓励我们的孩子,他们是优秀的新一代。

第二是"感谢并感动着"。要送给学校领导和全体老师,感谢学校领导、各位老师的辛勤劳动和付出,是你们孜孜不倦的教导,把深奥的知识及做人的道理传授给每一位学生。三年来,你们给予孩子们的不仅仅是知识,更多的是让他们树立积极向上的人生态度,孩子们每一点的进步都凝聚着你们的心血。作为家长,忘不了你们在孩子作业本上留下的细致批语,忘不了你们在孩子成长记录中的殷切期望,忘不了你们不计辛劳的加班加点。实践证明,学校在学生的学习成绩方面、生活方面都做得非常的好,我们家长非常放心。"捧着一颗心来,不带半根草去",在你们身上得到了最真实的印

证。所以说，我们家长真的是感谢并感动着。

常有一些家长、朋友和我探讨孩子的教育问题，我认为小学前要培养好的生活习惯；小学阶段要培养好的学习习惯；中学阶段要培养好的学习方法，这样才能进入良性循环，让老师、家长都省心。一个好的习惯可以让孩子终生受用。教育家叶圣陶说："什么是教育？简单一句话，就是要养成良好的习惯。"美国作家杰克·霍吉在《习惯的力量》一书中说："行为变成了习惯，习惯养成了性格，性格决定了命运。"对儿童来说，好的习惯是命运的主宰，是成功的轨道。学习成绩的竞争实际上是学习习惯的比赛。下面，我从家庭角度，谈谈对在小学阶段培养孩子良好学习习惯的一些体会，我把它简单地概括为"四关注"和"三要"。首先说说这"四关注"。

一是关注孩子上课听讲的习惯。孩子是否专心听讲，最直接的方式就是联系老师，从老师那里直接了解情况。我经常问孩子，今天上课学了什么？最有意思的是什么？回答了几个问题？如果孩子什么也回答不出来，那孩子肯定是有问题了。为了帮助孩子养成良好的听课习惯，作业之余让孩子说说语文学的哪一课，对哪些内容感兴趣。数学什么地方容易？什么地方难？久而久之就促进了孩子专心听讲的习惯。

二是关注孩子思考的习惯。孔子说："学而不思则罔。"我认为"提出一个问题比解决一个问题更重要"。如果我们的孩子很少举手回答问题或从来都不问问题的话，那说明他在学习上有一种懒于思考，依赖老师、同学，或者是单纯死记、模仿等习惯。这样的话，孩子则是处在一种被动学习状态。我们应该引导孩子去养成独立思考，善于提问的习惯，让孩子不仅喜欢去问问题，而且也愿意去寻找问题的答案，这对孩子的创造性思维及将来的学习都很重要。

三是关注孩子读书的习惯。苏联教育家苏霍姆林斯基说："让孩子变聪明的办法不是补课，不是增加作业，而是阅读，再阅读"。我从孩子很小的时候就注意培养她的阅读习惯，从漂亮的幼儿画报，到少儿科普读物，随处都有她看的书，甚至蹲厕所的时候也拿一本书看。有时读书比较专注，叫她几声都听不见。加上老师也经常把读一篇小故事、查一点小资料作为课下作业，孩子阅读得兴致就更高了。因为有了良好的阅读习惯，学习变得轻松了，这也为培养孩子的自学能力打下了良好的基础。

四是关注孩子作业的习惯。我们不仅要关注孩子作业完成的质量，而

且要关注孩子作业完成的时间。有不少的家长,包括我自己都有这样一个感觉,只要看见孩子坐在书桌前,就感到高兴,而不管他在干什么。实际上,由于孩子年龄不同、个性不一,每次能够集中精力的时间长短也不一样,做家长的要从实际出发根据作业内容规定作业时间。不要让孩子形成磨磨蹭蹭、不讲效率的习惯。

其次,再谈谈培养孩子良好学习习惯应做到"三要"。

一要有坚定的态度。良好习惯的形成是一个艰难的过程,要持之以恒。特别是孩子已经养成了一些不良习惯的时候,家长坚定的态度就更加重要。美国大作家马克·吐温曾经说过一句挺有意思的话,对纠正孩子的不良习惯有启发意义。他说:"习惯就是习惯,任何人都不能把它从窗口扔出去,只有哄着它从楼梯下去,而且每次只能走一层。"

二要以身作则,言传身教。家长自己在看电视,却让孩子做作业,这不仅容易引起孩子的反感,而且也影响孩子的学习。

三要赏识孩子,要善于发现他们的闪光点。俗话说得好"数子千过,莫如夸子一长",与其让孩子在没完没了的批评中纠缠做错的事,还不如适时的表扬,给孩子的每次进步来鼓掌喝彩!我坚信一个优秀的孩子不是骂出来的,而是夸出来的。

总之,良好学习习惯的形成不是一朝一夕的事,但是,形成良好学习习惯则是孩子一生一世的事。可怜天下父母心!孩子永远是父母心中的希望!愿每一个孩子都能在学习的航道上顺利起飞!

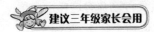建议三年级家长会用

逆中疏 顺中引 伴子健康成长

【活动背景】

不少家长反映,孩子在进入三年级后,突然发生了变化,最明显的就是不听话,你让他往左他要往右,做作业拖拉,有时刷牙、洗脸也得催三四遍,尤其是男孩子,作业粗心、成绩退步、贪玩,一二年级没有的问题似乎一下子全跑出来了,非常让人头疼。其实这是个共性的问题,因为三年级孩子正处于生理和心理上的转折期。了解孩子的转折期特点,掌握一些应对转折期孩子的方法,帮助孩子顺利成长,非常有必要。

【活动目标】

1. 让家长了解孩子转折期发生的变化。

2. 帮助家长有效指导处于转折期的孩子。

【活动准备】

1. 活动课件。

2. 相关资料。

【活动过程】

一、事例互动,交流反思

家长朋友们,在经历了一二年级的学习生活后,孩子的成长变化会让您感到欣喜。现在,我们的孩子升入三年级了,今天家长会的主题就是和大家探讨一下如何对待三年级的孩子。为什么要设立这个主题呢?请大家一起看看下面这位家长遇到的困惑:

"我儿子自从上了三年级以后就特别难管,在课堂上老师要求做的作业经常做不完,老师布置的家庭作业也做得很慢,也不是不会,就是磨蹭,1个小时能做完的,他能做上 3 个小时,每次一说他都跟我吵架,有好几次作业写到晚上 11 点。有一次我因为他写作业慢,实在太生气,就不管他了,他自己一直磨蹭到晚上 12 点才睡觉,让我又心疼又生气。成绩也越来越不好,考试才得七八十分。我看了下他的试卷,很粗心,填空四位数看成三位数,毫米看成厘米。他不想学习或看书时,大人说他也不听,脾气越来越大,特别的逆反,跟青春期的孩子似的,逆反心理特别严重。在一二年级时我儿子的成绩基本上能保持在班里前 10 名,自从上了三年级,成绩退步很快,考不好也不觉得难过,我觉得基本上成了一个问题儿童了,我快急死了。"

这位家长可以说是被孩子的突然变化打击得束手无策了。那么我们的孩子会这样吗?或者有没有孩子已经有这种苗头了呢?每个孩子的发展是存在个体差异的,有的孩子可能还没显现出这些不良现象,有的二年级末便已经表现出来。

三年级是孩子学习习惯、学习态度从可塑性强转向逐渐定型的重要过渡阶段,是自信心、意志力发展的关键期,有人形容这个阶段呈马鞍形,各方面起伏不定,时好时坏,也有人说是爬坡期,需要掌握大量的知识作为后续学习的基础,还有人把孩子的种种表现称为"三年级现象",这些都足以说明这一阶段的重要性及变化性。所以,这一时期的孩子更需要老师和家长关切的眼神、真诚的鼓励和热情的帮助。作为家长,请你一定做个有心人,关注孩子的这些变化,细心发现孩子的不同,我们要做到未雨绸缪,正确引导,以免像前面这位家长一样茫然无措,抓不住最佳教育时机,从而错过孩子成长的关键期。

二、深入剖析,了解孩子

首先,我们要明白孩子的"转"是"转"在哪些方面。孩子从一名儿童成长为少年,这个阶段是身体发育迅速、求知欲望非常旺盛的时期,他们的"转"主要表现在以下七方面。

1. 做事很积极,但毛躁、不持久。他们对事情有强烈的好奇心,什么事都想看个究竟、听个清楚,热情很高,愿意参加集体活动,但是,他真去做了以后又缺少耐心,一件事往往还没做完就没了兴趣,"三分钟热血"现象在这一阶段特别明显。

2. 独立性增强,逐渐有主见,但愿意和人对着干。他认为自己长大了,会主动地自己去尝试、去发现,不喜欢听家长、老师的"唠唠叨叨",喜欢顶嘴,

有时即便哼哼哈哈地答应，也大多不会按部就班的按照大人的话去做，甚至当成"耳旁风"。但此时，他们并不真的懂得自己的真实力量有多大，有时候爱逞能，易出意外事件。

3. 受到批评不生气，但也记不住教训。由于他们的想法、行为多变好动，所以去什么地方都不稳当，随便翻弄别人的物品，随意打断别人的谈话，为此，会常常受到指责和批评。但是，大多数情况下，这种批评只在当时或短时间内起作用，孩子不会生气，而且不一会儿就会故态复萌，俗语中的"二皮脸"多是指这一阶段的孩子。

4. 情感发展由易变性向稳定性过渡。从情感外露、浅显不自觉向内控、深刻、自觉发展。孩子这时候不愿意将自己的小秘密与大人分享，自尊心逐渐增强，并开始用写日记、与自己的小伙伴交流等形式来替代与父母的交流。

5. 初步懂得趋利避害。感觉对自己有利的事就做，不利的事就躲避，是道德观念形成过程中的一个重要时期。他们与同学吵架后，会有意识地回避对自己不利的一面，只挑对自己有利的话说，这个特点比一二年级故意说没有作业，想出去玩的表现还不好，此时他的动机是有准备、带有恶意的，比较复杂。所以，我们在处理孩子发生的纠纷时，一定要听双方的意见，必要时还要进行调查，然后做出正确的判断。

6. 对英雄人物迷恋，开始追星。除了模仿动画片中的英雄人物之外，影视明星、体育明星、歌舞明星等都会成为他们崇拜的对象，特别是对一些力量型的英雄更是达到入迷的程度。这时候的孩子反而对一二年级时的长大想当科学家的理想失去兴趣，对班级上学习优秀的学生也不再像以前那样关注。

7. 思维方式由形象思维向抽象思维过渡，压力感大。三年级的孩子已经表现出创造力的倾向，具备一定的观察能力，简单的推理能力，这时候是一些重要的学习方法开始形成的时期。而此时，由于所学知识内容广泛、课程变难，又新增不少学科，所以压力感也相当明显。他们的成绩很容易忽高忽低，而且由于对不同学科的学习动机出现差别，所以偏科现象也开始出现。

三、针对变化，因材施教

以上这些变化是三年级孩子普遍容易出现的现象，我们家长一定要做到心中有数。接下来，我们就总结一下孩子们容易产生的一些共性问题，看看家长应当如何有针对性地进行教育。

1. 易自信或自卑；鼓励夸奖为主，并注意方法

三年级是形成自信心的关键期。别人的评价对他们的影响很大。如果评价是积极正面的，他会发现自身的价值，产生兴奋感、自豪感，对自己充满信心。有的甚至还表现出强烈的自我确定、自我主张，对自己评价偏高，甚至有时"目空一切"，导致自负的心理。相反，当经常受到大人的指责、批评，或由于成绩不良或某个方面的缺失受到班级同学的歧视时，往往对自己评价过低，对自己失去信心，时间长了产生自卑心理。

建议：一是夸奖有度。对自负的孩子适当减少夸奖次数，并给他制造恰当的难题，在挫折中发现自己的不足，学会谦虚；而对自信心不足的孩子则要常常夸，哪怕一点小的进步也进行表扬，让他看到自己的优点、长处，增强自信心。二是表扬和鼓励也要注意方式方法，应该多精神的、少物质的，尽量不要用钱去"贿赂"孩子。三是和孩子一起经常回忆一二年级取得的成绩和不足，让孩子对自己有一个客观合理的评价。

2. 情绪不稳定；加强沟通、交流和引导

由于生活经验不足，他们在日常生活、学习中，在探索外界未知领域时，会经常处于陌生、严肃、冲突、恐怖、约束、遭受指责等环境中，特别容易产生紧张的情绪，由于自我调节能力比较差，难以释放心理压力，就容易使他们的心情变坏。他们很喜欢与小伙伴一起共同游戏、学习，但容易激动、冲动，常为一点小事争得面红耳赤，你不让我我不让你，情绪变化极大，并且表露在外，心情的好坏大多数从脸上一望便知。

建议：一是加强沟通，经常和孩子聊天或书面交流，引导孩子"说"出来，使孩子的情绪有宣泄的途径，了解孩子情绪发生变化的原因，及时和老师沟通，从侧面协助孩子解决问题。二是培养孩子换位思考、与人合作的能力，比如，经常让孩子填空：如果我是他，我会怎么想；如果我是他，我需要的是……；如果我是他，我不希望……还可以在家庭中开展家务劳动比拼活动，增强合作意识。

3. 意志薄弱；帮孩子确立易于实现的短期目标

学习活动的巨大变化使不少学生的学习方式不能适应新的学习任务的要求，在学习中碰到许多困难，影响他们的学习效果。如果这些困难产生累积效应，孩子便会受到严重的心理创伤，他们会偏向于悲观地评价自己的能力，降低对自己的期望，产生畏难情绪。当这种情绪泛化时，孩子的意志力就

会受到影响,一遇到困难就会倾向于放弃完成任务。

建议:一是给孩子树立明确具体的目标。这个目标最好是一两周内通过孩子努力就可达到的。在过程中,要经常关心和询问学习情况,对他们所取得的每一个进步表示祝贺。一个目标达成后,再制定一个新的目标。二是经常和孩子一起参加体能训练,比如比赛爬山、游泳、下棋等,培养孩子坚强、不服输的意志品质。

4. 自控力不强;培养良好生活、学习习惯

三年级孩子的学习自觉性和主动性有所增强,但却不能持久保持,如果家长和老师的管理稍有松懈,就会无法自制,把学习抛至脑后,从而导致学习成绩急速下滑。而且随着年龄的增长,可探索的外部空间领域越来越广,不愿意待在家里,玩起来没有时间概念,再加上电脑游戏,动画、武打电视等对孩子极大的诱惑,有些学生自控力较差,沉溺其中不能自拔,严重影响了学习。

建议:一是通过和孩子共同制定作息时间表让孩子明白哪个时间段具体应该干什么,并及时提醒孩子,让他养成遵守作息时间的好习惯。二是注意经常帮助孩子排除干扰,比如给孩子创设良好的学习环境、学习氛围,在孩子学习期间心无旁骛。三是引导孩子形成良好的兴趣、习惯,多接触积极向上的小伙伴,多参加有益于身心健康的集体活动等。

5. 厌学;培养多种兴趣,开阔视野,掌握学习方法

厌学可以说是可能贯穿于整个学龄期的心理问题。在三年级阶段,除了那些以前积存下来的厌学心理以外,失落感、压力感也是孩子产生厌学心理的重要原因。有的孩子在低年级阶段的学习成绩一直保持比较优秀的状态,但此时,由于学习内容的增多和学习难度的增大,他们的学业分数降低了,很难再看到那可爱的红勾勾和令人自豪的100分了,这种状况使自尊心很强的学生比一般的学生更沮丧,产生强烈的失落感,对学习失去信心;有的孩子比较聪明,在一二年级不用太用功也能取得较好的成绩,而此时,课程增多、学习过程的组织性、认知过程的严谨性更强了,好成绩必须靠努力才能取得,压力大增,从而引发厌学情绪,甚至是逃学行为。

建议:一是正确认识和评价学习内容。我们可以通过分析比较学科的差异来让孩子充分认识学习任务和过程的特点,可以通过对新学科的解读来使孩子以平和的心态对待可能出现的成绩波动,还可以通过寻找相同点

来寻找学习活动的承继性，扬长避短，避免无所适从的焦虑情绪。二是掌握科学的学习方法。辅导孩子的时候，不要将答案完全告诉孩子，要有意识地将题目分成几个步骤进行，降低难度，让孩子自己探索新的、更有效的解决方法，及时肯定他的成功，让他产生满足感，这样伴随着孩子愉快的情绪体验，他会产生进一步学习的愿望。三是读万卷书行万里路。家长陪孩子一起阅读书籍，一起走进大自然、社会实践场所，拓宽孩子的视野，使孩子在潜移默化中自觉地融会贯通到学习中。

6. 逆反：信任孩子，鼓励孩子参与家庭事务

逆反是坚持一种与他人愿望、意见相违背的心理状态，是个体独立性开始发展的一种表现。此时的孩子，会出现一种强烈要求独立和摆脱成人控制的欲望。他们的认知能力虽然有所发展，但毕竟还是有限，因此常会支持一些表面的事实或固执地认为自己的想法或行为是正确的，有时还会由于晕轮效应，认为某一个老师或家长不管做什么都是不对的，是与自己过不去，因而采取反其道而行的态度。有的特别希望家长、老师把他们当大孩子看，不愿意家长插手自己的事，在这种需要得不到满足时产生逆反心理。另外，此时的父母对孩子的要求从"听话"标准上升为"学习好，能力强"，对他们的照顾和关注有所减少，沟通被忽略，矛盾和代沟开始出现。因而当孩子的逆反心理得不到及时矫正时，可能发展成为逆反习惯，即不假思索地与别人唱反调。

建议：一是创设和谐的家庭氛围，经常召开家庭生活会。父母在决定一些家庭事务时，鼓励孩子参与进来，并且以身作则，尊重孩子；不搞"一言堂"，特别是面对一些对孩子来说很重要的事情时，更要鼓励孩子表达自己的意愿，多听孩子的想法，然后大家商量决定。二是信任孩子，不要让孩子觉得你在监督他。对学习生活中的日常小事，可以完全放手让孩子自己去处理，"吃一堑长一智"，一定不要有不放心、怕孩子吃亏的心理。即便有时做错事，也要耐心的和孩子探讨，让他明白错在哪里，如何补救，并且给孩子改正的机会。这样才能让孩子在温暖、和睦、宽松的环境中变得乐观、积极、开朗，善于理解他人。

最后，家长们还要牢记，世界上没有两片完全一样的树叶，每个孩子都有自己独特的个性，转折期的过渡也绝不会千篇一律。有的孩子相对稳定或经大人有的放矢的疏导，经过这段时期后自信心会增强，理解能力、思维能

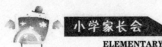

力和人际交往能力明显提高,学习上也会实现一个新的飞跃;也有一些孩子走向了另一个极端,厌学、逆反、不自信等不良现象屡屡发生,直至影响了以后的发展。

四、应特别注意的几个问题

1. 言传身教,伴子成长

孩子不仅是家长生命的延续,更是家长言行的镜子。马克思说过:"你可以用各种行之有效的方法去影响孩子,可最好的方式还是你的行动。"因此,我们要求孩子做到的事情,自己首先要做到;教育孩子不能做的事情,自己首先不能做。同时,要多看书,学一点教育学和心理学知识,指导自己的家庭教育。中央电视台有一则很好的公益广告:一个小男孩看到忙碌了一天的妈妈还帮奶奶打洗脚水,自己也摇摇晃晃地给妈妈打来洗脚水。家长的良好行为成为无声的命令在孩子身上产生了正面效应。正所谓"桃李不言,下自成蹊"!

2. 选择语言,禁用忌语

在教育孩子时,态度要诚恳、情感要真挚、语言要文明,千万不能语言粗俗、出口伤人,要防止有伤自尊的批评。比如:"你真笨!""这么容易的题目都做错了,你的脑子是干什么用的?""干吗要为灾区捐款,傻瓜!"还要学会克制冲动,在怒气冲冲要发脾气时,"出口转内销",等情绪稳定下来,再与孩子进行沟通,这样孩子在接受父母意见时自然就会容易得多。

3. 注重实效,摒弃"餐桌批评"

不管孩子犯什么错误,家长都不应该在吃饭的时候批评孩子。孩子吃饭本来是一件很开心的事情,可是家长一发火,一顿批评,影响了孩子吃饭的心情,影响食欲,久而久之就会厌食,影响身体健康。再有,孩子还小,如果在饭桌上都没有了踏实的感觉,就会跟父母的沟通越来越少,家长的批评不但收不到应有的效果,反而会引起孩子的反感。

五、家长会总结

家长朋友们,"家有少年初长成",三年级是两极分化的开始,我们家长要做的,就是和老师密切配合,抓住这关键的一年,陪孩子顺利度过这个转折期,为孩子以后的学习、生活奠定良好的基础。

（芝罘区青年路小学　姜爱梅）

【相关链接】

一、写给女儿的信

昕兰：

妈妈思量了许久，最终还是决定给你写封信，因为现在你正处在对你的学习和今后生活非常重要的三年级的转折期。我们十分关注这个时期你的一点一滴的表现。

记得你也曾问过我，为什么三年级就这么重要呢？为什么妈妈突然就对你特别严格起来了呢？你知道吗？三年级的你，已不再像一二年级那样，对待学习充满新鲜感了，反而有些不喜欢学习，不喜欢做作业呢；三年级的学习任务也不再像一二年级那样轻松简单了，很多数学问题要多动动脑筋才能解决的；三年级的你更加的独立有主见，很多事情都有自己的判断和认识，也很难再听进去妈妈的一些建议。

三年级是我们学习阶段很重要的一个转折期，这个时期正是你很多好的习惯和品质养成的关键时期。这个时期你爱上了学习，今后你就会永远是个爱学习的人；这个时期你学会了做事认真仔细，那么将来你就会很少犯粗心大意的错；这个时期你学会了凡事都为对方想想，多听听他人的意见，那么今后你身边就会有很多的朋友。

无论是在爸爸妈妈的眼里，还是在学校老师和同学的眼里，你都是一个性格开朗、大方外向、自信活跃的女孩，这些都是一些特别好的品质，需要你保持和继续发扬。然而还有一些品质对于我们而言，也同样的重要和不可缺失，那就是踏实、认真和有责任心。我们每个人都有应该担当起来的责任。婆婆爷爷负责家里的生活，照顾我们一家人的饮食和接你放学；爸爸妈妈要负责上班挣钱，养活我们一家人，同时妈妈还有责任帮助你学习和健康的成长；而你目前主要的责任就是认真学习，好好掌握老师教给你们的知识。如果我们每个人不能把自己的责任履行好的话，那势必会给其他人带来不好的影响，甚至把压力传递给别人。比如前段时间婆婆生病了，全家人都很忙碌，我们的饭菜质量也下降了，每天吃的很简单，这个你应该深有体会。

最近，由于你没能认真做好学习上的事，给妈妈、爸爸也带来了影响。你

想想，妈妈辛苦工作了一天，回到家里看到你作业做得那么不认真，该是多么地生气。妈妈得花精力和时间来帮助你，这样你和妈妈都没有了玩耍和休息的时间。这也是为何最近妈妈老是爱发脾气和不开心的主要原因。

昕兰，你知道的，学习是你自己的事情。如果你不能认真对待，妈妈是没有办法代替你来学习的。我知道你现在也很努力地在改正，妈妈爸爸和老师都相信你，相信你能够克服这些缺点。在做作业的时候，认真仔细地读题，把每一个字都写好、写整齐，因为从作业和书写上，能体现出你是否认真在对待。

关于你的兴趣班，我知道你一直很喜欢古筝和乒乓球，我也和爸爸认真地交流过了。目前我们先调整一下兴趣班的安排，看看能否让你在学习习惯的养成方面有所改变，爸爸也同意让你继续打球。现在你要做的就是好好调整一下自己的学习习惯，陈老师说过，一个好习惯的养成只需要 21 天，我们现在开始，一切都不算晚。

加油！我的昕兰，妈妈相信你！我们一起来努力！

爱你的妈妈

2014.10.31 下午 3 时

二、情绪健康的标志

1. 开朗、豁达，遇事不斤斤计较。

2. 及时、准确、适当地表达自己的主观感受。

3. 情绪正常、稳定，能承受欢乐与痛苦的考验。

4. 充满爱心和同情心，乐于助人，准确认识自己和他人，人际关系良好。

5. 对前途充满信心，富有朝气，勇于进取，坚韧不拔。

6. 善于寻找欢乐，创造快乐。

7. 能面对现实、承认现实和接受现实，善于把个人需要与他人需要、社会需要协调起来。

三、这五种情况下不要批评孩子

　　美国心理医生、博士马文·西尔沃曼提醒我们，在五种情况下不应该对孩子进行批评。这五种情况分别是：

　　1. 当孩子同你讨论某种个人问题的时候。

　　2. 当孩子看上去非常激动而又没有说到底是怎么回事的时候。

　　3. 当孩子为某件事而兴高采烈的时候。

　　4. 当孩子需要人帮助他作出决定的时候。

　　5. 当父母想让孩子解释或同自己讨论某件事情的时候。

家长有智慧　孩子早自立

【活动背景】

　　独生子女家庭容易出现对孩子过分保护、娇宠溺爱、事事代劳等现象，从小在这样的环境中成长的孩子，以自我为中心，习惯于把自己的责任都推给父母，推给他人，久而久之，势必会淡化对自己、对家庭、对社会所应负的责任，也就谈不上自理自立。培养孩子的自理自立能力是每位学生家长和老师的当务之急。

【活动目标】

　　1. 提高家长对培养孩子自理自立能力重要性的认识。

　　2. 让家长了解学校培养孩子自理自立能力的做法。

　　3. 指导家长掌握一些培养孩子自理自立能力的方法。

【活动准备】

　　1. 教师准备：多媒体课件。

　　2. 家长准备：学生自理自立情况调查问卷。

【活动过程】

一、图片导入，呈现主题

　　尊敬的各位家长，大家下午好！很高兴今天能有机会和大家一起探讨孩子成长和教育方面的问题。首先让我们看几张拍自校园的照片。

　　这两名三年级的学生，放学后家长顺手将书包接过来，背在了自己肩上；这个小男孩鞋带松开了，老师提醒他系上，他却因为不会系，匆忙将鞋带塞进鞋里；这个小男孩的文具、书本总是散落在桌面上，每当老师布置任务，都要收拾好长时间；这个五年级的孩子，看到他手里拿的塑料袋，您一定认为这是一个爱劳动的孩子,他在帮班级收拾垃圾呢,可是您知道吗,这四袋垃圾的主人是他自己,书包、桌洞里塞得满满的,班主任责令他今天放学务必收拾干净。

我们学校的失物招领处总是有层出不穷的衣物,大队部通过各种方式找学生认领,总是有大量的衣物无人认领。

看完图片,哪位家长谈一下自己的看法?您的孩子有哪些不自理自立的行为?家长交流。

孩子自理自立的能力差,对生活有哪些影响呢?请看视频(播放视频:神童硕博连读时生活不能自理被退学)。

二、家长交流,提出疑惑

不能自理自立,改变了这个孩子的人生轨迹。培养孩子自理自立,需要家长更多的智慧。前几天我们做过一个孩子自理自立情况的调查问卷,今天我们来交流一下。我们在培养孩子自理自立的过程中遇到过哪些困难?都有哪些疑惑?

汇总家长发言。

三、方法引领,解决问题

为了帮孩子们更好地成长,我们家长需要掌握科学的家庭教育方法。接下来让我们一起来观看一段微课(播放微课:小学各年级学生的心理特点),看是否能从中获得启示。

结合心理专家给出的这一阶段孩子的特点以及教育策略,让我们一起来分析家长提出的疑惑,群策群力,找到解决的方法。

让孩子做家务是帮助孩子成长的好机会,它不仅可以提高孩子做事的能力,更能培养孩子的责任心。父母在培养孩子做家务的习惯时,说教的语气往往会引起孩子的反感,怎样才能让孩子"自主自发"地去做?大家讨论一下吧。

当家长交流鼓励孩子的做法时,教师在大屏幕展示好点子:少些指责,多些鼓励。并请家长进一步交流鼓励孩子做家务的方法。

怎样才能让孩子顺利地学会做家务呢?我们家长有哪些好方法?请大家交流。

结合家长的交流,教师在大屏幕展示好点子:少些说教,多些示范。并请家长谈一谈自己的孩子在家里还做过哪些家务。

在交流的过程中,很多家长都提到这样一个问题:不是孩子不能做家务,而是家长不愿意放手。其实在座的家长,我们都有这样的体会,就是当我们平时乘坐公共汽车的时候,总是记不住什么地方车该靠站,什么地方该拐弯,可是司机师傅全都知道。为什么司机知道?因为司机有责任把每位乘客送到他应去的地点。那我们想一想,为什么我们让孩子在自己的人生旅途上仅仅就做一名乘客,而不是自己把握方向盘呢?孩子的改变不是一朝一夕促成的,但我们可以从今天开始,将孩子对自己负责的权利,交还给孩子。

我们可以想象一下,如果现在我们把家庭的担子交给孩子,他会做出怎样的反映?让我们来看这样一段视频(最美孝心少年赵文龙事迹)。

仅仅十三岁的赵文龙,自理自立,乐观向上,孝心令人感动。令人感叹的是他对妈妈对家庭的付出并没有影响他的学习,他的成绩有望冲击北大清华,而他的愿望是考军校,因为可以补贴学费,省下的钱可以给妈妈治病。多懂事的孩子啊!逆境出人才,经过挫折和千锤百炼成长起来的孩子才更具生存竞争力。那么,在顺境中长大的孩子,我们家长应该给他们些什么?我们的孩子不是做不到,而是家长不舍得放手。爱孩子,就要舍得用孩子,让我们少一些溺爱,少一些包办,放手让孩子去尝试、去体验、去锻炼(教师在大屏幕上展示好点子:少些包办,多些锻炼),孩子就有了生存的本领,将来就能独自应对生活的压力和挑战。

四、家校联手,共促成长

学校和班级一直非常重视学生自理自立能力的培养,在培养孩子自理自立方面做了很多有益的尝试。

微课展示学校开展的活动。

一年级新生不用家长陪伴,有序进校门,是新生入学自理自立的第一课。

学生在餐厅就餐后,收拾自己所在餐桌的餐盘,擦桌子将饭后剩余物倒入残食桶里,餐具送放到回收处,自己的事情自己做,养成文明用餐的习惯。

倡导学生参与家务劳动。通过打扫房间、买菜、做饭、洗衣服等家务劳动去体验父母平日的辛苦,以实际行动回报亲人的关爱。

学校组织了生活技能大赛,通过剥蒜皮、叠被子、叠衣服、整理书包、发型设计、水果拼盘等比赛,锻炼学生的生活能力,培养学生自理自立的生活习惯。

跳蚤市场、爱心义卖,让学生从自主管理个人财物到爱心奉献,帮助孩子们强化了"关心帮助他人"的美德,提高了社会实践能力。

在端午节前邀请家长到校教孩子包粽子,给了孩子自己动手制作美食的机会,让孩子们得到了很好的锻炼。当天将粽子加工好之后,学校安排教师和学生代表将粽子送给了福利院的孤寡老人,孩子们体验到了奉献爱心的快乐。

视频展示班级开展的活动。

1. 快速收拾书包:为了解决部分学生放学拖拉的问题,我训练学生,当听到放学铃声时,要快速收拾书包,做到桌面、桌洞、桌下干净,椅子推到桌子下面,快速到教室门口站队,现在学生站队做到了"快、静、齐",培养了孩子们做事麻利的好习惯。

2. 自带抹布擦桌面:要求学生自带抹布,桌子脏了,随时擦干净,组长负责检查,对于桌面不干净的同学给予警告,并监督其擦干净,培养了孩子们搞好个人卫生的好习惯。

3. 课间操和中午放学时间,要学生做到桌面不留一张纸,桌子整齐,椅子推到桌子下面,由专人负责监督,对于桌子上有东西的,要把东西收拾到椅子上,并做好记录汇报给老师,培养了孩子们做事有始有终的好习惯。

4. 实行班级岗位责任制,小干部每天按部就班到位,各负其责,工作协调有序。教室事事有人管,日光灯、风扇、窗帘等,都有专人负责,大家齐心协力管理班级,培养了孩子们的责任感。

孩子们好习惯的培养也得益于各位家长的大力配合,在此对大家表示感谢。孩子自理自立能力的培养,既是学校和家庭的责任,也是孩子一生受益的基础。希望我们能携起手来,为了一个共同的目标,各尽其责,各尽所能。

(芝罘区鼎城小学 崔婕)

【相关链接】

学生自理自立情况调查问卷

班级：_____ 学生姓名：_____

尊敬的家长朋友：

为了进一步了解学生自理自立的情况,探索培养孩子自理自立能力的科学而有效的方法,我们制定了本次问卷,请您在百忙之中完成问卷,感谢您的参与,为了孩子的健康成长,让我们不断努力!

1. 在培养孩子自理自立的能力方面,您遇到过什么问题? 存在哪些疑惑?

2. 在培养孩子自理自立的能力方面,您有哪些好方法、好点子?

3. 您的孩子每天都能做家务吗? 他(她)能参与哪些家务劳动?

4. 在自理自立方面孩子在家和在校的表现是否一致?

小学各年级学生的心理特点

一年级（6—7周岁）

特别信任老师,相信老师的话,尊重老师的行为和评价;没有相应的劳动习惯,对其父母的依赖性很强;注意力不集中,情绪变化无常,容易疲倦;行为动摇不定,不善于控制,容易冲动和特别敏感;有当好学生的愿望,只是不熟悉学校的生活,不了解学校常规,常会无意中做错事。他们好奇、好动、喜欢模仿,并且有直观、具体、形象等思维特点。

二年级（7—8周岁）

在上课听讲、完成作业、遵守公共秩序、尊敬师长、简单的自我服务性劳动等方面有了一定的基础,但从总体上说,对常规的认识不深刻,动作不到位,行为不规范。开始有了自我控制的能力,好表现自己,竞争意识和上进心有所发展,能树立近期的奋斗目标,都想争取成为好学生。好奇、好动、好模仿,思维的直观性、具体性、形象性仍然是其共同的特点。

三年级（8—9周岁）

感情容易激起和爆发，不善于控制，不考虑行为后果，虽已能从事需要一定意志支配的工作，但意志还很薄弱，自觉性、主动性、持久性都较差，遇到困难和挫折，往往产生动摇。自我意识逐渐发展，逐渐学会道德原则的评价标准，评价能力开始发展起来，往往是提出自己的见解，但不善于全面地评价一个人的行为表现。道德感、正义感开始萌芽，但道德认识水平仍较低，辨别是非的能力也不强，很容易受到外界的影响。

四年级（9—10周岁）

独立意识开始增强，已经不满足于单纯地听老师的话，也不满足于接受课堂教学。同学之间在学习上出现了较明显的差距，兴趣爱好也有所分化。愿意参加集体活动，也逐步树立起集体荣誉感，并有了广泛交友的愿望。看问题仍然比较幼稚，对复杂的是非常分辨不清，对日常生活的基本准则虽然知道，但往往不能自觉执行，自控能力较差。

五年级（10—11周岁）

能认识和掌握一定的道理观念，对社会现象开始关注，开始有独立见解，但极易受外界影响。感情开始不轻易外露。开始以一定的道德标准来评价人、事或社会现象，但仍有片面性。求知的欲望和能力、好奇心都有所增强，对新鲜事物开始思考、追求、探索。自我意识有所发展，自尊心进一步增强，自主性要求日趋强烈，但仍然缺乏自我约束的能力。

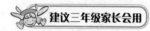
建议三年级家长会用

家长放手 孩子自立

【活动背景】

当前,多数小学生都是独生子女,是家中的"小皇帝""小太阳",从小娇生惯养。每天放学时,学校门口都挤满了接孩子的家长。轮到孩子值日时,不少家长会不辞辛苦地代替孩子扫地拖地。在日常生活中,孩子们力所能及的家务活也不让孩子干,只要孩子把学习成绩搞上去。孩子们衣来伸手,饭来张口,这种情况大大滋长了孩子们的依赖性和依附性。因此培养学生的生活能力便成为素质教育的一个重要内容。小学生生活能力的形成,有助于培养小学生的责任感、自信心以及自己处理问题的能力,对小学生今后的生活也会产生深远的影响。

【活动目标】

1. 让家长明确教育孩子自理自立的重要意义。

2. 通过问卷调查、讨论交流,让家长查找自身问题。

3. 让家长学会培养孩子自理自立能力的教育方法。

【活动准备】

1. 活动课件。

2. 调查问卷。

3. 有关资料。

【活动过程】

一、展示案例,引发思考

各位家长朋友们,大家好!首先请允许我代表学校以及所有任课老师向你们的到来表示热烈的欢迎和衷心的感谢!感谢您从百忙之中来参加本次家长会,感谢你们一直以来对我校教育工作以及我们班级工作的大力支持!

今天家长会的主题是"家长放手,孩子自立"。

首先,我想给大家讲几个动物的故事。

故事1:老鹰第一次教小鹰飞翔的办法是把小鹰带到一个不算太高的悬崖边,然后把它踹出去;第二次把小鹰带到稍高的悬崖边,踹出去,一直到把小鹰训练得能在高空中自由地翱翔。

故事2:小狮子长大后,母狮子就专门培养它的狩猎能力。母狮子带领小狮子来到小动物出没的地方,当它发现猎物时,母狮子让小狮子去追赶,如果小狮子没有捕到猎物,精疲力竭地回来,母狮子上去就又抓又咬,逼着小狮子再去追赶,直到小狮子捕到猎物为止。

故事3:草原上的羚羊,特别注重训练小羚羊的奔跑能力,因为它们知道,当敌人来的时候,它们除了飞快地逃走以外,没有别的办法和对方较量,它们没有攻击能力,只有快速逃掉。如果小羚羊不能练就一身善跑的本领,就必然成为食肉动物的美餐。

在动物世界,不论是食肉的,还是食草的,不论是天上飞的,还是水里游的,它们都十分重视培养下一代的生存能力。因为这是动物能够生存、能繁衍后代的唯一途径。

动物尚且如此,作为万物之灵的人类,就更不用说了。现今多数都是独生子女家庭,面对人才竞争十分激烈的社会,每一位家长的责任是什么?当然也是培养孩子的生存能力、竞争能力。现代家庭教育专家董进宇博士说:教育孩子的目的,不只是为了上大学,而是培养真正的人。要把孩子培养成真正的人,就应从小培养他们的独立意识和自立能力。

但是在现实生活中,很多人并没有做到。

案例1:一个朋友的孩子今年七岁了,吃饭的时候,孩子就双手一背,头往前一伸,等候家长一口菜一口饭地往嘴里送。

案例2:有位女孩,父母对她的期望值很高,为了让她把学习搞好,从小学到高中,什么事都是父母包办代替,饭来张口,衣来伸手。这个女孩很听父母的话,学习成绩也很优秀。1998年,她考上了北京一所名牌大学。到学校报到的第一天晚上就给千里之外的母亲打电话求援:"妈妈,这里蚊子很多怎么睡啊?"妈妈说:"你不是带蚊帐了吗?""可妈妈,我不会撑蚊帐

啊。"这个女孩这一夜怎么过的,我们不得而知。

案例 3:四川省仪陇县,有个叫彭辉的孩子,在中学上学期间学习成绩总是全校第一,父母望子成龙心切,在家里什么也不让他干,他生活的自理能力很差。1993 年,16 岁的彭辉以 603 分的成绩考入清华大学,成为全县十年来第一个敲开清华大学门的人。家长高兴程度不言而喻。可是当彭辉迈进清华的大门后,他的生活完全不能自理,内心十分痛苦。不久,他就不顾学校和家长的劝阻,休学回到了仪陇。1994 年 8 月 21 日,彭辉收到清华大学发来的电报,要求他做好复课的准备。这时候,彭辉的思想负担加重。一天午饭后,他从四楼跳下去,结束了自己的生命。

以上这些例子,我们听了心里沉甸甸的,也令我们反思。

设计意图:讲解案例,让家长对比反思,明白过度包办是造成孩子低能的主要原因,用自己的思维代替孩子的思考,使孩子产生了心理依赖和惰性思维。

二、问卷调查,梳理问题

爱子之心,舐犊之情,是人类最美好的感情,哪个父母不爱自己的孩子?哪个爷爷奶奶不爱自己的孙子?但是怎样爱,什么是真正的爱?怎么把握这个爱的度,并不是每个家长都能说清楚的。家长会在无意中忽视了培养孩子的独立意识和自立能力。

1. 课件展示调查问卷(孩子提前带回家让家长已经做完)。

2. 针对问卷内容与家长进行交流。

3. 家长针对问卷查找自身的问题。

4. 教师小结:从调查问卷中,我们不难发现家庭教育存在以下几方面问题:

(1)怕累着孩子,怕孩子做不好,自己重新再做太麻烦,因而不让孩子做一些力所能及的事。

(2)吃饭、穿衣等生活技能不用练,等孩子长大了自然就会了。

(3)考虑到孩子还小,不懂事,能做的事情不多,能做好的事情更是少之又少,等到孩子大一些了再开始培养孩子的独立自主能力就好。

(4)对孩子过于溺爱,尤其是爷爷奶奶带大的孩子,更是从小就像小公主、小皇帝一样被捧在手心里。睡觉怕他着凉,吃饭怕他噎着……出去玩了也常是"保姆"兼"保镖",擦鼻涕、整衣服,走路寸步不离,生怕孩子跌了。

（5）学习成绩很重要，要抓紧时间学习，不准看电视，不做任何家务活，不准与伙伴们玩耍。

（6）爬山、郊游都很危险，所以尽量不准孩子参加此类活动。

（7）父母教育孩子，爷爷奶奶当面干涉，孩子有恃无恐，起不到教育效果。

（8）孩子学做事时不能鼓励、肯定，简单粗暴、缺乏耐心。

相信朋友们已经发现生活中有很多这样的事例，也许我们意识不到这些举动原本是错误的行为，而恰恰是这些习惯性的生活细节，导致了孩子自幼便缺乏独立自主能力的锻炼机会。所以说，家庭教育就是孩子生命成长的教育，就是让孩子们萌生会学习、善于学习，会生活、善于生活，会相处、善于相处的意识，并乐于去实践和探究。家庭教育，就是对"根"的教育，"心灵"的教育，只有"根壮""心灵好"，状态好，才能"枝粗叶肥"，这恰是"庄稼养根，育人养心"啊！

设计意图：通过问卷调查，让家长畅所欲言，谈出心中所想、所做。在自己发言和听别人发言的过程中，有所自省。让其他家长做自己的镜子，照射出自己做法的不足，互相取长补短，明确今后努力的方向。

三、合理建议，明确方向

通过平时的观察，我发现咱们班有不少同学还是具有一定自理能力的，这些同学的家长肯定有自己的一套好做法，下面我们来大家共享好经验。（请2—3位家长谈一谈培养孩子自理能力的好做法）

听了几位家长的交流，相信各位家长都有所感触。对于培养孩子的自理能力，我们家长应该怎样做呢？不同的孩子，不同的家长，可以有许多不同的做法，但是有几点是得到大家公认的。

（一）要从学做家务开始

在训练孩子的自理自立能力的时候，除了训练孩子自己管理自己的日常生活以外，还要特别训练孩子学做家务。如让孩子洗碗，洗袜子，买馒头等。我们在吩咐孩子做家务时要有耐心，孩子主动帮助做家务应得到鼓励。同时，对孩子提出切合实际的要求并做具体的技术性指导，即使是洗袜子、洗碗碟或收拾房屋也要注意这一点。当孩子不愿意去做吩咐的事情时，我们要讲明道理，必要时和他一起做，如收拾书桌，把本子、书、辅导资料等分类放，把具体要求说明白，态度坚决地要求孩子完成，千万不要唠唠叨叨地说

个不停。

（二）家长要适度"心狠"

在发达国家的家庭里，父母都普遍重视从小培养孩子的独立意识和自立能力。之所以如此，是因为发达的市场经济社会要求孩子们必须具备这种能力和精神。有了这种能力，孩子长大后才能自立。

在美国，家庭教育是以培养孩子开拓精神，能够成为自食其力的人为出发点的。父母从孩子小时候就让他们认识劳动的价值，让孩子自己修理摩托车，到外面参加劳动。即使是富家子弟，18岁后也要出外谋生。美国的中学生有句口号：要花钱自己挣。

在日本，在孩子很小的时候，大人就给她一种思想，不给别人添麻烦。并在生活中注意培养孩子的自理能力和自强精神。全家人外出旅行，不论多么小的孩子，都要无一例外地背一个小背包。要问为什么？父母说："这是他们自己的东西应该自己来背。"上学后，许多学生要在业余时间参加劳动挣钱。

美国富豪洛克菲勒子女的零用钱少得可怜。富豪洛克菲勒家账本扉页上印着孩子零用钱的规定：7—8岁每周30美分；11—12周岁每周1美元；12岁以上每周3美元。零用钱每周发放一次，要求子女记清每笔支出的用途，待下次领钱时交父亲检查。洛克菲勒认为："过多的财富会给子女带来灾难"。

当然，在我们身边，也有这样"心狠"的家长。一位腿有残疾的女孩在雨中摔倒了，站在身边的母亲硬是让泪水在眼眶里打转转，却没有上前扶孩子一把，有人斥责这位母亲太狠心。这位母亲却说："我可以扶孩子一次，扶孩子一程，但我不能扶孩子一生，最终的路还要孩子自己走。"这实在是一位明智的妈妈。

现在的孩子都是独生子女，在家都是小宝贝。为了培养孩子的自立能力，我们所有的家庭成员还要做到统一思想，不能让孩子在自己家时自己的事情自己做，到爷爷家、姥姥家又变成了小皇帝、小公主。在做这些时我们大人一定要狠下心来，不要看到孩子可怜，就伸手去帮他，要不，我们的努力又会前功尽弃。明明在家中同一辈人中是唯一的男性，假期要到姑妈、爷爷家住一段时间，在姑妈家他是洗碗工，在爷爷家他是清扫工，正因为家长狠下心来，孩子的自立意识增强了。

（三）减少对父母的依赖性

专家指出，依赖是情感的需要，每个人都有不同程度的依赖心理，孩子们由于阅历浅、经验少，遇到问题往往不知所措，因此有一定的依赖心理是正常的。但是过分依赖的心理是有害的。具有过分依赖性的孩子往往表现出无主见，经常产生无助感，会严重影响他们的成长。

为什么有的孩子会形成对父母过分的依赖心理呢？这往往与家长的过分保护有关。因此，改掉孩子依赖性强的毛病首先要从改变家长开始。家长不要让孩子受到特殊待遇；不去过分关注孩子的表现，避免当众滔滔不绝地夸耀孩子；对孩子的物质享受方面的要求不要轻易满足；孩子身体稍微不适不要惊慌失措；不要事事包办，当面袒护等等。

家长要鼓励孩子自己去寻找独立锻炼的机会。鼓励他们积极参加学校组织的活动，积极参加社会实践活动，使自己有机会独立面对问题，促使自己拿主意、想办法。鼓励他们勇敢地迈出第一步，当他们独立完成一件事情后要及时鼓励，增强孩子的自信心。当孩子遇到挫折时多给予帮助、理解，和他一起分析失败的原因，研究解决问题的办法。

（四）对孩子应以鼓励、肯定为主

孩子终究是孩子，在做事的过程中，难免会出现一些失误，如刷碗费水，洗洁精冲不干净等，这时我们大人不应该指责孩子，更不能惩罚孩子，而应该首先肯定孩子做得对的地方。对于孩子有失误的地方，要帮助他们分析原因，找到问题所在，以提高操作的技能和水平。这样，既能保护孩子自理做事的自觉性、积极性，又能帮助孩子不断提高自己的认识水平和自理活动能力。我们还可以做些示范，如洗衣服时和孩子一起洗，发现孩子做得不对时及时予以纠正，必要时可以手把手地教给他们那些较复杂的动作，然后，放手让孩子独立做。这样不仅可以锻炼孩子的自理能力，而且极大地增强了孩子的自信心，经过一段时间的锻炼，孩子会做得越来越好。

四、家长会总结

我们要善于培养孩子的独立意识和能力，只要孩子有了独立自主的精神，孩子的一切发展才有可能。父母在教育孩子的时候，该放手的时候就放手，让孩子形成自己的事情自己做的意识，在锻炼中健康成长。愿我们的孩子早些脱离父母的羽翼，少一些依赖，多一些体验，多一些磨砺，把那稚嫩的翅膀练硬，飞向那高远的蓝天。

（栖霞市桃村镇中心小学　林雪莲）

【相关链接】

一、调查问卷

尊敬的家长：

您好！现在的孩子生活能力差已是一个社会问题，越来越引起学校、家长、社会的普遍关注。孩子的健康成长和顺利成才是你我共同的愿望，学校的各项工作离不开您的关心和支持。为更好地了解家庭教育现状，以便更有针对性地指导家庭教育，培养孩子们的生活能力，促进少年儿童的健康成长，我们特开展此次问卷调查。感谢您的支持！

1. 你觉得自己应该成为孩子成长的（　　）

    A. 终生保姆　　　　B. 拐杖　　　　C. 引路人

2. 你平时会有意识培养孩子的生活能力吗？（　　）

    A. 会　　　B. 不会　　　C. 有时会

3. 你对孩子的学习情况的期望程度是（　　）

    A. 门门功课都要优秀　　　　B. 各门功课及格就可以

    C. 无所谓　　　　　　　　　D. 其他（请填写）

4. 你认为培养孩子的生活能力有什么意义？（　　）

    A. 终身受益　　　B. 意义不大　　　C. 没有意义

5. 你认为学习成绩和生活能力谁重要？（　　）

    A. 成绩　　　B. 能力　　　C. 二者都重要

6. 培养学生生活能力，需要大量时间和精力，还具有一定危险性，你愿意吗？（　　）

    A. 愿意　　　B. 可以试试　　　C. 不愿意

7. 休息日您愿意让孩子与同伴玩耍并参加一些有意义的实践活动吗？（　　）

    A. 愿意　　　B. 可以试试　　　C. 不愿意

8. 孩子遇到困难时，您的做法是什么？（　　）

    A. 鼓励孩子独立解决　　　　B. 与同伴合作　　　　C. 直接告诉他

9. 您是否了解孩子的兴趣、爱好、朋友圈等？（　　）

A. 了解　　　　　　B. 不了解

10. 孩子每天晚上整理书包时,需要父母(　　)

　　A. 经常提醒带好作业,课本

　　B. 不提醒时,孩子经常忘带东西

　　C. 不需要提醒,孩子会自己整理得很好

11. 你的孩子在完成作业后,空余时间做得最多的事情是什么?(　　)

　　A. 看书　　　　　　B. 看电视

　　C. 玩游戏　　　　　D. 跟别的孩子玩　　　　　E. 做家务

12. 你经常和孩子沟通吗?(　　)

　　A. 经常沟通　　　　B. 偶尔沟通

　　C. 不沟通　　　　　D. 无法沟通

13. 你经常让孩子做家务活或是其他的劳动吗?(　　)

　　A. 经常劳动　　　　B. 偶尔会让　　　　　C. 从来不让

14. 以下几种说法,你同意哪种说法?(　　)[多选题]

　　A. 小时学文化,长大学做人　　　　B. 树大自然直

　　C. 智力开发最重要　　　　　　　　D. 品德教育最重要

　　E. 健康教育最重要　　　　　　　　F. 能力培养最重要

　　G. 从小注意孩子德智体美劳全面发展

15. 你认为应该培养孩子哪些生活能力?

二、阅读链接

培养孩子自立的 8 大方法

1. 给孩子一个空间,让他自己往前走

婴儿最初喜欢生活在母亲的怀抱里,但是他不能永远这样生活。随着孩子的慢慢长大,家长应该逐渐扩大孩子的生活空间,才能有利于他的健康成长。

2. 给孩子一段时间,让他自由支配

有一位聪明的家长,在孩子很小的时候,就每天给孩子一段可以自由支配的时间。孩子有时是玩,有时去读自己喜爱的一本书,有时是画画,当然,

有时忙来忙去什么也没干成,但是孩子逐渐懂得了珍惜时间,学会了做计划。

3. 给孩子一个条件,让他自己去锻炼

一年级的小学生要不要自己洗碗?不少家长是拿不定主意的。有位家长却特意为孩子准备了一个小板凳,对孩子说:我知道你特别爱干活,想自己刷碗,可是水龙头太高,你够不到,妈妈给你准备了小板凳。孩子兴奋地喊着:谢谢妈妈!马上就登上小板凳高兴地学着大人的样子去洗碗了。

4. 给孩子一个问题,让他自己找答案

每个孩子都会无休止地提出一个又一个问题,但是问题的答案如何去得到呢?经验告诉我们:孩子爱不爱提问题,是关系到孩子成长的一个重要因素,而孩子如何去得到答案,则是关系孩子成材的重要因素。

5. 给孩子一个困难,让他自己去解决

困难家庭的生存环境,为孩子创造了艰苦锻炼的条件。但是现在生活水平普遍提高了,在顺境下如何成功的教育孩子,的确是当前急需探讨的问题。有经验的家长多是想办法给孩子设置一些困难,而且不限于生活方面的困难,让孩子去解决,从而培养孩子的应对能力。

6. 给孩子一个机遇,让他自己去抓住

生活中常常充满着各种各样的机遇,但往往是成人替孩子去捕捉,这样孩子永远学不会走向成功,所以,家长的任务应该是只提供或指出各种机遇,启发孩子自己去抓住。

7. 给孩子一个冲突,让他自己去讨论

孩子在一起难免有矛盾,这个解决矛盾的过程,正是孩子健康成长、走向成熟的过程。如在排黑板报、排练节目时,自然会有一些不可避免的争论,在孩子平等的争论和探索当中,得出的最后的正确结论,必然是十分宝贵的。

8. 给孩子一个对手,让他自己去竞争

有一个学生学习差,甚至在一段时间里在班上是倒数第一名,但是他的家长悄悄地告诉他:要把失败作为成功之母,要敢于和别人竞争。首先要和比自己稍好一点的孩子比,在孩子完成目标后,家长又启发他寻找新的竞争对手,开始新一轮竞争。

三、推荐阅读书籍

亲子阅读书籍：

《当世界年纪还小的时候》

《胡桃夹子》

《倒长的树》

《蓝天空》

《苹果与黎明》

家长阅读书目：

《别让孩子伤在小学》

《让家长告诉家长》

《培养不娇气的女孩》

《朝花夕拾 家长读本》

学会放手，让孩子自理自立

【活动背景】

当今社会，很多家庭都是"四老二青一小"的模式，孩子成为家庭的核心，是家长的掌中之宝。家长们事事代办，唯恐孩子受半点委屈，但长此以往，这些孩子连照顾自己都成问题，又怎能指望他们为祖国、为社会做出贡献呢？所以，培养孩子的自理自立能力是每位学生家长和老师的当务之急。

【活动目标】

1. 让家长认识到培养孩子自理自立能力的重要性。

2. 让家长了解、掌握培养孩子自理自立能力的方法。

【活动准备】

1. 会议须知。

2. 活动课件。

【活动过程】

一、案例导入

亲爱的家长们，感谢大家如约来到学校参加家长会，首先请允许我给大家讲两个小故事，来揭开本次家长会的主题。

故事一：我上班等红灯时，经常看到一位白发苍苍的老奶奶领着她那已经十一二岁的孙子过马路。老奶奶那佝偻的身影同孙子那高出她半头的挺拔身姿形成了鲜明对比，这一幕深深地印在我的脑海中。人总会生老病死，这是每一个人的必经之路，不知道老奶奶百年之后，谁来领着她的孙子过马路呢？

故事二：开学初，学校为了以干净整洁的面貌迎接新学期的到来，便组织各年级学生打扫本班教室卫生。咱班有好几位家长主动加入清扫队伍中来，刚开始我还很感动，认为家长非常支持学校的工作。可是后来通过交谈才了解到原来家长们是怕自己的孩子累着，又怕不让孩子参加卫生大扫除会给新班主任留下坏印象，所以采取了这种折中的办法，由自己代劳，真是"可怜天下父母心"啊！父母疼爱孩子本是无可厚非的事情，却殊不知对孩子过分的溺爱带给孩子的是另一种伤害。

所以本次家长会的主题就是：学会放手，让孩子自理自立！

二、介绍学校有关工作情况

学校在培养孩子们自理自立能力方面做了很多工作，现向大家介绍一下。

（一）创设情境，激发孩子自理自立的情感

1.挖掘教材的内涵，引起学生自理自立的共鸣。比如我们一年级教材里有《胖乎乎的小手》，其课文内容就是说一个可爱的孩子用她胖乎乎的小手帮助家人做力所能及的事，得到家人的肯定与表扬。每每有这样内容的课程时，我们都会教给孩子要有爱、学会自理，并与家人互助。

2.善于抓住教育点刺激学生的心灵，使他们产生自理自立的欲望。去年我们曾经带领四、五年级的学生参观武警支队的营地，见识了武警官兵的内务整理，他们的被子叠成豆腐块，器物摆放整齐划一，孩子们连声赞叹之余，脸上也露出了羞涩之情，我们趁机鼓励孩子们回家自己练习叠被子、摆书桌，孩子们都表示愿意开始进行这方面的练习。一个月后在班级大练兵的比赛中，很多孩子较之前都有了很大的进步。

（二）用理解和爱架起心灵的桥梁，让学生树立信心，培养自理自立的信念

学生的自理自立能力不仅仅体现在生活上，也表现在学习上。对于那些所谓的学困生，在纪律上自我要求不严格且经常惹事的特殊生，我们用理解和爱架起心与心的桥梁，循序渐进地引导他们，耐心地帮助他们，最终让他们树立信心，培养自理自立的信念。

（三）树立典型，让学生从身边的榜样学起

对于那些缺乏自信心的学生要信任他们，给他们一些力所能及的事情做，当他们完成任务后就能获得满足感，从而树立自理自立的信心。

如，一个叫鑫的学生，因为理解能力差在学习上落后于别的同学，经常

受到别人的嘲笑,自卑感很强。当学校提倡节约能源,要求每班设立能源节约监督员时,我把这个工作交给了他,让他负责关教室灯管,做到人在灯亮,人走灯灭。虽然是一件很不起眼的小事,可是鑫做得非常认真,使得我班在节约能源方面受到学校的好评。我在班里表扬了鑫,同学们也对他刮目相看。从此他越来越乐于为班集体服务,他的自信心不断增强,学习上也有很大的进步。

再如,一个叫阳的同学,自小父母离异,跟着父亲过。父亲由于工作要经常出差,他常处于无人管理状态。他在学习上缺乏吃苦精神,成绩总是上不来。孩子天天自己从家乘汽车到校上课,每天来得很早,于是我就把给同学们开教室门的事交给了他。在一次学校评选"十星少年"的活动中,我号召同学们投他一票,结果阳被评为我班的"自理星"。从那以后,阳像变了一个人,学习上再也不像过去那样得过且过了,成绩也提高了不少,还带动了班里的其他同学。

三、给家长的几点建议

咱们学校历来重视培养孩子的自理自立能力和孩子健全的人格。但仅仅依靠学校是远远不够的,还需要家校合力,培养好我们的孩子。作为家长,我们该从哪些方面着手呢? 今天我们就两个方面给家长一些建议:

（一）通过家务劳动让孩子自理自立

一个独生子女,父母、外祖父母、祖父母六个大人围着一个孩子转。因此家长事无巨细都代劳了。而孩子多存在四方面问题:一是依赖性强、懒惰;二是生活能力弱化;三是缺乏自信心,胆小怯弱;四是经不起困难与挫折。这些问题不仅反映在小学生身上,同样也反映在中学生甚至大学生身上。

对大部分父母来说,刚开始时与其说是让孩子帮忙,还不如说是给我们增加负担。但这却是培养孩子养成帮助人的良好习惯的大好时机。事实上,孩子已经具备了完成简单的家务劳动的能力。也许他们做得不尽如人意,但是父母要充分信任孩子,鼓励他们,让他们独立完成某件工作。同时也帮助孩子理解帮助他人是每个人应尽的责任和义务。

如何让孩子轻松快乐的完成家务劳动,养成做家务的好习惯呢?

1. 让孩子感到自己的重要性

迎合这阶段孩子渴望被看作大人的需求,告诉他,他的工作给家庭带来很大的帮助,会因此帮爸爸妈妈节省出更多的时间,让全家人一起娱乐。

2. 给孩子提供选择的权利

给你的孩子提供一份所有他能够做的家务的清单，让他自己选择其中的一两项工作，这会让他感到自己拥有选择和控制的权力。从而心甘情愿去做自己选择的工作。

3. 把任务细致化，并给孩子做示范

一个整体的概念像"把你的房间收拾好"，可能会挫败孩子的积极性。把一个任务分拆成数个步骤，如把被子叠好，把书放到书架上摆整齐等等。另外，父母应该亲自给孩子做示范，回答他所有的疑问直到他能够独立完成。父母的耐心是非常重要的，即使他忘记了某个步骤，不要批评他，高高兴兴地提醒他直到他记住为止。

4. 摒弃"完美主义"

对这个年龄孩子来说，"积极地参与"比起"做事的结果"来说更为重要。如果你的孩子洗的袜子不够干净，擦的桌子不够亮，不要去批评他的工作，批评会挫伤孩子的自尊，更会扼杀他参与家务劳动的意愿。如果某项工作要求每次都必须完成得尽善尽美，那这绝对不是一项适合孩子去做的工作。

5. 给孩子做个好榜样

父母千万不要当着孩子的面抱怨做家务的烦琐和无聊，这会给孩子传达一个信息——做家务是一件非常可怕的事。父母应尽量让孩子认识到，帮助大人尽快做完这些事就可以为父母留出更多的时间陪他一起玩。

7. 给予奖励

表扬和奖励会对孩子养成良好的习惯带来极大的帮助，而另一个有效的策略就是给孩子制定一个合理的计划：把他所要完成的任务的每一步骤绘制成一张图表，每当她顺利完成其中的一个步骤，就奖励她一颗小红星。当他顺利地完成整件任务，就奖励他一件他所希望得到的合理的奖励。注意不要用金钱和物质进行奖励。

（二）从中华优秀传统文化寻求教子之道

全国著名教育家林格教授认为，健全的人格指的是"积极、乐观、灵活、应变"，只有健全的人格，才能让人内心强大。

下面我就从几个关键词入手给大家说说如何用中国的传统的教子之道让孩子的心灵健康强大起来。

关键词：性格、气量

古人说："忍人之所不能忍，方能为人之所不能为。那种完全赏识而没有惩戒的教子理念，实为误人之言。

镜头一：一辆出租车在大桥中段停了下来，一名年轻的男子下车后，一言不发，越过栏杆，跳进江中。紧接着，一个年轻的女子也跟着跳了下去。一对吵嘴的小夫妻走了，留下双方的老人和一个没长大的孩子……

镜头二：某男子拿刀捅伤他人，在派出所交代的起因是：小时候，那人欺负过他……

镜头三：某学校禁止男生留长发，某男生剪了两次发还不合格，第三次哭着剪了头发，然后跳河自尽……

现在的人怎么这么冲动、这么脆弱呢？俗话说：宰相肚里能撑船，大人有大量，量大福大。这些话真有道理！

性格决定命运。气量大的人，成就也大；气量小的人，为小事所拘，故难成大事。

关键词：生活条件

生活条件越好，受到的呵护越多，人就越自我、越虚荣，因此，也就越挑剔、越狭隘。

有个小女孩，每次买了新衣服、新玩具等，都会跑到邻居家挨个地问："我有漂亮衣服，你有吗？""我有新玩具，你有吗？"如果别人说没有，她就特别高兴；如果别人说："我有啊，比你的还漂亮呢，我的这个玩具你没有吧？没见过吧？"小女孩马上就跑回家，哭着吵着要买，家长则说："宝贝，别哭，别哭，咱们去买个更大、更好、更漂亮的，好不？"于是，小女孩破涕为笑了！虚荣与脆弱就是这么养成的！

古人说："苦其心志，劳其筋骨，行拂乱其所为，所以动心忍性，曾益其所不能。"意思是：使他的内心痛苦，使他的筋骨劳累，使他所做的事不能轻易如愿，通过这逆境的磨砺，使他的性格坚定，增加他不具备的才能。

而现在的家长，正好相反。他们对待孩子：悦其心志，只求孩子开心；舒其筋骨，生怕孩子累着；事事顺其所为，遂其所愿。所以，孩子因宠而娇，缺乏忍耐之性。如此，遇事有各种冲动之举也就不足为怪了！

关键词：责罚

孩子能不能责罚？长期的责罚会影响孩子的心理健康与人格成长。这里有一个关键词：长期的。即长年累月的批评、指责、打骂，才有可能导致孩子心理扭曲。偶尔的责罚，不但需要，而且必不可少！

国外一家教育研究机构最近发表文章：过度赞扬孩子也有负面影响！所以，凡事不能走极端。

十之七八的鼓励，十之二三的责罚，最有利于塑造孩子健康的人格。时不时地让孩子受点小气，受点小委曲，其实是一种心理上抗挫折的锻炼。老话说：受得了气，才成得了人。

有些家长，因孩子顽劣发了回火，过后还忏悔不已：唉，我不够冷静，太不应该了，下次一定忍住！

有的家长说：我都忍出内伤了！

何苦呢？孩子犯了错该发的脾气就要发，让孩子知道问题的严重性。但要切记，不要动不动就发脾气。

四、家长会总结

各位家长，真正的教育不仅仅是讲道理，还要把精神的能量传递给孩子，让他成为一个内心强大的人，一个能承担后果、应对变故、改善自身和环境的人。我们只有从日常细节入手，从心理关怀开始，才能培养孩子的健全人格。所以，培养孩子的自理自立能力迫在眉睫，希望我的这些建议能给大家启发与引领，也祝咱们的孩子在家校共育下茁壮成长。

（莱山区曹家庄小学　王选）

【相关链接】

孩子做家务好处多多

哈佛大学惊人发现：小孩做不做家务对其今后的人生影响巨大！

哈佛大学学者曾经做过一项调查研究，得出一个惊人的结论：爱干家务的孩子和不爱干家务的孩子，成年之后的就业率为15：1，犯罪率是1：10。爱干家务的孩子，离婚率低，心理疾病患病率也低。另有专家指出，在孩子的成长过程中，家务劳动与孩子的动作技能、认知能力的发展以及

责任感的培养有着密不可分的关系。

在美国，孩子不论年龄大小，都是重要的家庭成员，所以告诉孩子他们在家庭中应该负起的责任是很重要的，而承担家务则是最好的方式。不同年龄的孩子可以做哪些家务劳动呢？这张美国孩子的家务清单或许可以借鉴一下。

9～24个月：可以给孩子一些简单易行的指示，比如让宝宝自己把脏的尿布扔到垃圾箱里。

2～3岁：可以在家长的指示下把垃圾扔进垃圾箱，或当家长请求帮助时帮忙拿取东西；帮妈妈把衣服挂上衣架；使用马桶；刷牙；浇花（父母给孩子适量的水）；晚上睡前整理自己的玩具。

3～4岁：更好地使用马桶；洗手；更仔细地刷牙；认真地浇花；收拾自己的玩具；喂宠物；到大门口取回地上的报纸；睡前帮妈妈铺床，如拿枕头、被子等；饭后自己把盘碗放到厨房水池里；帮助妈妈把叠好的干净衣服放回衣柜；把自己的脏衣服放到装脏衣服的篮子里。

4～5岁：不仅要熟练掌握前几个阶段要求的家务，并能独立到信箱里取回信件；自己铺床；准备餐桌（从帮家长拿刀叉开始，慢慢让孩子帮忙摆盘子）；饭后把脏的餐具放回厨房；把洗好烘干的衣服叠好放回衣柜（教给孩子如何正确叠不同的衣服）；自己准备第二天要穿的衣服。

5～6岁：不仅要熟练掌握前几个阶段要求的家务，并能帮忙擦桌子；铺床/换床单（从帮妈妈把脏床单拿走，并拿来干净的床单开始）；自己准备第二天去幼儿园要用的书包和要穿的鞋（以及各种第二天上学用的东西）；收拾房间（会把乱放的东西捡起来并放回原处）。

6～7岁：不仅要熟练掌握前几个阶段要求的家务，并能在父母的帮助下洗碗盘，能独立打扫自己的房间。

7～12岁：不仅要熟练掌握前几个阶段要求的家务，并能做简单的饭；帮忙洗车；吸地擦地；清理洗手间、厕所；扫树叶，扫雪；会用洗衣机和烘干机；把垃圾箱搬到门口街上（有垃圾车来收）。

13岁以上：不仅要熟练掌握前几个阶段要求的家务，并能换灯泡；换吸尘器里的垃圾袋；擦玻璃（里外两面）；清理冰箱；清理炉台和烤箱；做饭；列出要买的东西的清单；洗衣服（全过程，包括洗衣、烘干衣物、叠衣以及放回衣柜）；修理草坪。

　　凡是从小就好吃懒做、不爱劳动的人,长大了多不能吃苦,独立自理能力差,工作成就平平。因此,望子成龙的父母从孩提起就应该为孩子创造一种环境和条件,对孩子进行早期劳动训练,让孩子做力所能及的事情,让孩子养成一双勤劳的手,使其终身受益。

 建议三、四、五年级家长会用

挫折教育：为孩子搭建成长的阶梯

【活动背景】

当今社会，很多孩子家庭条件优越，又是独生子女，在家中是父母的掌上明珠，一直被父母呵护，爷爷奶奶宠爱，他们是在非常顺利的环境中成长起来的，造成的结果是稍微有点挫折就不能忍受，不知所措，深受打击。因此，在小学阶段有必要对学生进行挫折教育，让他们知道挫折，了解挫折，进而增强抗挫能力。本次家长会就是想和各位家长一起探讨孩子的挫折教育问题。

【活动目标】

1. 引导家长认识挫折教育的重要性。

2. 指导家长了解有关挫折教育的方法。

3. 家校合力进行挫折教育，增强孩子抗挫折的能力。

【活动准备】

1. 活动课件。

2. 问卷调查。

3. 经验材料。

【活动过程】

一、认识挫折教育的重要性

欢迎各位家长来参加我们班的家长会，今天让我们一起来探讨一下孩子挫折教育的问题。

1. 何谓挫折

首先来明确一下挫折的含义，挫折往小里说就是碰钉子，往大处说就是做事遇阻、失利甚至失败等。碰了钉子之后，孩子就会产生紧张、消极、烦躁、伤心、气愤等心理反应，常常表现为：攻击性行为、逃亡性行为、散漫性行为、固执性行为，以及各种报复行为。这时候我们家长和老师一定要抓住时机，帮孩子及时疏导挫折带来的坏情绪，对孩子进行"抗挫折教育"，促进孩子心理素质的提高，为孩子搭建必不可少的成长阶梯。

2. 生活中遇到挫折在所难免

事例1：有一个孩子，平时学习很认真，父母对他的期望很高，希望他能考上重点中学。为此，他也付出了辛苦。可是，学习成绩却一直不理想。从此，他情绪十分低落，甚至一蹶不振。

事例2：小红家庭条件较为优越，家人对她的照顾很周到，以至于造成她自理能力较差。在学校里值日、参加班集体活动表现不好，受到一些同学的嘲笑，为此她深受打击，甚至厌学，不愿意进校门。

从这两个事例，结合我们成年人的生活经验，可以告诉孩子我们小时候也遇到过类似的事情，用我们的亲身经历，让孩子感受、体会，更有说服力。我们要告诉孩子：人生难免有挫折，遇到挫折也不是多么可怕的事，失败是成功之母嘛。

3. 挫折教育的积极作用

我们为什么要对孩子进行挫折教育呢？挫折教育对孩子的成长到底有什么作用？

（1）挫折教育能够磨炼孩子的意志。一般来说，艰难的环境会令人意志消沉，丧失斗志。然而，在具有坚强意志、积极进取的人面前，艰难的环境却可以使他们抖擞精神，发奋努力。困难被克服了，就会有出色的成就。这就是所谓的"艰难困苦，玉汝于成"。例如海伦凯勒的故事——《假如给我三天光明》。

（2）挫折教育能够激发孩子的潜能。人的潜能只有在一些非常的情况下才能被激发。越不容易找到答案，就越能激发孩子的潜能和探究精神，从而进行研究性学习，切实掌握知识。例如失去双臂的女孩杨佩的事例。

（3）挫折教育能打击孩子的骄傲情绪。大多数人由于受到年龄、经历、学识等影响，往往会产生一些不应当有的错误，如粗心大意、骄傲自满等。在这种情况下，人为地设置一些挫折以打击其骄傲情绪是非常有必要的。能使其正确认识自己的能力，戒骄戒躁，从而取得更大的进步。

（4）挫折教育能够使孩子真正享受成功的喜悦。孩子如果是通过自己的努力解决完一个难题时，那种喜悦是不言而喻的，是无法用语言来形容的，那要比从师长或书本里学到知识更让其感到欣喜。"纸上得来终觉浅，绝知此事要躬行"。例如：莱州市第二实验小学，在行知乐园活动之快乐厨房中，有些孩子刚开始切菜都困难，到最后可以做出拿手菜，并积极大方地推销自己的菜品，这些孩子在克服困难和挫折后收获的是自信满满。

（5）挫折教育能够使孩子更好地适应现代社会。现代社会是一个充满挑战的社会，在这样的社会中，不遭受挫折是不可能的。让孩子从小就遭受些挫折的洗礼，掌握应付挫折的方法，他们才能不成为温室里的"花朵"，长大后才能很好地适应社会。所以有不少开明的家长，会故意为孩子设置挫折，对孩子进行挫折教育。

二、了解挫折类型及疏导方法

会前，我观察并分析了班上孩子的抗挫水平，又查阅了一些资料。让我们一起来了解一下小学生挫折常见的类型及疏导方法。

1. 自我实现受挫

许多学生内心深处或多或少有上进的愿望，比如：一年级小学生想早早地戴上红领巾；有的小学生想当小干部、三好生；也有的学生期望在比赛中得名次，在考试中取得好成绩……而一旦达不到内心的期望，小学生就很容易对自己不满。特别在当前家长望子成龙、望女成凤心切的情况下，学生学习遇到挫折后，往往会遭受来自家长的指责，使其小小年纪就焦虑不安。

疏导方法：

（1）教会孩子不把结果看得太重。积极向上本是良好品质，但好胜心太强，凡事都要争第一，这样的孩子最容易受挫折。一旦遇到失利，容易陷入焦虑状态，难以自拔。此时，家长要学会如下教育方法：找孩子谈心，告诉他"失败并不可怕，要勇敢地面对"，帮助孩子树立自尊心。待孩子心情平和后，给孩子讲做事不要把结果看得太重，只要尽力去做了，失败了也不难过，要注重做事的过程。讲名人克服困难的故事，引导他冷静地分析失败的原因，孩子定会重新振作起来，重拾继续努力的自信心。

（2）对学生的期望符合实际。所有的教育都要从尊重孩子的性格特点出发，不要与孩子的兴趣、爱好背道而驰，不要人为地制造反作用的、有害的挫折。要对学生充满爱心，给予温暖，不讽刺挖苦，不谩骂体罚。孩子成长在社会中,适当的竞争对孩子的成长有磨炼作用,但竞争太多、太激烈,反而会对孩子的自尊心、自信心造成伤害,产生消极作用,应想方设法避免。不是不让其面对竞争,而是要教会孩子以平和的心态去对待身边的人和事。

2. 同伴交往受挫

小学生年龄较小,自我意识差,不能正确地认识自己和别人,在人际关系中难免会产生一些问题。比如:受同学嘲笑,遭同学欺侮,背后被人说坏话,玩耍时不受同伴欢迎等。小学生遭受心理挫折,易于陷入孤独、自卑的心境。

疏导方法:

孩子将来能否成才,需要关注其情商与智商的共同发展,缺一不可。同伴交往是儿童社会化的一个重要组成部分,对于儿童的社会性、社会认知、自我概念、人格情感、健康发展有独特价值。人的交往能力不是与生俱来的,而是在后天的教育和实践中逐渐形成和发展起来的。良好人际交往能力的形成需要通过孩子自身努力,以及父母和老师共的正确指导、陶冶和锻炼,社会创造良好的环境等多方面共同努力。同伴交往遇到挫折的应对策略主要有:

(1)孩子方面。积极参加各种校园活动,还要培养自己乐于助人、谦虚礼貌等精神,让自己成为德、智、体全面发展的学生,赢得同伴的喜欢。

(2)家长方面。要教会孩子在与同学交往中要积极主动,严于律己,宽以待人,愿与同学分担烦恼、互帮互助。当遇到交往挫折时,教会孩子客观地分析原因,找出解决的办法。

转变不正确的教育观念,放弃那种"唯有读书高"的思想,引导孩子利用课余时间多看与交往有关的书籍、电视等,增长交往知识,学会与同学交往的正确方法。平时多带孩子参加社交活动,给孩子提供与其他小朋友接触的机会,提高人际交往能力,教孩子学会了解别人,关心、帮助他人,并从小养成文明礼貌的交往方式和习惯。

3. 教师评价受挫

小学生具有很强的向师性,他们渴望得到教师的表扬和欣赏。可是他们的行为又不能自控,做错事受到老师的批评、向家长告状,小学生会感到很没有面子。有时也可能会让老师误解,小学生就会处于担心、失意、厌学等不良心境。

疏导方法：

（1）换位思考。家长引导孩子放松心情，将孩子心情平复后再耐心询问孩子受批评原因，如果老师批评正确，请帮助孩子转换角度思考"老师为什么要批评我"，理清受批评原因，寻找改正方法，从根本上解决问题。如果老师批评有所偏颇，可及时与老师沟通，尽早帮孩子走出不良心境。

（2）一吐为快。向知心朋友倾诉你的感受，或把你的感受写成信，然后扔到一边，给自己留有一定的"忧虑"的时间，随后再去解决。

4. 家庭变故受挫

小学生年龄尚小，对家庭的依赖性强。那些亲人伤亡、父母离异等重大家庭变故，往往会使孩子受到影响，产生消极心理，严重影响孩子的身心健康发展。

疏导方法：

（1）用心倾听，让其尽情宣泄消极情绪，缓解痛苦。

（2）把听到的他面对困难而作出的积极的应对措施挖掘出来，并加以赞扬，让他意识到自己已经做了一些很好的应对，并且还有可能做得更好，以增强他们的自信心和勇气。

（3）身边的亲人、老师、同学在生活和学习上多对其进行关心、帮助。

5. 生理缺陷受挫

由于个人的生理条件限制，如身有残疾、身患疾病、容貌不好、身材矮小、体质纤弱、性格孤僻等，都可能使孩子自惭形秽，形成自卑心理。若遇到嘲讽、冷遇，更会无地自容。他们会遭遇无朋友内心孤独，或者不敢正视他人，害怕被嘲笑，走路畏缩，凡事都不愿出头露面，怕与人交往等困境。例如：一位患有哮喘病的孩子，他就不能和正常儿童一样参加丰富多彩的体育活动，内心很痛苦。

疏导方法：

（1）家长要细心与老师沟通，注意观察孩子言行上的变化，多给予正面鼓励；

（2）对孩子进行心理疏导。引导孩子正确认识自己、评价自己，克服自卑心理。使其牢记"金无足赤，人无完人"。要通过发挥自己某一方面的优势来弥补某一缺陷，从而将某种缺陷转化为自强不息的巨大推动力量。

孩子的身边可能出现各种各样的挫折，每个人都不可能完全避免挫折,老师和家长应该做的是教会孩子寻找勇对挫折的方法。我们不但要教会孩子以积极的态度对待挫折,更要教他掌握战胜挫折的具体方法,把自己培养、锻炼成积极面对挫折、战胜挫折的强者。

面对挫折的方法:直面挫折,不畏不惧;冷静分析,从容应对;自我疏导,自我排解。

三、家校合力,培养孩子的抗挫能力

1. 遵循挫折教育原则。不能打击学生的自尊心和自信心,以激起学生的进取心为根本目的,提高学生的抗挫能力。

2. 学校开展挫折教育,思想上予以引领。学校组织开设"挫折教育"方面的心理健康课,帮助学生正确认识挫折,让他们明白挫折在生活和学习中是不可避免的。开展系列活动,帮助考试成绩不理想、受批评、体育测试不合格等遇到挫折的学生及时调整心态,寻找恰当的努力方式,勇于将挫折变成前进的动力。

3. 家长要将挫折教育渗透到孩子的生活和学习中,促使孩子在挫折中成长。可以请在孩子挫折教育方面有深刻体会和丰富经验的优秀家长交流自己的教育心得。

四、家长会结语

"没有礁石的阻挡,哪能激起美丽的浪花。"挫折并不可怕,可怕的是受"挫"即"折"。挫折是把双刃剑。从挫折本身来看,对于任何人都是坏事,它给人带来痛苦、压力和打击,消磨人的斗志,甚至使人失去生活的信心。但同时,挫折又能磨炼意志,激发斗志,使人变得更聪明。从这个意义来说,挫折又是一件好事。引领孩子到生活中体验挫折吧!挫折并不是白白经历的,它能使孩子的人生绽放出最美丽的成功之花。

（福山区西关小学　潘丽华）

建议三、四、五年级家长会用

如何笑对挫折

【活动背景】

　　人的一生难免会遇到挫折，关键是如何对待这些挫折。如今的孩子多数都是独生子女，是家里的"小太阳""小皇帝"，很少经历过艰难生活的磨炼和大的挫折。从完美的人格塑造、坚强的意志品格锻炼角度来思考，这不能不说是他们人生道路上的缺憾。如果不采取适当的措施和途径，给他们"种一下牛痘""打一下预防针"，补上这一课，将来他们就有可能在艰苦、复杂的情况面前无所适从，在困难和挫折的风浪面前难以应付。因此，对今天的儿童少年进行适当的抗挫折教育，增加一些磨炼，使他们懂得如何正确对待挫折，从而具有较强的心理承受能力和坚强的意志，对于他们将来的成长，有着非同寻常的意义。

【活动目标】

1. 让家长认识到挫折教育的重要性。
2. 帮助家长查找家庭教育方面存在的问题。
3. 家校合作培养孩子的抗挫折能力。

【活动准备】

1. 活动课件。
2. 调查问卷。
3. 有关资料。

【活动过程】

一、分析现象，引发思考

小学生易产生挫折主要有以下几个方面的原因。

1. 家长对孩子的期望过高,导致孩子心理压力过大

家长望子成龙心切,不顾孩子的智能、体能、年龄特征等实际情况,盲目攀比,任意拔高,强迫孩子完成过量的作业,上各种培训班。家长也为此投入了大量的人力、物力、财力,一旦不如意,就指责、叹气,造成孩子学习负担过重,思想压力过大。

2. 家长溺爱孩子,一切包办代替,孩子产生依赖性

独生子女,家长的关照无微不至,只要学习成绩好就行,其他的事家长一律大包大揽,甚至削铅笔、装书包等全部代劳,正是这过多的关照,使孩子丧失了生活自理能力,对家长产生了依赖,自己不自觉、不自信。

3. 家长只重视文化成绩,忽视了心理健康教育

家长唯分数至上,只要成绩好,其他方面的教育可以忽略,孩子的缺点和错误也可以宽容和迁就。使孩子优越感极强,滋生骄娇二气,任性自我,一旦自我需要得不到满足,就容易走向极端。

设计意图:让家长意识到意志力薄弱、耐挫折能力差是学生的通病,是困扰儿童青少年教育的突出问题。因承受不了困难、委屈、批评、责备等打击而轻生的案例,就是挫折教育不力的表现。如果这些孩子现在不能正确对待学习、生活中的困难和挫折,今后又怎能适应社会的需要?因此,增强学生的耐挫力,进行有效的挫折教育势在必行。

二、问卷调查,查找问题

1. 向家长发放孩子做的抗挫折能力调查问卷,了解孩子的心理需求。

2. 班主任小结:

大部分学生在面对家长的责骂、惩罚时能够及时处理自己的感情,不会意气用事,来自家庭的温暖给了他们面对挫折的勇气。而有些学生认为家人不需要自己,同时在与家人发生争执时想着逃离。学生耐挫折能力与学校环境也息息相关。良好的、积极的学校环境有助于学生战胜困难。人际交往上有挫折感的学生没能感受到集体和家庭的温暖,几乎都是学困生和身体有缺陷的学生,这些同学会认为老师、同学不喜欢他们。

三、案例教育,引领方向

1. 学习孙云晓《夏令营中的较量》,认识中外小学生抗挫折能力的差距。

2. 给家长的几点建议:

(1)理解挫折教育的目的。现在孩子大多是独生子女,被长辈呵护着,

父母溺爱着,遇到挫折和不顺心的时候,不是耍脾气就是大哭小闹,往往让家长束手无策。因此,帮助孩子正确地认识和理解挫折是抗挫折教育的关键,是我们进行抗挫折教育的第一步。孩子年龄小,对事物的认识是具体形象的。我们对孩子进行挫折教育时,可以为他们提供一些经历挫折而后成功的影视作品,或者是家长的亲身经历,甚至包括身边的小朋友经过失败而成功的小故事。

例如:在孩子们最喜欢的动画片《喜羊羊和灰太狼》中,面对强大而凶狠的大灰狼,喜羊羊带领一群小羊团结一致、善用智慧,屡次逃脱狼口。虽然经历了那么多的艰险、挫折,但他们始终潇洒乐观,顽强地守护自己的家园。孩子通过这些喜闻乐见、可以感同身受的事例,直观了解事物发展的过程,真实感知挫折,认识到生活有顺有逆、有苦有乐,从而对挫折有了初步认识。只有让孩子在克服困难中充分感受挫折,正确理解挫折,才能培养他们不怕挫折、勇于克服困难的能力和主动接受新事物,承认并敢于面对挫折的信心。

(2)把握好抗挫折之"度"。孩子个体素质的差异是客观存在的,有些家长望子成龙、望女成凤心切,给孩子提出过高的要求,人为地设置陷阱,使孩子在压力面前产生强烈的挫折感。例如:新年来临的时候,孩子们在老师的指导下,精心制作了送给父母的贺年卡。作品虽然稚嫩,但却充满童趣,孩子们也从中获得了成功的体验。但当他们兴高采烈地把它送给爸爸妈妈,并满怀期望地等待由衷的赞许时,却听到了不和谐的声音。妈妈一看到孩子的作品,就嚷道:"哎呦!这是什么乱七八糟的东西,快扔了吧。"孩子仍怀着一线希望高高地举着卡片说:"妈妈,你好好看看嘛!是我自己做的。"妈妈不耐烦地摇摇头:"这有什么好看的?你想要就自己拿着吧。"见到妈妈的反应,孩子的眼神黯淡下来,垂下手,怏怏地走了。

如果孩子经常遭受类似的挫折,就会产生"无能"的感觉,感到事事失败而丧失信心。在实施挫折教育时,一定要把握好"度"。注意孩子在发展过程中,没有挫折不行,挫折过多过大也不行。孩子在遇到困难和失败时,往往会产生消极情绪,表现出畏缩、退却、逃避等行为。因此,作为家长或老师就应该在平时有意识地设计一些有一定难度的,跳一跳就够得到的目标,让孩子充满信心去完成。

(3)运用好挫折之"法"。惩罚或批评孩子,要根据其不同的年龄采取不同的方法,比方说对于孩子和别人抢东西、打架,美国人的方法是把他们强行分开,然后让他们在椅子上坐下不许动,好好想想做得对不对。国外的做法,我们可以借鉴,除了给予孩子爱之外,还应该有适当的惩罚手段,让孩子吃点苦。如：为纠正幼儿随地乱扔垃圾的不良习惯,可以组织他们利用户外自由活动时间来清理草坪,拣到垃圾后扔到垃圾箱里。他们虽然个个干得满头大汗,但却受到了深刻的教育。当然,年龄大一些以后还可以用别的方法,但是不要打,不要骂,一定要让他承担一定的责任。这样,孩子会慢慢觉得自己能负责任,自己是有责任感的,碰到问题知道该怎么解决,他会体验到一种解决问题的快乐。

（4）设计好挫折之"境"。孩子的活动范围有限,许多挫折是现实生活中不常遇到的。家长在利用自然情景进行挫折教育的同时,还要注意有意识地创设一些情境和机会,让孩子得到各方面的锻炼。为了提高孩子对挫折的承受能力,家长或老师可设置难度不等的情境,让孩子逐步经受磨炼,有目的地培养孩子耐挫力。比如说远足、劳动、竞赛、延迟满足需要等活动和手段,锻炼孩子的意志,增强他们对恶劣环境的适应能力以及对待失败、打击的能力,引导他们分析产生冲突的原因并寻找解决问题的途径和方法等等。开展"今天我当家""每月学会一件事""我是父母的好帮手""怎样解决生活难题"等实践操作活动,让学生了解挫折情境、挫折认知、挫折反应、挫折防御、挫折疏导等有关的基本知识,提高挫折意识,以提高学生生存能力、自理能力,做好迎接逆境、向挫折挑战的各种准备,自觉增强应付挫折的心理和能力。

设计意图：有理有据有实际操作,家长们可以在家庭教育过程中有针对性地对孩子进行挫折教育。

四、书信交流,加深感情

让家长为孩子写一封信,帮助孩子解决困惑,与孩子说说心里话,鼓励孩子笑对挫折,明白"阳光总在风雨后"的道理。

设计意图：书信交流是非常好的亲子沟通方式,家长可以把平时不太好意思和孩子说的话写出来,让孩子们真切感受到父母的真诚与爱。

（莱阳市城厢中心小学　李杰一 ）

【相关链接】

一、调查问卷

（一）家庭环境的影响

1. 当你与父母发生不愉快时，你是否曾经想离家出走？

   A. 是　　　　B. 否

2. 你有一个关心、爱护你的家吗？

   A. 是　　　　B. 否

3. 你认为家人需要你吗？

   A. 是　　　　B. 否

（二）学习挫折的处理

4. 当你考试成绩不理想时，你会感到沮丧吗？

   A. 是　　　　B. 否

5. 当你在课堂上回答不出问题时，你在课后还会久久地感到烦恼吗？

   A. 是　　　　B. 否

（三）自我认知

6. 你认为自己是个弱者吗？

   A. 是　　　　B. 否

（四）对待挫折的态度

7. 你相信自己能够战胜任何挫折吗？

   A. 是　　　　B. 否

8. 即使在遇到困难时，你还是相信困难终将过去吗？

   A. 是　　　　B. 否

（五）性格特征与抗挫折能力的关系

9. 你看到苍蝇、蟑螂等讨厌的东西，你感到害怕吗？

   A. 是　　　　B. 否

10. 你是否喜欢冒险和刺激？

   A. 是　　　　B. 否

（六）人际交往关系

11. 在人多的场合或在陌生人面前说话,你是否感到困窘?

　　A. 是　　　　B. 否

12. 你是否常常与同学们交流看法?

　　A. 是　　　　B. 否

(七)学校环境的影响

13. 你生活在使你感到快乐和温暖的班集体里吗?

　　A. 是　　　　B. 否

14. 你认为你的老师喜欢你吗?

　　A. 是　　　　B. 否

15. 你是否有无所不谈的朋友?

　　A. 是　　　　B. 否

二、夏令营中的较量

孙云晓

　　1992 年 8 月,77 名日本孩子来到了内蒙古,与 30 名中国孩子一起举行了一个草原探险夏令营。

　　A. 中国孩子病了回大本营睡大觉,日本孩子病了硬挺着走到底。

　　在英雄小姐妹龙梅、玉荣当年放牧的乌兰察布草原,中日两国孩子人人负重 20 公斤(经核实应为 11 公斤以下——作者 1994 年更正),匆匆前进着。他们的年龄在 11~16 岁之间。根据指挥部的要求,至少要步行 50 公里路(经核实应为 19~21 公里——作者 1994 年更正),而若按日本人的计划,则应步行 100 公里!

　　说来也巧,就在中国孩子叫苦不迭之时,他们的背包带子纷纷断落。产品质量差给他们偷懒制造了极好的理由。他们争先恐后地将背包扔进马车里,揉揉勒得酸痛的双肩,轻松得又说又笑起来。可惜,有个漂亮女孩背的是军用迷彩包,带子结结实实,使她没有理由把包扔进马车。男孩子背自己的包没劲儿,替女孩背包不但精神焕发,还千方百计让她开心。他们打打闹闹,落在了日本孩子的后面。尽管有男孩子照顾,这位漂亮女孩刚走几里路就病倒了,蜷缩成一团,瑟瑟发抖,一见医生泪如滚珠。于是,她被送回大本营,重

新躺在席梦思床上,品尝着内蒙古奶茶的清香。

日本孩子也是孩子,也照样生病。矮小的男孩子黑木雄介肚子疼,脸色苍白,汗球如豆。中国领队发现后,让他放下包他不放,让他坐车更是不肯。他说:"我是来锻炼的,当了逃兵是耻辱,怎么回去向教师和家长交代?我能挺得住,我一定要走到底!"在医生的劝说下,他才在草地上仰面躺下,大口大口地喘息。只过了一会儿,他又爬起来继续前进了。

B. 日本家长乘车走了,只把鼓励留给发高烧的孙子;中国家长来了,在艰难路段把儿子拉上车。

下午,风雨交加,草原变得更难走了,踩下去便是一脚泥水。当晚 7 点,队伍抵达了目的地——大井梁。孩子们支起了十几顶帐篷,准备就地野炊和宿营。内蒙古的孩子生起了篝火。日本孩子将黄瓜、香肠、柿子椒混在一起炒,又熬了米粥,这就是晚餐了。日本孩子先礼貌地请大人们吃,紧接着自己也狼吞虎咽起来。倒霉的是中国孩子,他们以为会有人把饭送到自己面前,至少也该保证人人有份吧,可那只是童话。于是,有些饿着肚子的中国孩子向中国领队哭冤叫屈。饭没了,屈有何用?

第二天早饭后,为了锻炼寻路本领,探险队伍分成十个小组,从不同方向朝大本营狼宿海前进。在茫茫草原上,根本没有现成的路,他们只能凭着指南针和地图探索前进。如果哪一组孩子迷失了方向,他们将离大队人马越来越远,后果难以预料。

出发之前,日本宫崎市议员(经核实应改为日方队长——作者 1994 年更正)乡田实先生驱车赶来,看望了两国的孩子。这时,他的孙子已经发高烧一天多,许多人以为他会将孩子接走。谁知,他只鼓励了孙子几句,毫不犹豫地乘车离去。这让人想起昨天发生的一件事:当发现道路被洪水冲垮时,某地一位少工委干部马上把自己的孩子叫上车,风驰电掣地冲出艰难地带。

中日两位家长对孩子的态度是何等的不同!我们常常抱怨中国的独生子女娇气,缺乏自立能力和吃苦精神,可这板子该打在谁的屁股上呢?

C. 日本孩子吼声在草原上震荡

经过两天的长途跋涉,中日两国孩子胜利抵达了目的地狼宿海。

当夏令营宣告闭营时,宫崎市议员(同上)乡田实先生做了总结。他特意大声问日本孩子:"草原美不美?"

77 个日本孩子齐声吼道:"美!"

"天空蓝不蓝？"

"蓝！"

"你们还来不来？"

"来！"

这几声狂吼震撼了在场的每一个中国人。天哪！这就是日本人对后代的教育吗？这就是大和民族精神吗？当日本孩子抬起头时，每个人的眼里都闪动着泪花。

在这群日本孩子身后，站着的是他们的家长乃至整个日本社会。

据悉，这次由日本福冈民间团体组织孩子到中国探险的活动得到日本各界的广泛支持。政府和新闻机构、企业不仅提供赞助，政界要员和企业老板还纷纷送自己的孩子参加探险队。许多教授、工程师、医生、大学生、小学教师自愿参加服务工作。活动的发起者、该团体的创始人河边新一先生与其三位女儿都参加了探险队的工作。他们的夏令营向社会公开招生，每个报名的孩子需交纳折合人民币 7000 元的日元。一句话，日本人愿意花钱送孩子到国外历险受罪。

D. 中国孩子的表现在我们心中压上沉甸甸的问号。

日本人满面笑容地离开中国，神态很轻松，但留给中国人的思考却是沉重的。

刚上路时，日本孩子的背包鼓鼓囊囊，装满了食品和野营用具；而有些中国孩子的背包却几乎是空的，装样子，只背点吃的。才走一半路，有的中国孩子便把水渴光、把干粮吃尽，只好靠别人支援，他们的生存意识太差！

运输车陷进了泥坑里，许多人都冲上去推车，连当地老乡也来帮忙。可有位少先队"小干部"却站在一边高喊"加油"，当惯了"官儿"，从小就只习惯于指挥别人。

野炊的时候，凡是又白又胖抄着手啥也不干的，全是中国孩子。中方大人批评他们："你们不劳而获，好意思吃吗？"可这些中国孩子反应很麻木。

在咱们中国的草原上，日本孩子用过的杂物都用塑料袋装好带走。他们发现了百灵鸟蛋，马上用小木棍围起来，提醒大家不要踩。可中国孩子却走一路丢一路东西……

短短的一次夏令营，暴露出中国孩子的许多弱点，这不得不令人反思我们培养目标与培养方式的问题。第一，同样是少年儿童组织，要培养的是什

么人？光讲大话空话行吗？每个民族都在培养后代，日本人特别重视生存状态和环境意识，培养孩子的能力加公德；我们呢？望子成龙，可是成什么龙？我们的爱心表现为让孩子免受苦，殊不知过多的呵护可能使他们失去生存能力。日本人已经公开说，你们这代孩子不是我们的对手！第二，同样是少年儿童组织，还面临一个怎样培养孩子的问题。是布道式的，还是野外磨炼式的？敢不敢为此承担一些风险和责任？许多人对探险夏令营赞不绝口，可一让他们承办或让他们送自己的孩子来，却都缩了回去，这说明了什么呢？

是的，一切关心中国未来命运的人，都值得想一想，这个现实的矛盾说明了什么？全球在竞争，教育是关键。假如，中国的孩子在世界上不具备竞争力，中国能不落伍？

建议三、四、五年级家长会用

网络，我们如何用好你

【活动背景】

信息化时代，人们对互联网的依赖性越来越强，网络已经成为我们生活中不可或缺的一部分。对于青少年来说，网络在丰富着他们学习生活的同时，也带来了许多值得关注的问题。比如沉溺于网络游戏、热衷于虚拟的网络聊天等，从而导致学业荒废，性格暴戾、心理不健康甚至走向违法犯罪等负面效应。如何让青少年认识到网络带给我们的利弊，明白沉迷网络的危害，从而理智、文明地上网，远离网络的负面影响，值得我们家长和教师深思。"堵"不能解决根本问题，只有通过科学的引导，才能使孩子们正确对待网络，并能充分利用网络资源。本次家长会，通过老师、家长和学生共同参与的方式，让彼此明确怎样才算是用好网络。

【活动目标】

1. 让学生和家长认识到健康上网的重要性。
2. 指导家长、学生合理利用网络资源。

【活动准备】

1. 调查问卷。
2. 排练情景剧。
3. 视频材料。
4. 多媒体课件。

【活动过程】

一、新闻导入，激发兴趣

家长们，同学们，昨天晚上我在网上浏览新闻的时候，看到这样一则消

息：

福建有一个 14 岁的女孩叫乐乐，父亲是知识分子，母亲是一名大夫。在她十四岁生日那天，爸爸给她买了一台电脑作为生日礼物。乐乐非常高兴，但是这个电脑从此改变了他们的家庭生活。之前乐乐回家后都要唱唱歌，或给爸爸妈妈讲一些学校里发生的事情，家庭氛围非常温馨。但自从电脑进家之后，乐乐就逐渐不跟父母聊天了，因为她有一大堆网上可以聊天的朋友。再后来，这个孩子更少说话了，几乎不跟他人交流，整天沉迷于网络。终于有一天，父母在电脑旁边发现了一张纸条，乐乐跟爸爸妈妈说："我要出去闯世界了。我在外面有很多的朋友，你们不要为我担心。"通过警察介入查看聊天记录得知，她是被网上的虚拟世界迷惑了。这对父母开始了漫长的寻女之旅，至今仍没有找到。

看完这则新闻，你想说些什么呢？对于孩子来说，你是否也有过类似乐乐这样的冲动？对于家来说，面对家里新来的"伙伴"及孩子的变化，你会怎么做呢？

信息时代，上网成了大家日常生活中不可缺少的一部分。由于小学生正处于成长发育阶段，大多自制力差、分辨力差，反而产生了一些负面影响。文中的乐乐就是其中之一，她沉迷于网络中，渐渐得了"网络幽闭症"。

设计意图：网络就在我们的生活中，希望学生和家长们针对孩子沉迷网络游戏、QQ 聊天等现象进行分析和研究。

二、了解网情，走近孩子

家长们，随着智能手机的普及，用手机上网正演变成一种潮流和趋势，现在很多老年人也能非常熟练地操作微信、QQ 等社交软件，可以说利用手机上网已经变成了我们的日常甚至是一种习惯，我们大都有过上网的经历，那你是怎么来对待上网这种事的呢？你的孩子是如何看待上网的？我之前做过一个问卷调查，请大家看一下我的调查结果。

（一）出示："上网情况调查"问卷调查表。

（二）显示统计结果。

1. 大部分学生喜欢上网。

2. 学生上网的目的：游戏、聊天、娱乐、收发邮件、下载音像资料或图片、查阅资料、做网页、查阅有关知识的信息、浏览新闻等等。

3. 上网的时间：大部分学生上网是在节假日，还有一部分是在放学后。

4. 上网的途径：大部分学生在家里上网，其次是去网吧或在同学、朋友家上网。

5. 家长对待学生上网的态度：支持者居多，反对者较少，大部分支持者支持孩子上网的前提是"要正确对待，有限制地上网"。但很多家长反对或控制孩子上网。其反对原因大多是"上网耽误学习"及"上网容易受不良信息影响"。

6. 学生对上网的看法：

好处：(1)可以方便及时了解时事新闻，及时获取有效科学信息。(2)可以学到许多学校里学不到的知识，扩大自己的知识面。通过网上游戏能够获得一些启示。(3)可以很快地查找到需要的学习资料。(4)可以学会更多课外知识，并灵活运用课内知识，促进思维的发展，培养创造力。(5)通过网络可以方便、快捷、廉价地进行通讯联络。(6)可以打破时空界限，使人无论在何时何地都能进行相互交流。(7)在网上进行信息处理更加系统全面。(8)可以大大节约通信费用，在几分钟内就能把资料发送到世界各地，大大提高做事效率。

坏处：(1)自控能力差的同学容易沉溺其中，不能自拔，花费大量时间上网，从而影响学习成绩。(2)网络良莠并存，容易接触不良网页，如色情、暴力等，分辨能力不足的同学常常会因为网上的不良内容走上犯罪道路。(3)长时间上网，容易造成大脑缺氧，从而造成精神萎靡、眼睛长期处于紧张状态容易造成近视。(4)一些长期长时间上网的学生容易产生孤独症，整天沉溺于幻想中脱离现实，而当他真正面对社会和人群的时候，就会因为想象和现实的差距产生退缩感，不敢正常与人沟通。(5)许多同学因为打一些暴力游戏使自己模糊了真人与游戏对象的区别，常常无意识地模仿游戏来对待身边的人。(6)长期上网需要大量金钱，没有钱的时候，自控能力弱的人会采取违法的方式，不择手段地获取金钱从而走上犯罪道路。(7)网吧等一些上网的地方往往是无业游民、瘾君子、罪犯的藏匿地点，在这些地方逗留时间太久往往会出意外，或受人引诱。

(三)小结：从调查中可以看出：大部分孩子都喜欢上网。上网的好处和坏处对大家来说是因人而异的，并和心理素质有关。对于一些自控能力好，把网络运用到学习上的同学来说，好处很多。对于一些自控能力差的同学来说，影响则也是非常大的，要对其进行有效的指导。

三、讨论交流，合理用网

（一）讨论：你如何看待网上交友，怎样才能在网络世界中保护自己

学生1：我们应该认识到网络中的形象并不代表每个人的真实面目，参与网络活动，应提高安全意识，加强自我保护，不要随便与网友会面，特别是不要单独与陌生的网友会面，以免发生不测。

学生2：不要说出自己的真实姓名和地址、电话号码、学校名称等私人信息；不与网友会面；对谈话低俗网友，不要反驳或回答，以沉默的方式对待。

学生3：可以让老师给我们推荐好的网站，多和老师同学交流，增进感情，多参加实践活动，在现实中交友，没有必要去网上找朋友。

家长们是什么看法呢？

家长1：孩子太小，网上的一切都不大可信。

家长2：学生要充分相信家长和老师，并经常沟通。如果在网上或移动设备上看到的东西让你不安，请告诉父母或老师。

家长3：要求孩子做到的，家长首先要做到。

师小结：切记，匿名交友网上多，切莫单独去赴约，网上人品难区分，小心谨慎没有错。接下来我们来观看专家讲座，相信这个讲座一定能够给我们带来新的启发！

（二）观看专家讲座视频

原北京军区总医院青少年心理成长基地专家刘彩谊博士和中国家庭教育十佳公益人物贾容韬做客人民网，畅谈"绿色网络 助飞梦想"网络关爱青少年行动第十一期：网络对青少年的影响及网瘾戒除。

（三）教师小结

网络是一个无比辽阔的知识宝库，学生要上网，但绝不能沉溺于网络而荒废学业。2001年11月22日上午，共青团中央、教育部、文化和旅游部、国务院新闻办公室、全国青联、全国学联、全国少工委、中国青少年网络协会在人民大学联合召开网上发布大会，向社会正式发布《全国青少年网络文明公约》

要善于网上学习，不浏览不良信息。

要诚实友好交流，不侮辱欺诈他人。

要增强自护意识，不随意约会网友。

要维护网络安全,不破坏网络秩序。

要有益身心健康,不沉溺虚拟时空。

设计意图:通过讨论交流、看视频等形式让学生和家长对健康上网有较为全面、正确的认识,形成健康上网理念。健康上网,从我做起,从现在做起。

四、研究对策,指导践行

1. 学生表演情景剧

小毅同学沉迷于网络游戏和聊天,成绩迅速下滑,彻夜不归。受到妈妈斥责,怒而离家出走。为了帮助孩子,爸爸妈妈关闭了工厂,从自身做起,时时处处做孩子的表率,全身心陪伴小毅,悉心照顾,鼓励他。重新让小毅体会家庭的温暖,找到真爱,激发孩子自信。他们终于取得了成功——小毅健康上网、快乐生活、成绩优秀。

不健康上网带来的隐患不容忽视,而"健康上网"需要自己的认识,需要父母的帮助,需要社会的关注。

2. 讨论

(1)亲爱的同学:从小毅身上,你吸取了什么教训?

生 1:要善于网上学习,不浏览不良信息。

生 2:要增强自我保护意识,不随意约会网友。

生 3:爱亲人,改正错误,做个坚强的孩子。

生 4:每天上网时间不超过 1 小时。

(2)尊敬的家长:帮助孩子健康上网,您是怎样做的呢?

家长 1:要有爱心,关心、理解和支持孩子们勇于探索、大胆接触网络的积极性。

家长 2:限制上网时间,规范上网内容。

家长 3:要向孩子推荐好的优秀的青少年网站。

家长 4:要合理地进行疏导教育,让孩子自觉去抵制网络上的不良信息。

家长 5:最重要的是要多陪伴孩子,坚定地相信、细心地帮助、耐心地爱孩子是治愈网瘾的灵丹妙药。

相信同学们在人生的道路上能不断提高自我保护意识,使自己健康成长,相信每一位家长都会以身作则,为孩子健康上网保驾护航。

3. 文明健康上网知识问答

设计意图:通过小品展现同学沉迷网络游戏前后学习生活状况的变化,引起学生对不健康上网带来后果的深思,引发家长的重视。关爱孩子,悉心沟通,正确引导孩子健康上网。通过知识问答的形式,进行践行指导。

五、提出倡议,文明上网

现在,让我们一起来读一份承诺书,从今以后,绿色上网,文明上网,让网络成为我们的良师益友,伴我们健康成长。

由班长宣读文明上网承诺书,请学生和家长签字。

设计意图:引导学生养成健康文明的网络生活方式,向全班同学和家长发出"文明上网,健康上网,做网络时代好公民"的倡议。从现在做起,从自我做起,坚持自尊、自律、自强,努力弘扬网络文明,遵守《全国青少年网络文明公约》,自觉远离网吧,追求健康时尚的网络新生活。

网络世界丰富多彩,选择在我们。网络世界诱惑无限,上网要文明。让我们绿色上网,健康成长!心动不如行动,让我们一起宣誓:文明上网,健康成长!

(芝罘区养正小学　高金芝)

【相关链接】

一、对家长引导学生文明健康上网的八点建议

刘　群

网络犹如一块神奇的土地,深深地吸引着青少年。网络又是把双刃剑,在带来种种便利和好处的同时,也带来许多负面影响。网络的开放性和共享性,给人们的学习、生活和工作提供了前所未有的便利和快捷。而同时,也出现了许多中学生痴迷于网络,被不良信息迷惑,而疏于学习的现象。那么,如何引导和教育孩子,正确对待电脑和网络呢?我觉得家长们应做到以下几个方面。

一、理解和支持孩子们勇于探索、大胆接触网络的积极性

孩子上网不但可以聊天、可以购物，还可以下载爱听的歌曲和玩动人心魄的游戏，这些都是很正常的现象。所以，我们要通过网络让孩子得到正面的影响，提高他们的探索积极性。不要将电脑和网络视为洪水猛兽，要懂得孩子们的心理，要鼓励孩子们认真学习电脑知识，懂得电脑的软件、硬件、基本原理，了解网络的组成和运行模式。要知道网络是工具，不让孩子们接触电脑网络是根本不行的。

二、通过言传身教，使孩子意识到网络是资源的宝库

家长要通过言传身教，让孩子明白网络不只是用来游戏、聊天的，更多的可以用来学习和增长知识。网络可以让孩子开拓知识视野，扩宽认识世界和掌握知识的渠道。网上的新闻信息、娱乐信息、教育资源等都对孩子有所裨益。我们要指导、培养、提高孩子的审美能力、辨别能力，使之取其高雅、弃其低俗。只有这样，才能受益于网。

三、强化网络意识，提高信息辨别能力

正是由于小学生年龄小，辨别是非的能力较弱，很容易受网络中一些不良信息的影响。家长要教育孩子强化网络意识，提高信息辨别能力。如引导学生认真学习《全国青少年网络文明公约》，懂得基本的对与错、是与非，增强网络道德意识，分清网上善恶美丑的界限，激发孩子对美好网络生活的向往和追求，形成良好的网络道德行为规范；引导孩子善用网络资源，并教会他们如何分辨其中有害信息的内容，而不是放任孩子在网络世界中驰骋，以免他们在网络中"迷失"。

四、关注孩子的兴趣和爱好

每一个孩子都是丰富多彩的个体，他们每个人都有自己的兴趣和爱好，因此我们师长要特别注意一点，引导小学生上网时，切记避免只围绕学习这一个内容谈，要善于发现孩子有什么样的兴趣，哪怕只是发现他有一点点兴趣，抓住这个点，然后引导他往这个方面发展，自然而然的孩子用于玩游戏和聊天的时间就会少了。另外，善于利用一些心理学治疗知识，在需要时用适当的方法去改变孩子，转移孩子喜欢玩游戏和聊天的兴趣，帮助他们走出网络成瘾这个迷阵。

五、在允许孩子上网的同时，也应对其提出具体要求

如孩子要想上网的前提条件是圆满完成课堂作业和家庭作业；上网必

须要在家长和老师的监督下进行,同时家长和老师做好指导工作,防止孩子浏览不健康的网页;控制孩子的上网时间等。

六、家长要向孩子推荐好的优秀的青少年网站。

孩子上网最初带有盲目性,所以我们应注意引导其选择上网内容,向孩子推荐一些健康、文明、有益有趣的适合少年儿童进入的网站,如搜狐网、中国中学生、腾讯网、中学生教育网等,让孩子在家长的监护下上网,上文明的、绿色的、健康的网站,促进孩子健康成长。

七、告诉孩子上网时要注意的一些问题

如:上网交流时不要轻易把自己及家庭中的真实信息告诉别人;不要与尚未见面的网友见面;如果聊天时发现有人发表不正确的言论,应立刻离开,自己也不要散布不正确的言论,或攻击别人;"儿童不宜"的网站,不要进去,即使不小心进去了,应立刻离开等等。孩子好奇心强,面对游戏以及网上花花绿绿的虚拟世界,常缺乏冷静而客观的态度。作为父母,面对"上瘾"的孩子不应掉以轻心,多多引导,必要时可以强力限制。

八、要合理地进行疏导,教育孩子自觉去抵制网络上的不良信息

我们可以坐在孩子旁边陪他们上网浏览,也可以查阅他们的上网记录,对不良网站进行举报。建议家长给电脑装上具有屏蔽过滤功能的软件,以屏蔽过滤掉不适合学生接触和浏览的网站内容。同时要相信自己的孩子,要与他们坦诚地进行沟通,告诫他们什么是美,什么丑,什么应当提倡。

总之,对于小学生上网,家长不能仅仅去"堵",而要去"疏",更要去"导"。只要对孩子们认真加以引导,端正他们上网的态度,加强自我保护意识,共同利用网络的优势,才能让网络真正成为孩子们成长的好帮手、好工具。

二、学生上网情况调查表

1. 你家里有电脑吗?(是　　否)

2. 你孩子平时上网吗?(是　　否)

3. 孩子一般是在哪里上网?(家　　学校　　网吧　)

4. 孩子上网干些什么?请在下列选项中打"√"

A. 查资料　　B. 发邮件　　C. 发表文章　　D. 听音乐

E. 玩网络游戏　　F. 网上购物　　G. 网上聊天

除此之外,孩子上网还干些什么?(　　　　　　　　　)

5. 你对小学生上网持什么态度?(同意　反对)

6. 你觉得小学生上网是利大还是弊大?(利大　弊大)

7. 你的孩子上网时间有多长?(　)

A. 每天不超过半小时　　　　B. 只有周末时间上网,控制在两小时以内

C. 每天 1 小时　　　　　　　D. 每天都上,每次两小时以上。

8. 对一些未成年人因为上网而受到不良风气影响的事件,你认为谁应负责任?

A. 家长　　　　B. 网吧　　　　C. 政府主管部门、学校

9. 你的孩子经常和网友见面吗?(见　　不见)

10. 如果你是一位小学生,你的父母同意你和网友见面吗?(同意　不同意)

11. 你认为应该怎样引导网络文明建设?(　)

A. 扶持一批思想健康、内容丰富的文化类网站

B. 打击黄色、虚假、反对的网上内容

C. 开展文明上网的宣传活动

12. 你觉得要使学生做到健康上网,文明上网,最主要的是什么?(　)

A. 不上网

B. 在上网时间、内容等方面进行控制,调节自己的自控能力

C. 家长和老师的监督

三、成功案例

贾毅上网成瘾,沉溺于网吧,彻夜不归,被母亲呵斥,离家出走。父亲贾容韬为此惊出一身冷汗。他考虑到贾毅住在学校,身边总有网友鼓动他去网吧,而贾毅的自控力又比较差,所以他决定关掉红红火火的工厂,和妻子一块儿去给儿子做陪读。妻子起初有点不情愿,但贾容韬态度坚决:赚钱的机会以后还有,儿子的教育可耽误不得。当贾毅看着父母背着一大堆行李来陪

读时，马上沉下脸来：你们想当看守吗？贾容韬诚恳地说：你马上就要考大学了，到那时，咱们父子天各一方，今后在一起的日子恐怕少之又少，咱们要珍惜父子情分，多做两年伴，再说了，我也想静下心来读点书。

贾容韬夫妇在学校旁边租了一处房子，妻子负责伙食，丈夫负责转移儿子对网络游戏的兴趣。为此，贾容韬在家里支起了乒乓球桌，经常和儿子切磋球艺。每天清晨，贾容韬陪儿子去跑步。三个月后，贾毅不但乒乓球艺提高了不少，打球的兴趣越来越浓，而且在学校运动会包揽了长短跑项目的冠军，这给了他极大的自信。也因此，贾毅去网吧的次数渐渐少了。

一天，很久没去网吧的贾毅，在同学的鼓动下，又在网吧玩了一个通宵，第二天清晨才低着头走进家门。贾容韬不但没有批评他，还端上热饭热菜，说："贾毅，虽然你又去网吧了，但你的进步是惊人的，进网吧的次数已经大大减少了，这证明你是有毅力的人，离成功不远了！连网魔这么强大的敌人你都能战胜，还有什么困难不能克服呢？"贾毅激动得大喊："老爸万岁！"贾容韬热泪盈眶。后来，贾毅不但戒掉了网瘾，还同他姐姐贾蕾一样，考上了重点大学。

四、健康上网倡议书

网络，是时代发展的产物，是一柄"双刃剑"。它既能使我们开拓视野，丰富知识，了解到全世界的最新动态，又会使人沉湎于其中，尤其是影响未成年人的身心健康，甚至走上违法犯罪道路，导致"一失足成千古恨"的遗憾。所以，网络既能成为我们学习成长的良师益友，又能将我们推向万丈深渊。

我们是祖国的未来，民族的希望！我们都渴望茁壮成长，都憧憬美好的未来！朋友们，为了美好的明天，让我们携起手来，文明上网，做到"五要"和"五不要"，做学习的主人，成为国家的栋梁！

让我们一起来宣誓：

要善于网上学习，不浏览不良信息。

要诚实友好交流，不侮辱欺诈他人。

要增强自护意识，不随意约会网友。

要维护网络安全,不破坏网络秩序。

要有益身心健康,不沉溺虚拟时空。

学生签字：_____

家长签字：_____

____年____月____日

网络如小溪，宜"疏"不宜"堵"

【活动背景】

进入信息化时代,随着网络的普及,越来越多的小学生开始使用互联网,但因为网络安全常识的缺乏,有些自我保护能力薄弱的学生在享受网络带来的丰富精神大餐的同时,也不可避免地受到了负面影响。小明的父母平时工作非常忙,与孩子交流的机会比较少,升入四年级以后,小明慢慢地迷恋上了网络游戏,父母管教他的时候,双方常常会发生语言冲突,在最近的一次检测中,小明的成绩直线下降,父母非常生气,把他的电脑锁了起来,家里的网线也拆了,这导致了小明勃然大怒,跟家长发生了肢体冲突,最后小明竟然离家出走了,彻夜未归。事例说明,为了不使他们在网络中"迷失",作为教师和家长宜"疏"不宜"堵",以便更好地发挥网络积极的一面,为孩子们的科学上网保驾护航。

【活动目标】

1. 让家长认识网络问题的重要性。

2. 帮助家长引导孩子合理使用网络。

【活动准备】

1. 调查问卷。

2. 活动课件。

【活动过程】

一、结合数据,分析现状

我们在工作中经常会听到很多家长说:自己小时候怎样怎样,现在的孩子怎样怎样。这部分家长并没有清晰地认识到他与孩子生活在两个完全不同的世界中。根据 2017 年《中国互联网发展状况统计报告》中的统计，截止到 2017 年 6 月，我国 19 岁以下的网民达 1.5 亿，约占全体网民的 19.4%。简单地说当我们的孩子在使用网络时，全国大约有 1 亿个孩子跟他在做同样的事情。网络的力量是巨大的，我们无时无刻都需要网络，我们的孩子出生在一个网络发达的社会，网络成为他们日常生活的重要部分。他们从小就会使用手机和平板电脑，会在上面使用各种各样的软件，发现不一样的世界。因此，一味地禁止孩子接触和使用网络是不可取的。

二、分析实例，引发思考

网络是一个让人着迷的世界，我们可以从中学到许多知识，网络这把双刃剑如果利用不当就会对人的身体和心理造成危害，尤其是青少年群体。比如，前段时间网络热议的学校集体销毁学生手机、孩子偷用家长的银行卡买装备、因为长期上网身体出现问题等等。请家长以小组为单位交流讨论四年级学生小明的事例，并向家长提出问题：当你面对这样的孩子时，你会怎么办？引导家长从父母及孩子的不同角度发表自己的观点和看法。

经过讨论，有的家长们认为孩子上网的原因可能是因为在现实生活中很多情感得不到满足，有的家长认为父母对待小明的态度缺少温暖，过于生硬，还有的家长认为小明在学校中得不到师生的认可非常自卑等等。顺势引入家庭教育理论知识，以此梳理家长的认知。

三、家庭教育，理论先行

儿童青少年发展适应的核心内容指标主要包括学业适应、行为适应、情绪适应、人际适应四个方面。学业适应是指孩子在学业上的表现，比如学习是否有热情，学习成绩如何等等；行为适应是指做出的具体的行为，比如孩子哭、打架、劳动、表演节目了、参加竞选等等；情绪适应是指心中的感受，比如兴奋、激动、孤独、焦虑等等；人际适应是指孩子在群体中的关系，比如在学校中与老师同学相处的情况，在家庭中与父母亲友相处情况等等。

研究发现这四个方面是相互影响的，人际适应会影响情绪适应，情绪适应会影响行为适应，行为适应会影响学业适应，小学阶段我们要重点关注后三个方面，他们的合力会影响学业的发展。

案例中小明上网成瘾、对家长不理睬是他的行为适应出现问题，那是什么引发了他的行为适应问题呢？从情绪适应方面进行考虑：每个人的成长都需要关注和成就感，缺少了关注和成就感的小明需要借助另外的渠道来

补偿这种未满足的需求,互联网恰恰提供了这种功能,在网络里,小明可以通过杀戮、通关来宣泄自己不满的情绪,体验控制感和成就感,获得伙伴们的羡慕和认同。

又是什么促使小明产生如此复杂的情绪呢?我们来看一下他的人际适应方面,小明的父母工作很忙,跟他交流时间很少,不能及时发现、给予小明最基本的情感需求,在学校中,平凡的小明很少引起老师的关注,也得不到同学的认可,幼小的他不能自己处理这些复杂的关系,久而久之就引发了以上一系列问题的出现。

通过这一系列的分析和讲解,使家长们的思路更加清晰,逐步明白了,孩子出现问题时,只用批评的方式指责他的行为是不起作用的,还应该考虑到孩子情绪如何、人际交往是否存在问题等,只有这样才能全面的了解孩子,走进孩子心里,最终从根源上解决。

四、联系实际,解决问题

掌握了一定的理论后,面对小明这个孩子时,你会怎么样呢?家长们分小组进行讨论,有专人负责记录整理大家的观点和建议,教室内的气氛达到了高潮。讨论结束后,组长上台发言,并将本组的讨论结果设计成海报的样式贴在黑板上。

1. 父母可以与孩子一起学习使用计算机和互联网,如能先行一步更好。在与孩子共同学习的过程中,成人不仅更易于与孩子沟通互助,还可以起到监督和陪伴的作用,这种千载难逢的良机不可错过。

2. 孩子上网之初必先立下规矩。总的原则可按《全国青少年网络文明公约》执行,还可以具体一些,如每天使用网络的时间要固定,不泄露个人与家庭秘密,学会选择并欣赏健康网站等等。

3. 引导孩子学会交往。儿童长大的过程是社会化的过程,而社会化离不开同龄群体的密切交往,离不开深刻的体验。所以,让孩子从小生活在伙伴的友谊之中,是避免虚拟时空诱惑重要的保障。

4. 丰富孩子的生活,让孩子多多体验成功。网络之所以容易使孩子痴迷,往往与他们的课外生活贫乏有关。研究表明,在生活中成功的人,受的消极影响较小,而在生活中失败的人,容易沉溺于虚拟时空。因此在培养孩子养成广泛的兴趣的同时,让孩子在生活中体验成功的喜悦,是抵御不良媒体的关键因素之一。

五、活动总结

家长朋友们,对于孩子上网的问题合理疏导比粗暴阻拦更有意义。同时,当孩子出现问题时,我们不要急于批评或指责他的行为,要分析一下具体的原因,长此以往可以提高对自身及孩子的认识,能够更加全面地看待孩子出现的问题,有利于营造和谐的家庭氛围。

（开发区实验小学　安然）

【相关链接】

小学生上网情况调查问卷

同学们好,随着同学们越来越多地接触网络,我们也越来越多地关注各位同学的上网情况和对网络的看法与认知。基于此,本卷采用匿名调查方式,请各位同学积极配合,如实填写相应的选项。谢谢!

1. 你家有电脑吗?（　）

　A. 有　　B. 没有

2. 你有智能手机吗?（　）

　A. 有　　B. 没有

3. 你经常上网吗?（　）

　A. 经常　　B. 偶尔　　C. 没上过

4. 你一般在哪上网?（　）

　A. 在家　　B. 在网吧　　C. 在学校

5. 你上网的原因是什么?（多选）（　）

　A. 查找学习资料　　B. 玩游戏　　C. 聊天、交友　　D. 阅读新闻

　E. 收发电子邮件　　F. 听音乐　　G. 看电影　　H. 其他

6. 你的网龄有多长了?（　）

　A. 一年以下　　B. 一到三年　　C. 三到五年　　D. 五年以上

7. 你对小学生上网的看法是什么?（　）

　A. 网上资源很丰富,我们应该经常上网

B. 只在查阅学习资料的时候上网

C. 网上有许多不健康的信息，我从来都不上网

D. 偶尔上网、玩游戏，打发时间

8. 家长对你上网持何态度？（　　）

　　A. 禁止上网　　　B. 学习需要可以上网

　　C. 课余或假期可以适量上网　　　D. 任其自然

9. 如果家长反对你上网，他们的理由主要是什么？（　　）

　　A. 浪费时间，影响学习

　　B. 易受网络上不良信息的误导，影响身心健康

　　C. 错交不好的网友

10. 家长对你上网有没有进行具体指导？（　　）

　　A. 有　　　B. 没有　　　C. 有时有，有时没有

11. 你对互联网上的信息看法是（　　）

　　A. 内容丰富、健康　　　B. 既有健康内容，也有不健康内容

　　C. 健康的多一些，有害的少一些　　　D. 有害的多，有益的少

12. 你是否曾接触或遇到过互联网上的非法或传播不良信息的网站？
（　　）

　　A. 遇到过　　　B. 没遇到过

13. 对于非法传播的不良信息你认为应该怎样处理？（多选）（　　）

　　A. 不浏览、不理会　　　B. 屏蔽恶意网站

　　C. 抵制不良信息

　　D. 全社会行动起来，禁止非法网站和不良信息的传播

14. 你觉得上网对你的学习是否有帮助？（　　）

　　A. 有效的学习途径　　　B. 找到学习资源

　　C. 增加学习信心　　　D. 浪费时间

15. 在网上你使用过不文明用语吗？（　　）

　　A. 会　　　B. 偶尔会　　　C. 从不

16. 专家研究发现，小学生在网络上的时间越多，与亲人的沟通就越少，实际生活中的朋友也越少。同时也会倍感孤独和沮丧，你有以上所说的问题吗？（　　）

　　A. 有　　　B. 没有

17. 现在很流行"王者荣耀"游戏,你曾为了玩游戏很晚才睡觉吗?
（　　）

　　　A. 有　　B. 没有　　C. 偶尔

18. 据我们所知,近60%的学生曾为网络游戏花钱充值,你曾这样做过吗?（　　）

　　　A. 有　　B. 没有

19. 网络对你的影响主要有哪些方面?（多选）（　　）

　　A. 开阔了视野,拓展了知识面

　　B. 认识很多朋友,通过与网友的交流,减轻学习或其他方面所造成的心理压力

　　C. 获取网络上丰富的教育资源,学习成绩得到提高

　　D. 花费太多时间上网而使成绩下降或视力下降

　　E. 沉溺于网上娱乐,无心向学

20. 有些学生因上网而使学习退步。你认为造成这种现象的主要原因是什么?（多选）（　　）

　　A. 社会、学校和家庭没有对儿童青少年上网进行足够引导,没有做到趋利避害

　　B. 家长、学校的压制使得学生产生强烈的反抗情绪和厌学情绪

　　C. 网络中不良信息对学生产生不好的影响

　　D. 上网时间和学习时间把握不当

21. 你认为社会、学校、家庭对小学生上网的关注程度怎样?（　　）

　　A. 小题大做,过于关注

　　B. 恰到好处的指导我们上网

　　C. 关注不够,小学生上网需要更多的指导

建议三、四、五年级家长会用

与孩子共享网络生活

【活动背景】

　　最近有家长反映,孩子迷恋上了网络游戏,饭不好好吃,作业不认真做,就连睡觉都想着游戏。把电脑设上密码,他会偷偷地找手机玩;把手机藏起来就会大哭大闹;跟他讲道理,他说要在电脑上查资料,把家长弄的束手无策。据调查,目前我国城市未成年人互联网普及率达到91.4%,手机拥有率达到72.8%,首次触网年龄在10岁之前的达7成,学龄前儿童上网比例达26.2%。在此背景下,家长如何引导孩子合理运用网络就显得尤为重要。

【活动目标】

　　1.通过本次活动,让家长帮助孩子了解网络的功与过。

　　2.通过案例的分享,指导家长让孩子合理使用网络。

【活动准备】

　　1.活动课件。

　　2.调查问卷。

【活动过程】

一、出示案例,引发思考

　　按照每年的惯例,琳琳妈妈利用周末为女儿组织了一次生日聚会,然而和往年的欢闹景象不同,一群五年级的小学生聚在一起,人手一台 ipad 或者 iphone,全都默不作声却又忙得不亦乐乎,原来他们在班级的微信群里聊得热火朝天。"既然聚在一起为什么还用微信?直接聊不就行了?"妈妈很诧异。"这么聊更有意思,平时都聊习惯了。"女儿忙碌中解释了一句。面对这种场面,爸爸妈妈目瞪口呆。

【案例分析】

像上面案例中这样痴迷电子产品的小孩并不是少数,伴随着平板电脑等电子产品的风行,这些原本属于成人世界的产品也迅速成为孩子们的玩具。而家长们对于电子产品低龄化的现象也各执一词。有些父母觉得科技有助于教育,也使自己管理孩子省心,对孩子玩电子产品没有过多干涉,导致孩子过度沉迷电子游戏,而表现出对学习失去兴趣,对人际关系逐渐淡漠,甚至严重影响视力。有的孩子沉迷于网络,学业荒废,偷钱去网吧。而有的家长则认为互联网不仅为人类的学习提供了无比畅通的获取信息的渠道,而且为孩子通过学习提高自身的心智提供了便利。面对不同的观点,一些家长不免产生困惑,网络教育到底应该"疏"还是"堵"?

设计意图:活动伊始,出示典型案例,并对案例进行分析,同时引出发生在身边的事例,引发家长的思考。

二、了解孩子,查找问题

本问卷包含 20 个问题,请根据孩子的实际情况作答。如果选择是较多,则说明网络已经影响了孩子的正常生活,需要加强对孩子的引导和监督,帮助其摆脱对网络的依赖。

设计意图:通过问卷调查,发现孩子对网络的痴迷究竟达到什么程度,以便有的放矢地进行引导。

三、指导建议,引领方向

(一)引导孩子正确认识电子产品和评价自我

我们生活在信息时代,孩子接触电子产品无法避免,但头脑清醒的孩子会利用电子产品来开阔视野,丰富自己的知识,让生活更有趣,而沉迷于聊天与游戏的孩子身心均会受到伤害。家长要注重疏导,对待孩子上网,疏比堵要好。引导孩子正确认识电子产品,不迷恋游戏,了解自己的兴趣范围,帮助孩子树立正确使用电子产品的观念。

活动一:亲子沟通

父母和孩子一起玩一款孩子喜爱的电子游戏,结束后和孩子聊聊玩游戏的感受,然后和孩子一起上网搜索关于沉迷电子游戏带来的危害的新闻报道,让孩子结合新闻谈谈体会。

活动二:原来我是高手

和孩子一起看下面的表格,让他在自己会使用的功能后画"√",还可

以在空格后补充孩子会使用的其他功能。

我觉得我能用电子产品……			
发短信祝福		查看天气预报	
拍照		听音乐	
录像		录音	
计算器算账		闹钟提醒	
电子导航		QQ 聊天	
微信好友		发微博	
玩游戏		打电话	
上网查学习资料		学习	
美化 QQ 等网络空间		收发邮件	
看电影		看新闻	
查物品价格质量等信息		在网上发布文章	
我还能：			

活动三：约法三章

父母和孩子一起参考《全国青少年网络文明公约》，商定一个电子产品使用公约，约定使用电子产品的时间、要求等。对孩子上网时间做出一定的限制。父母要在计算机里安装过滤程序以屏蔽不良网站，还要掌握相应的电脑知识，熟悉孩子经常去的网站和聊天室，以便能够及时发现问题，及时解决。还有一点需要特别注意，电脑一定不要放在卧室里。

活动四：游戏化学习

网络游戏对孩子有着无穷的吸引力，任何一位父母都无法忽视游戏在孩子成长中的巨大影响。不少父母为此忧心忡忡，担心孩子沉溺于网络游戏，影响学习。但实际上，将游戏应用于学习也有巨大的潜力可以开发。比如：水城、农场狂想曲、模拟城市等游戏通过创设虚拟情境，能够引发学习者的好奇心，激发学习的幻想，激励学习者去探索。某些设计良好的游戏可以支持学习者更快更好的习得学科知识，培养技能策略，进而使学习者在轻松的氛围中完成常规的学习任务。父母们如果正在担心孩子被不健康的游戏吸引，那么不妨把这些让人放心的游戏推荐给自己的孩子，并鼓励孩子与同伴分享，一起体验教育游戏的乐趣。

（二）掌握科学的教养方式

1. 以民主、平等的方式与孩子沟通

著名教育家陶行知说："我们必须会变成小孩子，才配做小孩子的先生。"家长要尊重孩子的人格，真正平等地与孩子相处，尊重孩子的想法和意见；经常给孩子表扬和鼓励，用欣赏的眼光看孩子的成长；耐心倾听孩子的倾诉，获得孩子的信任。当孩子有安全感或信任感时，才会向其信任的成年人说出心里的秘密，才能有效地预防可能出现的一些行为偏差。

2. 给孩子理智的爱

家长对孩子理智的爱，就是要正确地对待孩子的各种需要。凡是正当合理的物质需要，根据家庭的经济条件，可以给以适当的满足。而对于一些不是孩子生活、学习的必需品，甚至会影响孩子正常生活的物质需要，家长要拒绝孩子，向孩子讲明道理，避免无条件的溺爱。

3. 丰富孩子的生活

网络游戏之所以容易使孩子过度痴迷，往往与他们课外生活贫乏有关。因此，培养孩子广泛的兴趣，尤其是热爱户外运动，是至关重要的。

一位妈妈分享了她的经验：

儿子从二年级开始就迷上了网络游戏，周围的同学也经常交流游戏心得，他无从加入，不开心，要我让他玩，既然这样不能避免，就只能引导。

首先，和儿子商量只能星期日玩，同时经常向孩子讲玩游戏时间过长对眼睛的危害。其次，除了日常的学习和功课外，多培养孩子的其他兴趣，我们安排孩子星期六去学功夫和英语，平常爸爸晚上多陪儿子练功夫和进行体育锻炼（如打球、滑板等），以消耗孩子过剩的精力。另外，假日带孩子去儿童图书馆借书，通常让儿子借两本他喜欢的漫画，其他三本由我挑选，我多找些文学经典或科学类的文字书回家，培养孩子的阅读兴趣。每读一篇文章可以换五分钟游戏时间，儿子有了这个动力就愿意读书，基本每星期都读八篇文章，他在星期日就可累计四十分钟的游戏时间。

在玩的过程中，我经常陪同，还帮儿子下载或查找他喜欢的游戏，在他玩的时候分享他的欢乐，所以时间到了，他没有不情愿的结束游戏。

这位妈妈很智慧,她能直面现实,科技的发展大趋势不容回避,但重要的是借助权威来树立孩子对电子游戏的正确观念。而且,她还设计了丰富多彩的活动充实孩子的生活。想孩子所想,乐孩子所乐,家长参与其中,其乐融融,和孩子一起游戏,一起体验活动,一起分享快乐,一起成长,她的做法有很多值得借鉴的地方。

（三）家长树立正面榜样

现在手机和其他电子产品已成为很多家庭的必需品,家长常常在孩子面前乐此不疲地玩手机或电脑游戏,这些游戏只要一进入孩子的视野,很能吸引孩子的注意力,比玩具还要来得强烈。另外,家长只顾自己埋头游戏也冷落了孩子,为以后的亲子沟通埋下了障碍。

案例1:侯先生是公司的老总,平时喜欢玩点手机游戏缓解一下压力,也从不避讳儿子,有时还指点儿子几招,渐渐地,儿子也迷上了手机游戏,经常向家人讨要手机玩,周末的作业经常忘记做,学习成绩一落千丈。当一家人注意到孩子对游戏有点上瘾后,都要求侯先生不要再当着孩子的面玩手机游戏了。

案例2:周六晚上,一家教育机构举行儿童创意挑战赛活动。在这个活动中,孩子们探讨周围有哪些困扰他们的问题和现象。现场有将近20个孩子,小的读小学二年级,大的读初中二年级,全都提到了父母迷恋手机冷落自己的问题。孩子提出了回家后把大人的手机没收的创意,希望家长多花时间陪自己。

父母是孩子最好的老师。父母的一举一动,孩子都会看在眼里,学在心里。对于很多家长来说,面对孩子的教育问题,总是无从下手,不知所措,其实,为孩子做好表率,搞好后勤,统一家庭教育观念,创设一个温馨的家庭氛围,多在感情上投资,对于孩子来说很重要。

设计意图:通过一些贴近生活的案例分析和建议指导,让家长帮助孩子了解网络的好处和危害,让孩子能有选择性地上网,合理利用网络。

四、家长会小结

面对信息时代的高速发展,父母必须通过学习不断改变自己,勇敢迎接挑战。家长朋友们不必惧怕网络,也没有必要阻止孩子接触网络,关键是帮助孩子养成良好的上网习惯。我们去除互联网疑虑最好的办法就是自己努

力跟上数字技术的发展,与孩子共享网络生活。

（海阳市育才小学　高飞）

【相关链接】

网络问题问卷调查表

	是	否
1. 花在网络上的时间比预期的长。	（　）	（　）
2. 当试图减少网络游戏时间时却无法做到。	（　）	（　）
3. 因为网络游戏宁愿失去重要的人际交往,甚至旷课。	（　）	（　）
4. 玩网络游戏没有明确目的,但就是不愿停下来。	（　）	（　）
5. 每天早上醒来,想做的第一件事就是玩网络游戏。	（　）	（　）
6. 经常因玩网络游戏而影响学校功课及成绩。	（　）	（　）
7. 经常放弃需要完成的作业而去看看游戏进展。	（　）	（　）
8. 因经常玩网络游戏而影响课堂表现及学习效率。	（　）	（　）
9. 常常对亲友父母掩盖玩网络游戏的行为。	（　）	（　）
10. 不去想烦恼的事情,总回想玩网络游戏时的愉快经历。	（　）	（　）
11. 只要有一段时间没玩网络游戏,就会觉得好像错过了什么。	（　）	（　）
12. 认为没有网络游戏的世界是沉默空洞、没有生气的。	（　）	（　）
13. 当其他人打扰自己玩网络游戏时会叫喊并恶骂对方。	（　）	（　）
14. 会因为今天迟了玩网络游戏时间而失眠。	（　）	（　）
15. 当在空余的时间想网络游戏的事情会想得出神。	（　）	（　）
16. 在玩网络游戏以后经常对自己说：“再多给我几分钟。”	（　）	（　）
17. 尝试减少玩网络游戏的时间但失败。	（　）	（　）
18. 会尝试隐瞒自己玩网络游戏的时间。	（　）	（　）
19. 会因为要玩网络游戏而推掉与朋友外出的约会。	（　）	（　）
20. 不玩网络游戏时会感到情绪低落,但玩过后会恢复正常。	（　）	（　）

建议三、四、五年级家长会用

如何培养孩子的责任意识

【活动背景】

常听家长抱怨孩子令人操心，做事虎头蛇尾的；学习自觉性、耐劳性差；对成绩优劣无所谓；更有甚者，对父母态度恶劣，喜怒无常……为什么孩子有这些不尽人意的表现呢？只要深究原因就会发现，孩子自身缺乏一样很重要的东西，那就是责任心。责任心是一个人日后能够立足于社会、获得事业成功与家庭幸福的一种至关重要的人格品质。培根曾说："责任心是世界上最珍贵的种子，它若早早地播种在孩子的心田里，将会收获一生一世的幸福。"责任心对孩子的成长来说，是一种特殊的营养，能够帮助孩子们长大。因此，如何培养孩子们的责任心，对很多家庭来说，是当务之急。

【活动目标】

1. 让家长明确责任心教育对孩子成长的重要意义。
2. 让家长了解孩子缺乏责任心的原因。
3. 指导家长掌握培养孩子责任心的方法。

【活动准备】

1. 活动课件。
2. 相关案例。

【活动过程】

一、生活导入

中国式家庭有一种现象，家长喜欢大包大揽，似乎不这样就不能表达自己对孩子的那份爱。久而久之，孩子做任何事情都依赖父母，小到削铅笔、包书皮，大到写演讲稿、办手抄报，家长统统代办。如果孩子不慎闯祸了，家长通常是一顿呵斥,之后立刻把孩子放到自己的羽翼下面,自己去收拾残局,还美其名曰:孩子已经知道错了,这些事情不要让他参与了。

由于父母过于保护,娇宠溺爱,孩子从小在这样的环境中成长,他们往往责任感较差,以自我为中心,不关心他人,甚至不关心自己的父母,性情冷漠,习惯把责任都推给他人。如果从小不培养孩子的责任感,那么他始终都长不大,不能够自己去面对生活中的艰难困苦。作为家长,我们要做的就是引导孩子从小培养责任意识,学会为自己负责,为他人负责,为社会负责。

二、主题探究

（一）责任的含义

1. 有责任心的人令人尊敬

一名公交车司机行车途中突发心脏病,在生命的最后一分钟里,他做了三件事:（1）把车缓缓地停在马路边,并用仅存的力气拉下了手动刹车闸;（2）把车门打开,让乘客安全地下了车;（3）将发动机熄火,确保了车和乘客、行人的安全。他做完了这三件事,安详地趴在方向盘上停止了呼吸……这就是大连市一名平凡的公交司机黄志全,他在生命最后一分钟里用行动诠释了什么是责任心,也让许多人牢牢地记住了他的名字。

家长朋友们,当你读到这篇新闻报道时有何感想?责任是一种精神,更是一种品格。对自己的工作无论喜欢与否,既然去做就要毫无怨言地承担责任,并认认真真地做好,这就是责任。良好的责任心不是一时一刻的事,不是成人后一蹴而就的,而是从小一点一滴养成的。

2. 明确有责任心的人应该承担的责任

一个对家庭、对社会负责的人,才会让人感到可信任;一个对生活、对事业负责的人,才会不断地进取;一个对民族、对国家负责的人,才会去献身、去贡献。所以,培养一个有责任心的孩子,应该教育他承担以下责任:

（1）对自己负责

对自己的学习负责;对自己的健康负责;对自己的意志、品格负责;对自己的生活负责;对自己的时间负责等。

（2）对他人负责

①礼貌待人,宽容大度,知恩图报,说话文明。不做伤害别人的事,不打扰别人的工作、学习和休息。同学之间互相帮助、互相关心、共同进步。

②注意约束自己的言行,诚实不说谎话,做事有始有终,不斤斤计较,答

应别人的事要努力做到。

③懂得为他人着想，有同情心，乐善好施，不歧视弱势群体，能伸出热忱的手帮助他人，树立"人人为我，我为人人"的思想。

（3）对家庭负责

①知道父母的生日，孝敬长辈，关心父母，热爱家庭每一个成员。主动和父母沟通，多听父母对自己在各个方面的指导和建议，不辜负家长对自己的期望，在家做父母的好孩子。

②作为家庭的成员要分担家庭的各种苦与甜，勤俭节约、不乱花钱，了解长辈的辛苦、劳累，有一颗感恩的心，主动帮忙承担一定数量的家务劳动，减轻父母的负担，懂得以实际行动回报家人的培养。

（4）对社会负责

①热爱祖国，热爱人民，树立我是一个中国人的民族自尊心、自豪感，有公民意识，争做"五好"小公民。

②遵守社会公德，爱护公共设施，有环保意识。积极参加社会的公益活动，尽自己的力量帮助有困难的人，有一颗热爱、关心社会的心。

③树立少先队员良好的社会形象，懂得"没有国家，哪有大家；没有大家，哪有小家"这个道理。

（二）孩子缺乏责任感的原因

你的孩子身上是否或多或少地存在学习马虎、做事不认真、过分关注自我、心中无他人、做事不计后果等现象？这都是孩子责任意识淡薄的表现。

孩子缺乏责任心，除了其自身的原因，家庭也有其不可推卸的责任。

1. 父母的全权包办，没有给孩子负责的机会

孩子缺乏责任感，归根到底是因为没有独立负责的机会。父母或家人对孩子百依百顺、娇惯宠爱，把所有的事情都大包大揽，养成了孩子以自我为中心、不负责任的不良习惯。比如：孩子迟到了，家长解释迟到的原因是自己睡过了头，不怨孩子；学生完不成作业，有家长就打电话或者让学生带纸条解释完不成任务的原因，自己承担责任。本该孩子自己做的事情全由家长代劳了，将来应该孩子自己负责的事情他们还能学会自己承担吗？

2. 只有空洞说理，没有放手让孩子体验

教育孩子时，我们是提倡讲道理，但是所讲的道理也应符合孩子的年龄和特性，对于即将步入青春叛逆期的孩子，父母如果仍然是空洞地、盲目的

一味说教，甚至老生常谈，那就可能会导致亲子矛盾加大。这种抵触情绪下孩子怎能对自己的学习与生活有责任意识？更何况责任不是空洞的理论，需要放手让孩子亲身体验。

3. 父母严管苛教

浙江高中生徐力杀母事件，应引起我们家长的反思。有的家长对孩子的管教过于严格，对孩子的缺点错误过分挑剔，教育方法简单粗暴，孩子有一点错误非打即骂，使孩子性格孤僻、自卑，甚至有暴力倾向。有人说，批评中长大的孩子，责难他人；惩罚中长大的孩子，自觉有罪。可以想象，在这样的家庭环境中长大的孩子，能形成健康的人格吗？又何谈责任意识？

（三）培养孩子责任心的途径

1. 学会自我管理，给孩子理智的爱

培养孩子的责任心首先就要求家长放弃对孩子的溺爱，让孩子去做一些力所能及的事情，让孩子学会自我服务，让孩子学会自己承担责任。比如：学习用品要自己收拾好，自己的房间要自己打扫，衣服穿脏了自己去洗干净，起床后要自己整理床铺，家庭作业要自己独立完成，自己说过的话不能食言等等。

2. 鼓励孩子勇敢地承担责任

培养孩子的责任感，家长应当要求孩子勇于对自己的言行负责，不论孩子有什么样的过失，只要他具备承担责任的能力，就要让他勇敢去地面对，就不能让他逃避和推卸，更不能由大人越俎代庖。比如：孩子损坏了公共财物，家长就应要求孩子自己去修理或照价赔偿；孩子一时冲动打伤了别人，家长就应要求孩子自己去登门道歉；孩子早晨磨磨蹭蹭上学要迟到了，家长也不用着急慌忙地送他，让孩子自己去面对老师的批评。久而久之，孩子会逐渐学会为自己的行为负责。

3. 让孩子品尝一下苦果

培养孩子的责任感，家长可以适当地让孩子品尝一下办事情不负责任的苦果，受到惩罚，他自然就会提高警惕，也会明白什么是责任。

一位中国记者走在澳大利亚的大街上，看到有位澳大利亚妇女，带着孩子在散步。那个淘气的孩子不听从妈妈的劝告，跳来跳去，突然，扑通一声，掉进小河里。记者毫不迟疑，飞快地跑向河边，准备跳到河里去救孩子。没有想到的是，那位妇女却制止了他，记者感到很奇怪，她严肃地说："孩子不听

从大人劝告,就要为自己鲁莽的行为负责,我要他自己爬上来。"记者看着孩子在水中翻腾,喝了几口水后,终于爬了上来。这位理智的母亲为中国记者上了生动的一课,相信这个孩子在他今后的人生路上会时刻牢记为自己的行为负责。

4. 给孩子一个好的榜样

著名的行为主义心理学家班杜拉认为,孩子多通过模仿身边的人来获得行为。既然孩子都有对自己喜欢和崇拜的人进行模仿的心理倾向,那么父母的言行举止对孩子的影响是深远和巨大的,很难想象,一个对孩子、对长辈、对爱人、对家庭、对社会毫无责任感的家长,能够培养出具有很强责任心的孩子。

让孩子信守诺言,父母必须为孩子做出遵守诺言的榜样。无论作出什么许诺,都要尽可能地实现,如果不能实现的话,一定要向孩子说明。告诫孩子不要轻许诺言,一旦许诺,就必须遵守。

5. 让孩子参与家庭生活

培养孩子的责任感可以从家庭这块阵地入手,让他承担起自己应该承担的一份责任。分配给他一定的力所能及的家务劳动,让他学习照顾爸爸或妈妈。父母可通过鼓励、期望、奖惩等方式,督促孩子履行职责,培养责任心。只有这样,才能让孩子走出自我中心,强化对他人和周围环境的责任心。

这一点上,德国人的做法很有借鉴意义。德国小孩儿在家应尽的义务,以及处罚措施都有明确规定:6岁以前的孩子可以尽情地玩耍;6~10岁要帮助洗杯盘碗碟,购买小物品;10~14岁要整理草坪,洗刷鞋子;14~16岁要参加宅旁园地的劳动。对不愿干和不完成父母交办的家务事的孩子,按违犯百年来约定俗成的法规论处;双亲可以请求市监管委员会给予帮助。

6. 要求孩子做事有始有终

良好的责任心是要靠坚强的意志力和持之以恒的态度来维持的,而这恰恰是许多孩子所缺失的,孩子往往好奇心很强,兴趣爱好也很广泛,但就是做起事情来却只有几分钟的热度,不是虎头蛇尾就是半途而废,稍稍遇到一点困难和挫折就打退堂鼓,不愿意再坚持下去。因此,家长平时就应当注意培养孩子做事有始有终、负责到底的良好习惯。交给孩子去做的事情,不管是大是小,家长都要全程地监督,发现问题及时地纠正,决不允许孩子未做完就随意放弃,直到孩子从头至尾认认真真地把事情做完做好才能罢休。

另外,为了使孩子能够更好地坚持把一件事做完,家长可以给孩子选择一些比较容易的任务,如果一下子就把孩子吓倒了,他就很难再有信心去努力做事了;交给孩子的任务可以常换花样,给孩子一定的新鲜感,不要让孩子总是重复地去做一件事,那样孩子会失去兴趣的。

7. 坚持正面教育,多鼓励、表扬,少指责、批评

当孩子做错事的时候,家长切记不要过分批评,只要他知错,改正就可以了。孩子的责任感的形成就是一个循序渐进的过程,需要日积月累。父母要针对孩子的一些做法给予公正及时的评价,使孩子相信自己有能力、有责任承担,只要努力去做就能做好。同时要教他今后还应该怎样做会更好,即使他看到自己潜在的能力,又能看到不足之处,以便帮助孩子养成积极、认真、严谨的生活、学习习惯,培养孩子对自己言行负责的态度。

8. 父母的教养态度和行为对孩子责任心的形成具有重要作用

对孩子采取民主的态度,鼓励孩子独立思考,允许他们表达自己的观点和看法,有利于孩子形成责任心。娇惯、过度保护孩子,让孩子从小养尊处优、自私自利、为所欲为,孩子成年后就会缺乏对社会和他人的责任心。让孩子绝对服从的教育方式只能培养出唯命是从、毫无主见、不敢负责的人。

孩子心中有爱,关心他人,善待他人,这是培养孩子对社会的责任心的基础。要让孩子主动关心老人、病人和比自己小的孩子。父母生病的时候,让孩子学会照顾父母。让孩子知道父母的生日,鼓励孩子给父母送上一份生日礼物。

三、答疑解惑

（一）分享经验

邀请两位优秀学生家长现场分享自己的育子经验,交流他们如何在日常生活中培养孩子的责任意识。

（二）答疑解惑

有困惑的家长提出问题,教师和有经验的家长及时给予建议和方法,及时解决家长迫切的教育问题,也方便家长学习到新的教育理念和教育方法。

四、活动总结

家长朋友们,孩子是家庭的希望,是中华民族的未来,要想把孩子培养成为有责任感的人,就要逐步把孩子当成独立的人,使之明白自己是家庭的一个成员,应尽一份义务,负一定的责任,要对孩子的行为多加指导,使其渐

渐走上自立的道路。万丈高楼平地起,只要家长朋友们帮孩子砌好责任这第一块基石,相信孩子今后一定会自己完成人生这座高楼!

(招远市金岭镇中村完小　张翠丽)

【相关链接】

一、推荐父母读书书目:

《陪孩子长大——李子勋亲子关系 36 讲》

《家庭成就孩子》

《特别狠心特别爱》

《培养孩子的责任感》　马一

二、推荐家庭教育网站:

家庭教育网 http://www.cnjtjy.com/

中国家庭教育在线 http://jia.cersp.com/

烟台家长学校栏目

胶东在线教育

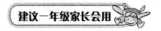

建议一年级家长会用

让孩子学会对自己的事情负责

【活动背景】

班级中有的孩子家庭作业每次完成得都非常好,正确率很高,但在课堂练习时却错误百出,问其原因,回答说:"在家都是妈妈检查完告诉我哪错了,我再改的。"也有的孩子临上课才发现没带课本,问他为什么,回答说:"妈妈没给我放进书包里。"……父母的代劳,让孩子错误地认为这些事情就应该父母做,不是自己的错。低年级学生各方面能力与习惯都在逐步养成之中,需要家长极大的关注与配合。如何让家长认识到"孩子要对自己的事情负责",以帮助孩子尽快形成良好的学习和生活习惯,是本次家长会亟待解决的问题。

【活动目标】

1. 让家长认识到"孩子要对自己的事情负责"的重要意义。
2. 通过典型案例让家长查找自身的问题。
3. 让家长掌握一些指导孩子"对自己的事情负责"的方法。

【活动准备】

1. 活动课件。
2. 阅读材料。
3. 相关资料。

【活动过程】

各位家长朋友,大家好!我是一年级三班班主任王老师,请允许我代表1·3班所有的任课老师向你们的到来表示热烈的欢迎和衷心的感谢!感谢大家百忙之中抽出时间来参加我们的家长会,感谢你们一直以来对我校工

作以及我们班级工作的大力支持。

一、出示照片，引发思考

家长朋友们，现在大多数家庭都是独生子女，随着人们生活越来越好，家庭对孩子的关注也越来越高了。孩子上学了，全家人都行动起来：上下学接送，回家陪读，检查作业，替孩子收拾学习用品，不让孩子干家务……孩子能干的、让干的越来越少了。其实我们的孩子比各位想象的要能干得多，也会干。现在让我们一起来看看孩子们在学校的生活。

1. 家长欣赏学生照片

（1）孩子自己整理外套的照片

这是我们班同学每天早晨都要做的一件事，脱下外套后自己叠好，并一件一件地摆在后面的桌子上，并要求轻拿轻放，小心别把别人的外套弄掉下来，孩子们都干得特别认真，摆得特别整齐。

（2）整理学习用品的照片

这是孩子们在学习"分类整理"之后对自己的学习日用品进行的一次整理，可以看出孩子们对自己的学习用品整理得井井有条。

（3）学生打扫教室内外卫生的照片

家长朋友们，现在我们坐在干净整洁的教室里，这样整洁的环境可都是出自孩子们之手。

（4）学生做手工的照片

家长总觉得孩子太小，这也不会那也不会，可你发现了吗？孩子们都有一双灵巧的小手。

2. 与家长进行简单的交流

孩子做的这些事情你满意吗？这些事情在家里你让他自己做吗？

二、对照案例，查找问题

现在我想讲讲在我们班发生的真实的案例。

1. 妈妈没给我放进去

开学以来经常会有学生忘记带课本或练习本，一开始以为是孩子们收拾学习用品的时候不够仔细，所以叮嘱孩子下次别忘了。但在课间与孩子交流的时候孩子的回答是：都怪妈妈，她没给我放进书包里。调查发现，班里很多孩子的学习用品都是家长帮着收拾的，而且孩子慢慢地认为这本来就是妈妈的事情。

2.作业是妈妈检查的

班里的同学家庭作业的正确率与课堂练习或小测的正确率相差较大,拿着作业与他一起分析错误原因时,发现许多原来会做的题目也会出错,孩子自己也很懊恼,问他检查了没有,他回答说只看了一下,没有发现错误,原来平时的家庭作业都是妈妈帮忙检查,圈出错误的地方,孩子再改过来。

良好的行为习惯和自理能力是通过生活中的小事来培养的,并会影响人的一生。父母因为怕孩子不认真、不仔细而为孩子检查作业,只是暂时地避免了孩子出错,让孩子形成了很强的依赖心理,习惯于把自己应该承担的、最基本的责任都推卸给了别人。这样下去,孩子会变得缺乏责任心和没有自律能力。

小结:我国教育家陈鹤琴先生说过这样一句话:"凡是孩子自己能做的事,让他自己去做。"这不仅对培养孩子的独立性、自理能力很重要,同时也培养了孩子的责任感,使孩子能对自己负责,包括对自己的生活负责、对自己的行为负责、对自己的学习负责。

三、欣赏案例,提升认识

孩子身上发生的这些事例是值得家长们思考的,那么孩子的作业由谁来检查?孩子的书包是不是应该由孩子自己收拾?孩子上学迟到了是谁的责任? 上下学的书包是不是由孩子自己背?下面我们一起来看两个案例。

案例1:几个美国小学生在假期来中国旅游,他们在一个中国朋友家住。戴瑞是最小的一个孩子,她只有11岁,她给人的印象是背着一个与她的年龄不相称的大背包。一天游天坛公园时,同行的一名家长想帮帮戴瑞,便对戴瑞说:"我帮你背包吧!"不料,戴瑞睁大双眼,当即礼貌地拒绝道:"谢谢您!自己的东西应该自己拿呀!"

案例2:另外一个故事是关于中国女孩的,大概也有十来岁。那是一个冬天的早上,雪下得很大,女孩坐在草坪旁边的护栏上,伸着腿,叉着腰,指着马路上正在为她叫的士的妈妈喊着:"快一点! 要是迟到了,我怎么办? "只见她可怜的妈妈一手抱着女儿的书包,一手不停地向路上的的士挥手,她急得满头大汗,不停地跑前跑后……

如果你想让孩子成为有责任感的人,就应该让他明白:上学是自己的事,父母没有义务替你包办一切。每天早晨闹钟一响,你就应该自觉地起床,准时去上学。遇到刮风或雨雪的天气,你应该早一点起床,坐不上车,你走也

要走到学校。如果迟到了,你应该对此负责,而不能把责任推给爸爸妈妈。

如果你想让孩子成为有责任感的人,就应该让他明白:自己的书包、书籍、玩具等物品,应该自己整理,自己的房间应该自己打扫,自己的被褥应该自己收拾。

如果你想让孩子成为有责任感的人,不妨在家里设立一个劳动岗位。如洗碗、扫地、拖地板、取牛奶等,不要担心孩子做这些事情会耽误学习,不要对孩子说:"你只要把书念好,什么事情都不用操心。"你应该让孩子铭记这句话:"我是家庭的一员,干家务、做力所能及的事情是我的责任。"

四、家长如何指导孩子学会"对自己的事情负责"

(一)学习方面

让孩子学会对自己的事情负责,包括方方面面,下面我主要先谈谈家长最关心的学习方面,家长应该如何"让孩子学会对自己的学习负责"呢?

1. 鼓励孩子养成独立完成作业、检查作业的习惯

父母关注孩子的作业时,不要给孩子打下手,帮孩子检查作业,而是要关注"一头一尾"。"一头"就是孩子做作业前,先大概了解孩子的作业内容与作业量,估算出大约需要的时间,然后与孩子商定必须完成作业的时间。

"一尾"就是父母对孩子作业的检查不是内容的正误,而是书写整洁和完成与否,让孩子知道:爸爸妈妈检查作业,签字不是看我做对了没有,而是看我有没有完成。

教育孩子做作业时只有自己细心、认真,才能不出错。鼓励孩子自己检查作业。让孩子说说错在哪里,为什么会出错,这样可使孩子记住错误,以免下次再犯。如果父母在孩子一入学就这样做或入学前就这样做,孩子学习的自觉性就会大大提高。

2. 不要一味责备孩子做错作业

孩子的知识结构尚未形成,作业出错的偶然性和随意性很大。如果父母一味责备孩子做错题目,而不帮助孩子分析查找原因,最终只会导致孩子在学习过程中前怕狼后怕虎、畏首畏尾,从而对学习丧失兴趣。所以,父母不要过多批评指责孩子作业粗心,因为孩子需要依赖父母的"眼睛"看自己。

父母渲染错误的严重性,主观上想引起孩子注意,克服粗心大意,而客观上不仅不能解决粗心问题,还严重地强化了孩子的内疚、惊慌、恐惧,进而

形成自我否定的消极心态。

一旦发现孩子的作业做错了,就事论事、有错改错,作业终究是为了巩固孩子学习,检查孩子对知识的掌握情况。父母要在孩子的错误问题中帮助孩子更牢固地掌握知识点才是最好的处理方法。

3. 教会孩子自己检查作业的方法

指导孩子学会检查作业需要一个长期的过程。开始,父母可以和孩子一起检查作业,但在检查作业时,父母如发现孩子作业有漏掉的,不要直接告诉孩子少写了哪道题,而应让孩子自己对照检查,找出问题后再补上。对于出现的错别字,也不要直接给孩子指出来,而应该让孩子自己对照教科书检查。

如果孩子还是查不出来,父母可缩小范围,然后再让孩子去查找,通过在实践中把方法告诉孩子,从而培养孩子自己检查作业的能力。另外,还可以向孩子提出做作业的要求:一是放慢写作业的速度;二是做一道题检查一道题,确信没有错误再做下一道题。

(二)生活方面

如何让孩子对自己生活负责呢?

1. 要让孩子明白自己的事情自己做。比如,家长可以鼓励孩子自己整理房间、收拾书包、穿衣叠被等等。值得家长注意的是,不要因为心疼孩子而事事包办代替,应让孩子通过自己的劳动,直接看到负责任的行为所得到的回报,这样孩子的责任心就会逐渐增强。

2. 教育和指导要到位。孩子在最开始做自己的事情时,可能会犯错,家长要多给孩子鼓励和指导。有位母亲要求孩子洗澡后把脏衣服放进洗衣机,可是 8 岁的儿子经常忘记,家长就让他把洗澡后要做的事情记在一个本子上,以提醒自己不要忘记。另外,妈妈还可以鼓励孩子做一些力所能及的家务,如让孩子负责周末刷碗的工作,以此为家庭做些贡献,并鼓励孩子坚持下去。

3. 教育的口径和步调应一致。父母及家长老人在教育孩子的观点和方法上要统一,步调一致,如果爸爸向左而妈妈向右,孩子则会无所适从。千万不要让孩子感到家里还有人支持他的做法,尤其是家里的老人,他们很可能成为教育孩子的阻力。

4. 不要吝啬对孩子的表扬。可能在你交给他做事的方法之后,他仍然会

出现这样或那样的错误,做得并不让你那么的满意。你可以在孩子做完之后给一些指正和建议,但不要去否定孩子的行为,打击孩子自己做事的信心。要多表扬孩子,给孩子一些继续"前进"的动力。

(长岛县第一实验学校 王 慧)

【相关链接】

让孩子学会对自己的过失负责

在现在的独生子女时代,让孩子学会对自己的过失负责,确实非常重要。很多家长抱怨自己的孩子没有责任心,实际上原因出在父母身上。很多时候是父母剥夺了让孩子自己承担责任的机会。做父母的可以想一想,有多少情况是应该孩子来负责的事情,可父母都替他承担了责任?

一个十来岁的少年,在院子里踢足球,把邻居家的玻璃踢碎了。邻居说,我这块玻璃是好玻璃,12.5 美元买的,你赔。这是在 1920 年,12.5 美元可以买 125 只鸡。这个孩子没办法,回家找爸爸。爸爸说,你踢碎的你就赔。没有钱,我借给你,一年后还。在接下来的一年里,这个孩子擦皮鞋、送报纸,打工挣钱,挣回了 12.5 美元还给父亲。这个孩子长大后成了美国的总统,他就是里根。这是他在回忆录中写的,他说,正是通过这样一件事,让他懂得了什么是责任,那就是为自己的过失负责。

而我们的父母常常剥夺孩子承担责任的机会。比如孩子打碎了别人的玻璃,最常见的,就是让孩子道个歉,然后说走吧,回家写作业去,然后父母留下来处理。现在总说孩子没有责任心,实际上,很多时候是父母从小就剥夺了孩子为自己承担责任的机会。父母包办得越多,孩子的能力越差,这样的事情现在太多了。我们需要转变教育观念,让孩子懂得,一个能承担责任的人,才是现代人。

孩子是在体验中长大的,不是在说教中长大的。一位教育学家曾经说过,教育有一个原则,孩子进一步,大人就退一步,凡是孩子自己能做的,大人就不要替他去做。

一个孩子去夏令营,妈妈问:"东西都准备好了吗?"孩子说:"都好了,你就别管了。"妈妈一看,衣服带得不够,手电没带,就问孩子:"那边的气候你知道吗?衣服够不够?晚上活动的东西都准备了吗?"孩子答:"没问题。"这位妈妈就没再说什么。第二天,孩子背着包就走了。一个星期后,孩子回来说:"冻死了,没想到山里这么冷。还有晚上活动没有手电很不方便,以后得像爸爸一样,出远门之前拉个单子,好好计划一下。"

这位妈妈的方法就是自然惩罚法,让孩子体验到自己过失的后果。虽然孩子冻一点,晚上麻烦一点,但经过这一次他就记住了。

心理学家认为,孩子是在一次次新的体验中长大的。每一次过失,其实都是一次让孩子学习的好机会,当孩子犯了错误的时候,在他们的心里都有一种要接受惩罚的准备,这说明孩子已经知道自己错了。所以,孩子明白了自己错误的时候,家长就应当保持冷静,尽量不要大声训斥,更不要夸大其词恐吓孩子。否则孩子就会因为逃避惩罚而逃避责任,这样的教育效果是和家长的初衷背道而驰的。

此外,孩子犯错了,家长千万不要轻描淡写地一笑而过,而要让他们明白,犯了错误就要负责任。比如:孩子打碎了家里的东西,家长最常见的做法就是问孩子伤着没有,然后说不要紧,下次注意就行了,"战场"还得由家长来打扫,没孩子什么事。而下次孩子还是不会注意。正确的做法是,可以表示关心,不责怪孩子,但应该让孩子明白他们应该负的责任,可以让孩子收拾好碎片,然后让他再去买一个新的。

当一个孩子犯了错,要惩罚他,首先要肯定他是一个好孩子,再指出他的错误。比如,对他说:"你确实很优秀,但是今天这件事,你伤害了别人,你是怎么想的?你怎么办?……"惩罚的一个基本出发点和目的,应该是让孩子为自己的过失负责。

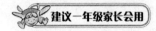
建议一年级家长会用

欣赏的目光 自信的笑脸

【活动背景】

自信是一个人获得成功必备的心理素质。马腾教授曾经说过："假使我们去研究一些有成就人的奋斗史，我们就可以看到，他们一定是有坚定的自信心。"那么，对于小学生而言，小学阶段是播种"自信"的最佳时期。可是在现实生活中我们却看到很多孩子不自信，那如何培养孩子自信心呢？

【活动目标】

1. 引导家长认识培养孩子自信的重要性。

2. 让家长学会欣赏孩子，进而培养孩子自信心。

【活动准备】

1. 活动课件。

2. 调查问卷。

3. 相关视频。

【活动过程】

一、创设情境，引入主题

"望子成龙，望女成凤"是每个家长的凤愿，也有更多的家长把自己没有实现的抱负和理想寄希望于孩子，所以会千方百计地投入大量精力，努力培养孩子成为优秀人才，成为人中龙凤。然而，在实际生活中令好多家长失望的是，自己的孩子并不优秀，所以经常会在孩子面前甚至会在旁人面前当着孩子的面说孩子这也不好，那也比不上别人。如果别人也这样说你这也不行那也不好，你是什么心情呢？

我们过多的批评或者是不正确的评价往往会挫伤孩子的自信，使孩子

自暴自弃，破罐子破摔。那么，我们怎么做才能让孩子越来越优秀呢？今天我们就一起来聊聊：用欣赏的眼光看孩子，培养孩子的自信。

二、问卷调查，梳理问题

亲爱的家长们，你们想知道自己在家庭教育中的一些做法是否正确吗？请您快速完成下面的题目，根据您家庭教育的实际行为，在空格内填上答案（不要反复斟酌）。

对号入座：

15分以下：您对孩子有些冷漠，缺乏激情，孩子时常得不到您的积极的关注和特殊的爱。这对孩子是不利的，您应该经常给孩子很强烈的暗示，如"孩子，我为你感到骄傲！""加油！孩子，加油！"，帮助孩子树立自信心。

15～25分：您对孩子的关心是适度的，这对树立孩子的自信心，探索新事物很有帮助。适当的鼓励和及时的批评对于孩子正确认识自己，是非常重要的。

25～35分：您对孩子的过分照顾已经使他有了错觉，以为自己才是最主要的，有时候没有考虑到其他人的需要，您应该客观地看待自己的孩子，重要的是要听听别人对他的评价，这对于孩子树立自信心是有好处的。

35分以上：您溺爱自己的孩子，这是非常危险的事情。溺爱往往包括这样一些行为：过度满足孩子的要求；不愿意批评孩子；主动为孩子开脱；拒绝别人对自己孩子的评价，尤其是负面评价。您要相信孩子也是一个有理性的人，除了感情上的满足以外，也需要家长在其他方面对他进行关心。您应该从理智上来培养自己的孩子，认清自己，纠正错误，树立自信。

通过刚才的问卷调查，你有什么样的发现呢？你对自己的家庭教育方式是否满意？

设计目的：让家长通过问卷调查，发现自己在家庭教育中存在的问题和不足，引起家长的反思。

三、孩子自信很重要

通过刚才的调查，我们不难发现自己在教育孩子上存在的一些问题。或者吝于赞扬，或者夸赞过度。适度的赞扬是孩子前进路上的加油站，它能帮助孩子树立信心。拥有充分自信心的孩子往往不屈不挠、奋发向上，比一般孩子更易获得各方面的成功。

可是实际上在我们身边缺乏自信的孩子随处可见。每个小学一线老师都会遇到这些现象：

现象1：小学二年级某班的课堂上，语文老师提问一位叫小全的学生，小全站起来回答问题，声音很小。坐在他附近的同学也无法听清楚。本来这个问题只需一分钟就很容易答出来的，可是他却用了好几分钟。

现象2：课间休息时，一位叫小良的学生总是待在自己的座位上，就算老师来询问，他也是不敢正视老师，总低着头，也不和其他同学玩。

现象3：老师指名上台表演，大部分小学生是呈现受惊状或扭捏状，总是尽量往后面躲，不积极、不大方。

小学生缺乏自信会严重影响他们的学习和发展。据国家儿童心理健康研究所对全国各地1000余名6～12岁孩子所作的专题调查表明，四成人自称对自己"至少一两个方面完全丧失信心"。他们有的对自己的外貌、身高、体重等生理条件没有信心，还有的则对自己的学习能力、运动水平和交友本领感到悲观。而进一步的调查却证实，实际上这些孩子往往不论在外貌还是能力上，比其他孩子并不逊色。研究还显示，这些孩子之所以缺乏自信，有的甚至自卑，原因"错综复杂"，但有一点是可以肯定的：那就是完全由后天形成的，与遗传无关。

目前，不少孩子的素质、天资都很好，可惜他们没有得到很好的教育和锻炼，自身也没有成功的体验，自信不起来，因此，家长在家庭教育过程中要注意培养孩子的自信心。

出示两个真实的教育案例：《身残志坚的王晓璇》《明明自暴自弃的背后》

看了以上两个案例，各位家长思考两个问题：

1.晓璇同学的智力条件一般，而且身体有残疾，但为什么最后却取得了成功？明明的个人条件很好，为什么学习成绩却下降了？

2.孩子在失败的时候，为什么要鼓励？

设计意图：用典型孩子成长中的小故事给家长带来启示和思考。

四、请欣赏我们的孩子

其实优秀的孩子就在我们身边，我们每一个孩子身上都有他的闪光点，让我们做一个发现者，也让我们学会拿着放大镜去看孩子的优点，学会欣赏孩子。

下面请欣赏我们孩子在学校的精彩表现。

1. 展示学生的优秀作业（配上说明）。

2. 展示学生的手工制作（丝网花编制，科技小发明制作）。

3. 展示学生获奖证书。

4. 展示学生在学校各种活动中的照片（并配简单文字解说）。

5. 展示本班任教的各位老师对班级每个孩子的评价。

6. 展示全班学生对每一个同学的评价（发现同学的闪光点）。

看到这些来自我们学校孩子的日常生活、学习的展示，你是否会有所触动？

设计意图：用事实说话，让家长知道并了解学校的教育观和培养孩子全面综合素养发展的成果，了解孩子的闪光点，激起家长的兴趣和关注度。

五、如何培养孩子的自信呢

"好孩子都是夸出来的"，我们怎么做才能培养孩子的自信？

1. 多鼓励少指责。及时适当的鼓励会增加孩子对自己的认同感和自信心。不要用大人的标准去要求孩子，不要用挑剔的眼光去看孩子，不要总是拿着自己的孩子和人家的孩子比较，求全责备。要用全面的眼光看待孩子，不要只是盯着某一个方面。除了关注孩子的学习成绩外，孩子的性格、文明礼貌、劳动表现、交往情况、文体才能、兴趣爱好、动手能力、卫生习惯等等，都是评价孩子的因素。这样，就不难找到表扬孩子的内容。

2. 要用辩证的眼光看待孩子，不要一棍子打死。要具体事情具体分析，尽可能从多个角度去了解分析。比如说孩子的某次作业没做好，错误较多，应该看看哪些题错了，出现错误的原因是因为不认真，还是根本不懂，或者是孩子抄错了题。这样，即便是批评，孩子也服气。

3. 多和孩子沟通交流。父母多倾听孩子的心声，多与孩子沟通，及时了解孩子的心理，关注孩子的发展需求，就会及时而有效的做出引导。

4. 欣赏自家的孩子。要用欣赏的眼光看成长中的孩子，多看到她们的优点和进步的地方；要用发展的眼光看待孩子，要容许他们犯错改错，容许他们不断地在改变中成长；要善于拿孩子的今天比昨天、比前天，而不是跟别人家的孩子比。比如某次作业或者考试有进步，某天表现得较好，某次显得大方，某次想出了新点子……都应及时肯定，也许这些细微的优点便会是"可以燎原的星星之火"。

5. 多放手让孩子体验,少包办代替。让孩子在家长的引导下做自己喜欢做的事情,因为喜欢所以会认真去做,因为喜欢所以会创新,也更容易成功。家长的包办代替剥夺了孩子很多体验生活的机会,也让孩子失去了成功的自豪感和树立自信的契机。少点家长的包办代替,放手让孩子自己去做,培养孩子的独立性和创造性,增强孩子的自信心。

六、家长会总结

作为家长,你的眼里多了一些笑意,你的孩子就多了一份自信,用发展的眼光看孩子,用欣赏的眼光看孩子,你的孩子就会很棒!让我们一起携手,为孩子插上自信的翅膀健康成长!

（长岛县第一实验学校　尹慧贤）

【相关链接】

一、调查问卷

1. 和其他的孩子相比,我对孩子的爱和关心（从不、偶尔、经常、总）是超过一般人的。

2. 我（从不、偶尔、经常、总是）给了孩子其他小孩得不到的东西。

3. 在和亲戚、朋友的孩子一起玩的时候,我对孩子的照顾（从不、偶尔、经常、总）是显而易见的。

4. 即使是孩子错了,我（从不、偶尔、经常、总是）把责任归咎于别人。

5. 不管孩子是否正确,我（从不、偶尔、经常、总是）对孩子有些偏爱,不愿意批评他。

6. 孩子犯错的时候,我（从不、偶尔、经常、总是）找孩子犯错的理由,如他太小了、他不适合做这件事情等。

7. 我（从不、偶尔、经常、总是）喜欢别人批评我的孩子。

8. 我（从不、偶尔、经常、总是）相信孩子是会成功的,不管他现在是什么样子。

9. 当孩子面临一项稍有困难的任务时,我（从不、偶尔、经常、总是）会给予积极的支持,使他得到一些安慰。

10. 我（从不、偶尔、经常、总是）打算孩子将来离开我,去外地工作。

评分标准：选择"从不"者得1分；"偶尔"者得2分；"经常"者得3分；"总是"者得4分。请您在下表对应的栏目中填上得分及总分。

题号	1	2	3	4	5	6	7	8	9	10	总计

二、身残志坚的王晓璇

有个名叫王晓璇的女孩,长到1岁半的时候,母亲给她洗澡,无意中发现她的肩左低右高,站不稳。妈妈带她到医院,医生诊断为：脊椎侧弯,胸廓畸形,体态失去平衡,肺叶局部萎缩。原来,保姆整天只用一块布把孩子兜在背上干活,畸形的定位和发育不良,使晓璇尚未学会走路就成了"驼背"。天真的孩子茫然不知,家长为此痛苦不已。但晓璇的家人并没有让孩子自卑,而是在晓璇的生活和学习中千方百计地增强孩子的自信心。爷爷对孙女说："你若想赢得自己的尊严,就必须学会战胜自己。"机敏的晓璇说："我不承认我是畸形人。最起码,我有一样东西和同学们是平等的,这就是青春——充满着力量、信心和希望的青春。"

平时,每当晓璇取得进步和成功之后,她的家长就会对她及时进行鼓励,使她感受成功的喜悦；而当晓璇在考试或其它方面失败的时候,她的家长也总是进行鼓励,告诉她：失败是成功之母。并帮助她寻找失败的原因,激发她再尝试的勇气和自信心。

另外,晓璇的家长还经常给她讲《钢铁是怎样炼成的》中主人公保尔·柯察金、坐在轮椅上的张海迪及又盲又聋却会五国语言的海伦·凯勒等身残志坚,不屈服于命运安排,顽强拼搏,终于取得成功的故事；讲连续四届当选美国总统的富兰克林·罗斯福,虽然两腿瘫痪,但他却有惊人的自信心,带领美国人民取得反法西斯战争的胜利,从而赢得美国人民爱戴的故事。家长和晓璇一起分析,他们取得成功的原因,主要是树立了充分的自信心,相信自己,相信自己的能力。就这样,智力一般但身残志坚的晓璇凭着超

凡的自信和不屈的意志,克服常人难以想象的种种困难,暗暗地与那些出类拔萃的同学竞争。从小学到中学,年年被评为"三好学生""学习标兵",高中入学考试时,以6门功课586分的成绩获上海市杨浦区第一名。后来,她如愿以偿地成为中国科技大学生物系的学生。在中国科技大学五年,成绩优异,屡次获得奖学金。本科毕业留校攻读硕士研究生。她又以高达640分的托福成绩及生物学方面的特殊见解,获得美国威斯康星州一所大学寄来的5000美元奖学金,去美国留学并获得博士学位,并频频在美国最具权威的学术刊物《美国科学院院报》发表论文。是自信、意志,使她将梦想变为现实。回顾成长的历程,晓璇由衷地说:"是父母的鼓励,使我树立了坚定的信心和顽强的意志。是自信,使我克服了一个又一个困难,从而获得了成功。"

明明自暴自弃的背后

有一个叫明明的学生,学习成绩在班里居于中等水平。但家长对其期望太高,要求甚严,批评有余,鼓励不足。一次,明明和妈妈一起去学校开家长会,在楼梯上恰好遇到了同班同学伟伟和他的妈妈,明明妈妈当着孩子的面说:"我可真不愿意来,明明这回考试成绩准好不了,上课不注意听讲,整天就想着踢足球,我都跟着他丢脸!哪像你家的伟伟,学习成绩好,总是被教师表扬。哎,我真没办法!"听了这一番话,伟伟得意地笑着。再看明明,嘟着个嘴,梗着脖子,一脸愤愤的表情,似乎在说:"妈妈,你怎么知道我考得不好?"其实,明明这次考试成绩挺好,达到了班级的中上等水平,比以前进步了许多,在家长会上老师还特地表扬了明明呢!可惜明明的喜悦早已被妈妈的一番责备打击得一干二净,好不容易因为考试成绩进步而树立起来的一点自信也消失了。

平时,明明的家长对他也总是表扬少、批评多,看不到孩子的优点,喜欢盯着孩子的缺点、弱点不放,整天唠叨不停,还经常拿别人的优点去比他的缺点。由于得不到父母亲的表扬、鼓励,心理上很少享受到成功之后的喜悦,明明的心里也产生了不如别人聪明的想法,慢慢地丧失了自信,也放弃了学习上的努力,成绩直线下滑,不到一年,学习成绩就退到了班级的后五名。就这样,一个本来很有希望在学习方面达到上等水平的孩子,因为父母教育方法不当,而自暴自弃,沦为"问题学生"。

三、推荐给家长的阅读书目

《教子成功有方——实用家庭教育心理 100 谈》 朱士鸣著 上海辞书出版社

《请给孩子松绑》 榕汀主编 海风出版社

《成功家教 50 法》 姚金清著 海潮出版社

《墙角的小婷婷》 周泓

自信——成功的阶梯

【活动背景】

现在的小学生虽然在家里唯我独尊,可是在学校里,很多孩子缺乏自信。面对比自己优秀的人,缺乏挑战的勇气;遇到困难与挫折时往往容易退缩,心理显得很脆弱;集体活动中,有些孩子封闭自己、隐藏自己,不愿意有所表现;还有的学生由于成绩不突出或某方面的缺陷,受到班级同学的嫌弃,慢慢地形成了自卑心理。因此,本次家长会将与家长朋友一起探讨如何引导孩子克服自卑、怯懦心理,树立自信,表现自我。

【活动目标】

1. 让家长认识到自信对孩子成长的重要性。
2. 分析孩子缺乏自信的表现及原因。
3. 让家长了解培养孩子自信心的方法。

【活动准备】

1. 通过家访、交流、问卷调查表等方式筛选、准备相关素材。
2. 邀请几名家长谈谈做经验交流,并形成文字材料。
3. 多媒体课件。

【活动过程】

一、展示实验,导入话题

各位家长朋友好!感谢大家在百忙之中抽出宝贵时间来参加我们的家长会。在这之前,我先给大家看一个小实验。

实验人员将一只最凶猛的鲨鱼和一群热带鱼放在同一个池子里,然后用强化玻璃把它们隔开。最初,鲨鱼每天不断冲撞那块玻璃,它试了每个角落,每次都是用尽全力,奈何只是徒劳,它始终不能到对面去。后来,鲨鱼不再冲撞那块玻璃了,对那些斑斓的热带鱼也不在意了,好像他们只是墙上会动的壁画。实验到了最后的阶段,实验人员将玻璃取走,但鲨鱼却没有反应,每天仍是在固定的区域游着,对那些热带鱼视若无睹。鲨鱼并没有失去捕猎的能力,也许是习惯了冲不破强化玻璃吃不到热带鱼这一现实,也许是冲不破强化玻璃使它反复受挫,失去了自信,连再试一次的勇气都没有了。我更愿意相信后者,美国著名思想家爱默生曾说过这样一句话:自信是成功的第一秘诀。可见自信的力量,孩子拥有了自信就为成功奠定了坚实的基础。这就是本次家长会的主题:《自信——成功的阶梯》

二、自信在孩子成长过程中的重要作用

1. 自信才能主宰自己的命运

有一个孩子,相貌丑陋,说话口吃,左脸局部麻痹,嘴角畸形,讲话时嘴巴总歪向一边,另外还有一只耳朵失聪。为了矫正口吃,他终日模仿着古雅典卓越的政治家、演讲家德摩斯梯尼口含小石子讲话。时间一长,把嘴巴和舌头都磨烂了,母亲心疼了,抱着他流着泪说:"不要练了,妈妈一辈子都会陪着你的。"懂事的他替妈妈擦着眼泪说:"妈妈,每一只漂亮的蝴蝶,都是冲破束缚自己的茧之后才变成的,我要做一只美丽的蝴蝶!我相信自己一定能做到。"经过努力,他终于能流利地说话了。1993 年 10 月,他参加了全国总理大选。他的成长经历被人们知道后,赢得了选民们极大的同情和尊重,最终以高票当选,并在 1997 年再次连任,人们总是亲切地称他为"蝴蝶总理"。他就是加拿大第一位连任两届的总理让·克雷蒂安。

生活总是不能圆满,它总会给人生留下理想与现实的距离。但只要孩子对自己充满自信,命运就会掌握在他自己手中;既然立志成为美丽的蝴蝶,就要努力积蓄力量,冲破困难化蛹成蝶。

2. 播放《千手观音》视频,与家长共享邰丽华等人带给我们自信的力量 (相关链接 http://www.le.com/ptv/vplay/1066206.html)

邰丽华两岁那年,因意外而失去听力,从此进入一个无声的世界。5 岁时在律动课上,老师踏响木地板的震动,启蒙了她对舞蹈的痴迷,引领她走向艺术之路。对于一个聋哑人来说,要想取得成功,就要付出比常人多千百倍的努力。她每天除了基本的吃饭和睡觉,其他绝大多数时间都是在舞蹈。找不准节拍再练,动作不对再改,功夫不负有心人,当这个舞蹈呈现在观众

面前时,你看到的是邰丽华自信的眼神和笑容,你震撼的是这么多人的舞蹈动作自信、准确、优美、整齐,而完成这一动作的是一群聋哑人。

"花开是没有声音的,却很美丽。"无论人生的路途多么艰难困苦,只要你对自己充满信心,拥有乐观向上的精神,就一定能够迸发出巨大的创造力!

三、孩子缺乏自信的具体表现及原因

克雷蒂安和邰丽华的人生经历告诉了我们,在孩子成长过程中拥有自信是多么重要的一件事。自信是无处不在的,平时我发现有的学生大胆泼辣,上课积极回答问题,课下积极参加活动,这就是自信;而有的学生则恰恰相反,上课发言不积极,课下也不喜欢参加活动,很少愿意和他人交流,他们缺乏自信心。您的孩子在成长过程中属于哪一种情况?存在缺乏自信的问题吗?具体表现在哪些方面?

1. 平时观察到的孩子不自信的表现

(1)上课不举手发言,消极躲避提问

上课不敢或很少主动举手发言,哪怕自己会的题目或者很简单的题目都没有信心去回答,对老师的提问躲躲闪闪,哪怕被老师点名回答,也会因为紧张而忘记答案。

(2)不敢大胆表现自我,不参与班集体活动

不主动参与集体活动,在活动中没有存在感,不发表自己的意见、建议,不敢参加竞赛活动,不怕别人对自己的表现不满意,害怕自己不能取得满意的成绩。

(3)和老师讲话声音小,问一句答一句

在师生互动中常处于被动状态,不接近、不搭理老师,有问题和困难也不向老师提出,如老师主动询问也只会说没问题。

(4)不主动与他人交往,躲在被人遗忘的角落

课间较为安静,常一个人独自游戏,一般不主动向别人说出自己的想法,总喜欢听从别人的安排,不愿意甚至从来不当领导者和组织者。

(5)面对挑战容易放弃,遇到矛盾消极依赖

如果稍微遇到一些有挑战的活动,或者遇到困难时常常害怕、退缩,容易放弃。喜欢选择比较容易完成的活动,对老师布置的一些任务常以我不会,我不行来推脱。遇到同学矛盾也往往不能自己解决,而选择依赖他人或

埋在心里。

2. 总结孩子不自信的原因

家长朋友们想过孩子们不自信的原因吗？根据平时的观察和调查，我认为主要有以下原因：

（1）父母溺爱，包办代替。

父母对孩子照顾、包办、迁就过多，抑制了孩子独立性的发展，剥夺了他们自己去解决问题的机会。

当今的父母是不是常常代替孩子做原本孩子该做的事情？更可怕的是，父母还认为，这是对孩子好。我曾问过一些妈妈，为什么不要求孩子劳动，有人竟说："我疼都来不及，还忍心让孩子劳动？"也有人说："叫'小东西'做事更麻烦，还不如我帮他做了。"所以十几岁的孩子还不做任何家务事，不懂得劳动的愉快和帮助父母减轻负担的责任，这样包办下去，必然造就一个懒惰、自私、做事犯怵、唯唯诺诺的孩子。

（2）过高期望，过分要求。

许多父母出于虚荣心或补偿心理，不考虑孩子的实际情况，为孩子制定了过高的培养目标，孩子本身能力和水平达不到，所以就会在屡次受挫中产生失败感，从而对自己失去信心。

我以前班上有个女生，平时说话口齿清楚，反应比较敏捷。后来有一段时间，发现她课上很少举手发言，即便想发言，也总是手时而举、时而放，还不时地用眼睛去瞟课代表。做题时，握着的笔迟迟不写，还常常要看看身边同学的作业本。经过观察、谈话发现，那些题目她是会做的，课上的问题她的答案常常也是正确的，那么为什么会这样呢？原来，她的爸爸对她要求特别严格，要她无论做什么都要做到最好，考试当然也必须满分。由于父亲的高标准、严要求，使得这个女生在回答问题前，在下笔做题前，会不由自主地问自己："我答得对吗？""我算的对吗？"对答案准确率的不确定，导致这个女生不敢举手了，不敢下笔了。她在完成学习任务时变得焦虑起来了，不自信了。

（3）过多否定，横向比较。

父母经常性的否定孩子、习惯性地对孩子进行横向比较，以其他孩子的优点与自己孩子的缺点相比，这种消极否定性评价，会使孩子产生"不如人"的感觉，严重的挫伤孩子的自信心。

我以前做过一个心理辅导,一个孩子小方(化名)小时候每做一件开心事回家向爸爸妈妈炫耀成果时,他们总会不屑一顾地说:"学习那么差,有什么可炫耀的?不会像 XX 家的孩子那样考试总是考高分吗?"学校举行运动会,小方得了 1500 米长跑第一名,当他开心地拿着奖状回家给爸妈看时,他们居然说:"体育好有什么用?要是能像隔壁小明那样学习拿奖状该有多好!"小方喜欢画画,爱唱歌,可家长总是打击他说净捣鼓些歪门邪道,总之,从他们那里得到的鼓励很少,太多的讽刺和否定,或是说一些风凉话。就这样一次次挫伤小方本来拥有的那股子锐气,渐渐地,他的自信心也随之一落千丈,甚至到后来什么都不想做,什么都懒得做,以至于让自己沉沦下去,堕落下去。

(4)其他原因造成的不自信

容貌、性格、行为和智力等方面的差异也影响着孩子自信心的形成。

四、如何培养孩子的自信心

1. 经验交流

根据活动前的准备工作,邀请几名,家庭教育比较成功的家长谈谈自己在孩子自信方面的经验。

2. 总结培养孩子自信的方法

(1)要让孩子养成学习、生活的好习惯

叶圣陶老先生曾这样说:"什么是教育,简单一句话,就是养成良好的习惯。"比如在学习方面培养孩子读书的习惯,自己动脑思考的习惯,当天的作业当天完成的习惯,保存收藏有关学习资料的习惯,有时间观念等等。生活方面让孩子承担一定的家务劳动,不让孩子沉溺于游戏,让孩子学会自理,对来客要有礼貌,不乱花钱,不乱吃小食品等。在学校里老师严格要求和规范学生,学生放学回家后,家长也一定要严格要求自己的孩子,在不断督促和强化中,防止他们坏习惯的滋长。这样,家长和学校在对学生的行为习惯养成教育方面就达成了共识,达到了培养孩子价值观、道德观,提高自信的目的。有道是"身教重于言教"。休息时,家长可以带孩子多参加公益事业劳动等,使学生在社会实践中增强社会责任感和道德观。

有良好学习和生活习惯的孩子,受到人们的关注多、喜爱多,得到的夸奖、表扬自然就多,这种人见人爱、人见人夸的孩子怎么可能缺乏自信。

（2）多表扬、鼓励孩子，肯定其自我价值

孩子如果能经常得到父母的肯定和表扬，会使他们做事时信心百倍，情不自禁地向前努力，增强其自觉学习的主观能动性。我们可以用积极暗示代替消极暗示，经常鼓励孩子："你进步的空间很大""无论是生活还是学习，在哪里跌倒了，就在哪里自己爬起来""相信自己一定能做好""我们再试一次""你比爸爸妈妈小时候更优秀"等等。总之，要采取信赖、欣赏的态度，多说鼓励话，不说泄气话，更不说抱怨挖苦的话，少点求全责备甚至是苛责。

当然，还要适当把握赏识力度，不同孩子赏识的程度不同，如内向懦弱的孩子多肯定鼓励、少批评指责；对外向调皮的孩子要善于捕捉其闪光点，及时肯定鼓励，扬长避短；好孩子、任性的孩子适当赏识，多提新的更高的要求或多鼓励，使其克服任性的行为。

（3）相信孩子，放手让孩子学会独立

父母可以创设宽松的环境，鼓励孩子大胆尝试一些事情，相信孩子的能力一定会完成，放手让孩子自己去想、去做。父母多提建设性的意见，少为孩子做不必要的帮助，更不要包办代替。每天给孩子简单的任务让他独立完成，如：为家人做家务，整理自己的衣柜，自己到超市购物，自己安排读书时间等，然后家长及时给予鼓励夸奖。

（4）尊重理解孩子，冷静对待犯错的孩子

允许孩子有自己的世界和空间，尊重孩子的选择。当孩子有自己的想法时，父母不要急着否定，而是要给孩子表达见解的机会。当孩子出现错误和过失时，不急于批评责骂，先听听孩子的解释或申诉，再给出处罚决定。要给孩子改正错误的机会，不能不分青红皂白一顿责罚甚至体罚，要静下心来，与孩子共同查找原因，吸取教训，查漏补缺，这样不但增进了家庭和睦的关系，而且也促进了孩子的好胜心，激发他对新事物的好奇与探索的兴趣，使他更加的有信心做好许多的事情。

（5）用一颗平常心，培养一个"人中人"

著名教育家陶行知先生早就告诫过父母们："不要让孩子成为人上人，不要让孩子成为人下人，也不要让孩子成为人外人，要让孩子成为人中人。"这句话告诉我们，要用正常人的眼光，要用一颗平常心来看待自己的孩子，要多进行纵向比较，永远不要和别人家的孩子比，只要你的孩子今天

比昨天有进步,你就应该祝贺他、肯定他、鼓励他。做一个孩子最信赖的大朋友、知心朋友。

（6）养成积极乐观的生活态度

培养孩子积极乐观的生活态度,可以做到以下几点。例如：让孩子每天早起坚持锻炼,既保持充沛的精力,又锻炼自己持久的意志力,拥有奋斗的良好心态；父母陪伴孩子每天进行亲子阅读,通过心灵励志,从他人的经验中教给孩子面对困难的勇气；鼓励孩子坚持写日记、写摘抄,并把孩子的优点罗列在纸上,同时写一两句能激励他的座右铭,贴在墙上等随处可见的地方,让孩子天天看到它们,激励自己；还要多鼓励孩子与成功和积极乐观的人交朋友,从他们身上汲取积极正面的力量,潜移默化地培养孩子的自信。

另外,培养孩子的兴趣爱好也不失为一种提高自信的好方法。有的孩子在容貌、性格、行为和智力等方面不那么完美,这多多少少影响着孩子自信心的形成。虽然有些情况确实是家长和孩子很难改变的,但是我们可以根据孩子的兴趣爱好,尊重孩子的意愿,立足现实,扬长避短,帮助其培养一种特长。孩子在某一方面有特长,有助于培养孩子"我很棒"的心态,即便在某一方面不如人,也会因"我很棒"而积极化解自卑心理。

五、活动总结。

家长朋友们,著名教育家罗伯特·安东尼说过："将自己的每一条优点都列出来,用赞美的眼光去看他们,经常看,最好能背下来。通过集中注意于自己的优点,你将在心理上树立信心,你是一个有价值、有能力、与众不同的人。"从今天开始,让我们携起手来,永远为孩子的长处而骄傲,用赏识的眼光去发现、激励他,让每一个孩子扬起自信的风帆,充满信心地走好人生的每一步!

（招远市金岭镇中村完小　张翠丽）

【相关链接】

推荐亲子阅读书目

1.《遇见未知的自己》张德芬

2.《自信力——如何培养你的自信》（英）韦伯

建议五年级家长会用

学会健康竞争 成就精彩人生

【活动背景】

孩子的童年应该是美好快乐的,但是在适当的年龄段我们还是应该培养孩子的竞争意识、拼搏意识。常言道:"温室里长不出参天松,庭院里练不出千里马。"竞争意识、拼搏意识的培养对孩子未来的发展是非常重要的。如果不鼓励孩子参与竞争,就很难开发出他们的潜能。五年级是中小衔接的重要时期,孩子心智发育也到了一个相对稳定的阶段,是培养孩子竞争意识的一个最佳时期。为帮助家长认识到培养竞争意识的重要性,在日常生活和学习中能正确培养孩子的竞争意识,让孩子做到竞争而不计较,认真而不较真,所以本次家长会我们设计了《学会健康竞争成就精彩人生》这个主题。

【活动目标】

1. 通过本次活动,让家长了解竞争意识在孩子成长过程中的重要性。

2. 通过案例分享,让家长理解在培养孩子竞争意识中存在的一些误区。

3. 指导家长引导孩子树立正确、健康的竞争意识,培养孩子的竞争能力。

【活动准备】

1. 数学学习竞争对手榜。

2. 红黑对对碰游戏道具。

3. PPT 课件。

【活动过程】

一、为什么要培养孩子的竞争意识

各位家长，时光荏苒，岁月如梭，不知不觉间，我们发现自己的宝贝们已经不再是懵懂无知、天真烂漫的孩童，他们现在有一定的独立性，有自己的思想。如果父母再把"孩子是否听话"作为孩子好坏的评价尺度，这种教育观念已经跟不上孩子成长的脚步，也跟不上时代发展的步伐。从孩子未来生存、发展的需要来看，在五年级这个特定的年龄阶段，我们应该开始着重培养孩子的竞争意识，让孩子具有坚强的意志和敢想敢干、敢于迎接挑战与挫折的心理品质。今天家长会，让我们来看看竞争意识在孩子成长中有多么重要，同时我们来共同探讨一下如何引导孩子树立正确的竞争意识，怎样培养他们的竞争力，为孩子未来的发展打好基础。

（一）五年级孩子缺乏竞争意识的表现

孩子上了五年级，经常听到家长这样跟我抱怨：

"这个孩子，脑瓜子好用，怎么就是学习成绩老是没有进步？"

"这孩子，怎么这么大了做事还是拖拖拉拉，写作业磨磨蹭蹭？"

"这孩子怎么不管考了多少分都不在乎？"

"这孩子怎么从来不跟我说班级最近都举行了哪些活动？"

……

以上种种都是孩子缺乏竞争意识的表现，在这些孩子身上我们明显感到我们着急的事情，他们不着急，他们不管是学习还是参加班级其他活动都缺乏激情，缺少上进心。可是往往在他们身上却蕴藏着巨大的潜能，这个潜能怎么开发，就需要我们从培养他们的竞争意识开始。

（二）分享故事

加拿大一位享有盛名的长跑教练，短时间内培养出了多名长跑冠军。人们四处打探他的成功秘诀，结果却让大家颇感意外。原来秘密就在于他有一个神奇的陪练，这个陪练不是人，而是一匹凶猛的狼。

为了使运动员始终保持竞技状态，作为每天训练的第一课，这位教练一直要求队员跑步到训练场，不能使用任何交通工具。有一名运动员的家距离训练场并不远，但他每天几乎都是最后一个到场。教练准备放弃他，劝告他早些改行，以免浪费自己的时间。

突然有一天，这名队员竟然比其他人早到了 20 分钟。教练根据他离家的时间进行测算,惊奇地发现其速度已经打破了世界纪录。于是,他向队员详细了解情况。

原来,这名队员在离家不久经过一段 5 公里的旷野时,遇到了一匹野狼。野狼拼命地追,吓得他在前面拼命地跑,直到将野狼远远地甩在后面。

打破世界纪录仅仅是因为一只野狼,因为后面有一个可怕的敌人,是敌人将人的全部潜能最大限度地激发了出来,教练对此颇有所悟。不久,教练就请了一个驯兽师,带来几匹狼,每到训练时刻,就将狼从笼子里释放出来,追赶运动员,结果队员的成绩有了很大的提高。

(三)分享感悟

亲爱的家长朋友们,上面的教练之所以能够取得成功,是因为他掌握了一个道理,即竞争的力量能让一个人爆发出最大的潜能,创造出惊人的成绩。因为,竞争对手就在你面前,如果你不努力,你的生命就会有危险。科学研究也表明,通常情况下,人只能发挥自身潜能的百分之二,最大是到百分之三十,但在竞争的状态下,人发挥的潜能会超出这个数值很多。

同样道理,竞争意识对孩子们非常重要,鼓励孩子去参与竞争,可以增强孩子的自信心,增加孩子学习做事的活力。孩子在竞争中表现出来的精神和才能,会使孩子对自己做出肯定的评价,会激发孩子进一步奋发向上;它可以克服孩子的胆怯、保守和自卑心理,可以激发孩子强烈的求知欲望,因为竞争会使孩子认识到只有具备知识和能力才能领先;此外,它还可以提高孩子的耐挫能力,有竞争,就免不了要遭受挫折,孩子品尝过竞争失利的滋味,可提高其对未来可能遇到的挫折的承受能力。在平日的教学中,我们也能看出,凡是具有竞争意识的孩子,学习态度端正,作业认真,成绩总是名列前茅。在班级举行的各类活动,他们也是积极参加,不断地锻炼自己,不断地进步,但是缺乏竞争意识的孩子却恰恰相反。

(四)出示班级学生数学学习对手竞争榜

这是数学学习中,老师设立的每日作业和课堂达成情况的对手竞争榜。自从结对子设立竞争对手以来,班级很多同学的竞争意识被激发出来,他们对数学学习充满了兴趣,像×××、×××最近学习成绩进步很大。

设计意图:从家长的抱怨入手,通过分享故事以及班级对手竞争榜学生取得的进步,使家长认识到竞争在孩子成长中的重要作用。

二、如何避免走入误区

有人说学会竞争是征服世界的通行证,所以作为家长我们要注重培养孩子的竞争意识,要鼓励孩子参与竞争。但竞争不是盲目的,它需要良好的心态,正确的方法。现在我们再来分享几个事例,从中了解一下,在鼓励孩子竞争中如何避免孩子走入竞争的误区。

(一)避免自私狭隘的竞争

张杰和晓丽是好朋友,在初中时,张杰成绩一般,晓丽家虽然贫困,但她的成绩在班里却是名列前茅,张杰一直把晓丽当作自己的榜样、自己的奋斗目标,她就在心里暗下决心,要赶上晓丽,甚至超过她。于是她每天早起晚睡,勤问好练。经过一个学期的努力,张杰终于如愿以偿,赶上了晓丽,而且直到毕业两个人的成绩也是不相上下,在班里数一数二,两人也因此成了好朋友。

可是上高中后,两人的成绩渐渐拉开了差距。张杰因为英语成绩不好,无论怎样努力,英语总是不如晓丽,心里总觉得不是滋味,总觉得赶不上她是一种耻辱。一天张杰趁晓丽不在教室,偷偷地把晓丽的英语书拿走,扔到了厕所里,两人的关系从此发生了变化,晓丽也很少主动找张杰玩了。

温馨提示:从这个事例中我们可以看出张杰是个有竞争意识的孩子,初中时期的竞争让她获得了成功,可是高中时不正当的手段,狭隘的竞争意识却让她失去了朋友,而自己的成绩也一落千丈。作为家长,在培养孩子竞争意识的过程中,我们应让孩子明白,竞争不应是狭隘的、自私的,竞争应具有广阔的胸怀;竞争不应是阴险和狡诈,暗中算计他人,而应是齐头并进,发奋努力,以实力超越。

(二)避免在竞争失败后产生消极心理

曾经教过一名女孩小媛,是父母的掌上明珠,老师心目中的好学生,屡次参加学校的绘画、书法比赛都取得很好的成绩。一次参加学校举办的故事大赛,却因为前一天生病准备不充分,在台上时忘了词。回来之后,孩子接受不了比赛失败的现实,整个人蔫蔫的,学习成绩一落千丈,班级的任何活动再也不参加。父母无奈,最后领着她咨询心理医生,在心理医生的数次开导之后,孩子才慢慢走出那次失败的阴影。

温馨提示:有竞争就有输赢,可是有些学生由于心理不成熟,在竞争中一旦被击败就灰心绝望,一蹶不振。我们班在组织活动例如元旦时候的跳绳比赛、投球比赛,很多学生明明有能力表现得很好,却拒绝参加,原因就是害怕失败。作为父母,我们要及时地矫正孩子的这种畸形的竞争心理。我们要培养孩子坦然面对失败的心理,磨炼战胜挫折的坚强意志,要让学生明白:有竞争就一定会有输赢,只要你尽了自己最大努力去做了,即便输了也没什么好后悔、难过的;你在这次竞争中失败了,并不说明你在将来的竞争中也会失败,也不意味着你事事不如人;失败后总结经验教训,就是在为你将来的成功奠定基础。

(三)避免孩子盲目参与竞争

诺贝尔化学奖获得者奥托·瓦拉赫的成才经历就像一部童话。他上初中的时候,父母为他选择了文学道路,和化学没有一点关系。一个学期之后,老师对他的评价是:"……难于造就成为文学之才。"父母一见这条路行不通,又让瓦拉赫改学油画。然而,他的油画成绩在班内名列倒数第一。面对这样一个笨学生,大部分老师都觉得他成才无望,而只有化学老师觉得他做事一丝不苟,具有做好化学实验的素质,于是就建议他改学化学。这一次,瓦拉赫的智慧之火一下子就被点燃了,这位文学艺术的"不可造就之才"突然就成了公认的化学领域"前途无量"的高才生。后来的事实也证明,瓦拉赫取得了巨大的成就,并于1910年获得了诺贝尔化学奖这个至高无上的荣誉。

温馨提示:这个故事告诉我们,每个人都有自己独特的优势,只要我们能够找到发挥他们潜能的方向,辅之合理有效的学习,就能够取得应有的成绩,后人将这种现象叫作"瓦拉赫效应"。作为家长我们要鼓励孩子建立自信,敢于面对竞争。每个人都不可能是全才,有长处也有短处。我们要善于帮助孩子找到自己的优点,引导孩子挖掘自己的优点,不断强化,这样才能使孩子走出自卑的困扰而变得自信起来。发现孩子的优点能够增加孩子参与竞争的机会,同时也能够避免盲目竞争,而在竞争中发挥自己的长处,挖掘自己的潜能,就能增加成功的机会,减少挫折。

设计意图:通过身边的故事,名人的故事,让家长了解什么是不正确的竞争心理,避免孩子走进竞争误区。

三、如何树立竞争意识,提高竞争能力

身为父母者,我们都知道竞争是现代生活中不可或缺的,学会竞争是现代人基本的生存能力,那么到底如何树立孩子正确的竞争意识,提高孩子们

的竞争能力呢？

（一）鼓励孩子参与竞争

孩子到了这个年龄段，就会开始有成功的愿望，有超过别人的冲动。这种心理如果运用得好，就可以成为鼓励自己前进的驱动力。因此，我们家长要给孩子灌输拼搏精神和竞争意识，在学习科学文化知识中要不甘落后，敢于脱颖而出；在成长道路上，要敢于冒尖，争当"出头鸟"。鼓励孩子参与各种活动，参与到竞争当中去。但鼓励孩子参与竞争也是有原则的，不能强迫孩子。如果孩子不想参与竞争，要让他自由决定。

（二）要帮孩子找到竞争优势

每个人都不可能是全才，有长处也有短处，作为家长要了解自己的孩子，能帮助孩子找到自己的优点。遇到孩子的优势，我们鼓励孩子建立坚定的自信，大胆竞争；面对孩子的弱势，也可以选择做一名观众。孩子的优点，有些与生俱来，有些可以后天培养，我们家长可以通过后天培养帮助孩子不断挖掘他们的优点，帮助孩子建立自信。

（三）要引导孩子向竞争对手学习

竞争对手是一面镜子，能照到自己的不足，更能完善自己。学习对手的优点，是一种精神。在班级寻找学习竞争对手时，很多孩子把对手看成自己的死敌，害怕对方超过自己，甚至不同对手说话。面对这种情况，父母应该引导孩子不要怀着敌对的心态，而应将对手视为学习的动力、目标以及榜样。竞争是激烈的，但可以积极学习竞争对手的优点，主动与对手合作，向对手请教问题等。要辩证地看待竞争，而不只是局限于"争"这一个层面。如果把竞争对手视为自己学习上的伙伴和朋友，不但会使自己受益匪浅，也有利于他人的学习。学会处理竞争与合作的关系，是很有必要的，将为以后的学习和工作奠定良好的基础。

（四）要培养孩子健康的竞争心态

竞争不是一味追求打败对手，竞争应当是建立在公平、公正原则下的良性竞争。因此培养孩子健康的竞争心态非常重要。

1. 克服孩子自卑感。

这是在竞争中取得胜利的保证。当孩子在竞争中遭受失败或挫折时，爸爸妈妈要正确引导孩子分析失败的原因，帮助孩子总结经验教训，调整竞争目标，寻求更有效的竞争方法，以备下一次竞争中能够扬长避短、趋利避害，取得成功。

2. 让孩子公平竞争。

在培养孩子竞争意识的同时，要提高孩子的竞争道德水平。有的孩子以为竞争就是不择手段地战胜对方，以欣赏对方的失败，这种心理是不正确的。爸爸妈妈要让孩子认识到，竞争不是不择手段，要用正当方法公平竞争，赢了才是真正的胜者。

3. 要胜不骄败、不馁。

在竞争活动中，孩子既可能在竞争中脱颖而出，获得名次，也可能未成功出线，榜上无名。胜利时洋洋得意，失败时垂头丧气都是缺乏良好竞争意识的体现。爸爸妈妈要教育孩子，遇到胜利不要飘飘然，遇到挫折也别灰心丧气，"胜败乃兵家之常事"，关键是找出失败的原因，确定努力的方向。

4. 让孩子在竞争中学会合作。（关于竞争与合作的关系下面单独讲）

设计意图：通过合理建议，使家长掌握树立孩子正确竞争意识、提高竞争能力的方法。

四、游戏互动体会竞争中合作的重要性

在人生的道路上，竞争非常重要，但我们家长要清醒认识到创造发展这个世界不仅有竞争，还要有合作，要培养孩子在竞争中学会合作。唯有竞争没有合作只能造成孤立，带来同学关系的紧张，给自己平添许多烦恼，对现在的学习，将来的生活和事业都非常不利。

（一）红黑对对碰（家长都参与）

1. 出示游戏规则（老师做主持人）。

（1）每人手中拿着红、黑颜色的纸片各一张，在主持人的口令下，同一时间出示纸片。

（2）得分标准：都出黑，各加 3 分；都出红，各减 3 分；红对黑，红色加 3 分，黑色减 3 分。

（3）活动共进行两轮，第一轮，比单人得分高低；第二轮，比小组得分高低。

（4）每组选出一位记分员，互换记分。

（5）取得最后胜利的小组，会获得神秘大奖！

2. 进行游戏。

3. 对游戏胜利的个人和小组颁奖。

（二）教师分享感悟

通过刚才的活动，不难看出，要想在竞争中获胜，还需要团队的合作。因为竞争可以培养我们的进取心，合作却可以弥补我们个人的缺陷，两者互为基础，互相补充；关键是，我们要形成正确的竞争意识，有竞争，我们就会有进步；合作可以优化我们的人际关系，有利于我们形成宽容的人格。

竞争是为了进步、提升自己，而不是打败别人。合作是为了双赢，而不是妥协。在今后的生活、学习中让孩子做到竞争而不计较，认真而不较真。既要竞争也要合作，它将是我们成功之路的捷径。教会孩子健康竞争，将会成就他们的精彩人生。

（三）分享故事

1960年，多依奇教授和克劳斯设计了一个卡车货运游戏，以探讨竞争与合作问题。由两名被试者分别扮演指挥甲、乙两辆卡车运行的负责人，每个人都要尽快地把货从出发地运到目的地。两车运行的出发地和目的地各在相对的方向，甲、乙有一条互不冲突、但较远的路线，同时，还有一条彼此可以共用、但仅容一辆卡车通过的捷径。运货的速度决定每个人的收益，因此双方都想尽快地通过那条捷径。如果双方采取合作的策略，轮流使用近路，则双方都受益；如果双方都抱定使用这条近路，那就会陷入僵局，在途中谁也通不过，结果双方都受损。

设计意图：通过游戏，使家长认识到竞争与团结合作之间的关系，认识到一个人的成功既需要竞争，也需要合作。

五、家长会总结

亲爱的家长朋友们，优秀的家庭教育既是孩子一生幸福的基础，更是孩子将来在激烈的社会竞争中胜出的决定性因素。培养孩子的竞争意识，提高孩子的竞争力不是一次家长会就能完成的，它是一个循序渐进的过程。特别是如何提高孩子的竞争力，还需要我们家长从培养孩子良好的行为习惯，坚韧的吃苦精神做起。最后向家长朋友们推荐一本关于培养孩子竞争力的书，余世维博士主编的《孩子的竞争力，父母教最好》。这本书从孩子日常生活中的每一个细节告诉我们家长应该怎么做才能使孩子具有竞争力。家长朋友们，为了孩子的未来，让我们一起努力吧！

（长岛县第二实验学校　蔡龙梅）

【相关链接】

推荐阅读书目

《孩子的竞争力，父母教最好》　余世维　主编

帮助孩子学会竞争

【活动背景】

随着心智的发展,有些孩子身上出现了一些不和谐的现象:有的被嫉妒蒙蔽双眼,因别人超过自己就故意打压他人;有的故意散播一些错误信息,抹杀他人的成绩;还有的自私自利,为了个人利益,不惜损害班级和所在团队的利益。通过对学生的观察发现,有些孩子把竞争片面地理解为学习成绩的竞争,还有的孩子对于竞争的认识比较狭隘,认为只要达成了目的,过程如何并不重要。因此,如何帮助孩子树立正确的竞争意识,引导孩子合理竞争,已经迫在眉睫。

【活动目标】

1. 让家长认识到帮助孩子学会合理竞争的必要性。
2. 帮助家长指导孩子学会正确竞争、良性竞争。
3. 倡导家长引导孩子学会以宽容的心态对待他人。

【活动准备】

1. 活动课件。
2. 视频资料。
3. 相关材料。

【活动过程】

一、培养孩子的竞争意识

1. 家长来信引入活动主题

导语:各位家长朋友好!感谢大家在百忙之中抽出宝贵时间来参加我们的家长会。首先我想来读一封近期收到的家长来信。

其实,这位家长的来信所反映的情况并不是个例。有的孩子害怕同学比自己强而对同学采取"封闭"和"打击"。比如,有好的资料和信息不愿意借给别的同学,对同学的求助漠然置之,甚至毁坏比自己强的同学的资料等。这就引出了一个很严峻的问题,即如何引导孩子树立正确的竞争意识,学会合理竞争。

常言道:"有竞争才会有压力,有压力才会有动力。"孩子们要想成长为参天松、千里马,就必须从小学会历练自己,具备竞争意识。但狭隘的竞争意识会使孩子们迷失前进的目标和方向。身为父母,要让孩子明白竞争是未来生活中不可或缺的内容,学会合理竞争是今后基本的生存能力,只有在竞争中才能体现自我,从而走出精彩人生。

2. 树立正确的竞争意识

(1)如何培养孩子的竞争意识呢?我认为首先要帮助孩子树立合理的竞争意识,以倡导良性竞争为出发点和最终目标。

(2)课件出示资料《小强的故事》。

小强的父母深知现在社会上的竞争日益激烈,于是为了不让自己的儿子在竞争中被淘汰,从小就运用各种方法鼓励小强竞争。而小强也很争气,没有辜负父母的期望。从小学到初中,每次考试成绩均在班上名列榜首。正当小强的父母自以为实施的鼓励措施发挥功效时,没想到在儿子中考前夕却传来了不幸的消息。

原来,当天下午,小强的班主任宣读了期中考试成绩,意想不到的是,小强这次考了第二名,一向位居榜首的他怎么也不能接受这个现实,一气之下,他拔出随身携带的小水果刀,刺伤了超过他的那个同学的胳膊,扬长而去。

(3)谈读后感受

当我看到这个案例时十分震惊!但在震惊之余,也为那些没有正确培养孩子竞争意识的父母感到惋惜。竞争意识没有错,错在了我们成人用自己的标准去驱使我们的孩子。所以,父母在鼓励孩子竞争时,一定要把握好尺度,不要陷入盲目鼓励孩子竞争的误区,而要有目的、有针对性,科学地引导孩子参与竞争,随时纠正孩子以为"竞争就是不择手段地战胜对方"的意识。比如,有的孩子为得到老师的关注,就说别的同学的坏话等。这时,父母要教育孩子认识到,同学之间的竞争应该有利于促进相互督促,相互学习,

以竞争促进大家追求更高的目标和共同进步；同时教育孩子要珍惜同学间的友谊，要运用正当的竞争手段，不能做出伤害同学的事情等等。

二、指导孩子的竞争方式

（一）帮孩子找到竞争的优势

如果孩子是一朵花，那么父母就是赏花人，父母的赞赏和陪伴才能让这朵花开得长久，开得芬芳。帮助孩子找到自己的优点，帮助孩子建立坚定的自信，这是面对竞争时，合格家长首先要做的。

1. 请一位家长和老师分别扮演儿子和爸爸，完成下面对话（课件出示对话内容）

儿子："我的胆小太小，怎么办？"

爸爸："胆小不是缺点，是优点。你不过是非常谨慎罢了，而谨慎的人总是很可靠，很少出乱子的。"

儿子："那勇敢难道是缺点？"

爸爸："勇敢也不是缺点。勇敢是一种优点，而谨慎是另一种优点，是少出事故的优点。"

2. 如何看待这对父子的对话

温馨建议：引导孩子挖掘自己的优点，不断强化，让孩子变得自信起来；帮助孩子发现自身优点和长处是克服害怕竞争的良方。同时，有竞争就会有胜负，即使处于劣势时，也要保持积极进取的态度，不能贬低或破坏对方来获得自己的优势，也不要心生嫉妒或采取不正当的手段，更不要就此一蹶不振。要让孩子明白，自己在尽了最大努力之后，无论是做一个继续努力的赢家还是毫不气馁的输家，都是成功的。

（二）引导孩子向竞争对手学习

竞争对手是一面镜子，能照到自己的不足，更能完善自己。学习对手的优点，是一种精神。能够引导孩子领悟这一点，对于孩子的健康发展具有重大意义。

1. 首先与家长朋友们分享一个案例。小泽是一个爱好体育的学生，他对同学非常热心，乐于帮助别人，但做事马虎，有时又好占点小便宜。本学期，小泽想参加竞选班干部。他的竞争对手有：关心集体、以身作则的小雨；任劳任怨、全心全意为班级服务的小森；还有身手敏捷、学习优秀的小宇。如果你是小泽的家长，你会怎样引导孩子达到自己的目标呢？让我们一起来看看小泽的家长是怎样做的吧！

2. 播放小泽和爸爸的对话视频。

3. 温馨建议：向竞争对手学习，不仅是方法的问题，还是视野的问题、思想的问题、境界的问题。引导孩子去学习竞争对手身上的优点，把对方当成自己学习上突破的一个动力，这样孩子就会收获人际关系和学习成绩的双成功效。

三、培养孩子健康的竞争心态

竞争者应具有广阔的胸怀，通过自己的实力取得胜利，凭借自身的实力超越他人。我们要时刻提醒孩子，正确对待竞争中的得与失，成功了，不骄傲，居安思危；失败了，不灰心，更不嫉妒成功者，愉快地接受他人先于自己成功的事实，对别人的进步、成就和功劳，要有发自内心的羡慕、佩服，并视为自己学习的榜样。

（蓬莱市第三实验小学　刘兴芝）

【相关链接】

一、一封家长的来信

尊敬的班主任：

您好！

女儿进入高年级后，学习压力也增大了，我在和女儿交流时，发现她最近被一些问题困扰。她说自己明明看到同桌解出了那道数学题，可当她向同桌请教时，同桌却说没做出来；她还说班级 XX 同学学习非常优秀，但是其他同学问她问题时，她从来不告诉解题思路；她还说听到小 X 炫耀自己好的语文复习方法，但是却不告诉任何人……诸如此类的问题经常让女儿觉得困惑和气恼，常常百思不得其解地和我发牢骚，每每此时，我总是告诉女儿：他们不告诉你是因为你也很优秀，你作为他们的竞争对手，让他们有危机感。但是他们的这种行为你不能效仿，学习上互相竞争是好现象，但是竞争不是保守和伤害，要凭借实力、努力，在互相尊重、信任、帮助的基础上，通

过自身的努力去超越。女儿听我这样说,开始还不服气地申辩几句,到后来,索性憋在心里不说出来了。不知道您的其他学生是否正在面对着和我的女儿一样的困惑,我很想帮助孩子打开心结,但无从下手。请问我该如何教育孩子合理面对竞争呢?

一位迷茫中的家长

____年___月___日

二、小泽和爸爸的对话视频

小泽想参加班干部竞选。他爸爸对他说:"现在班里有三名同学是你的竞争对手,要想赶上或超过竞争对手,你就得了解竞争对手,虚心向竞争对手学习。这三名同学都是谁,你知道吗?"小泽说:"我知道。"接着,他说出了这三名同学的姓名。爸爸又问:"小雨与你相比有哪些优点?"他说:"他对自己要求非常严格,班里就数他的纪律最好。"爸爸又问:"那小森和你相比有哪些优点?""他非常爱劳动,每次集体劳动时他都不怕脏、不怕累。"爸爸接着问:"那小宇呢?"小泽回答:"他不光体育好,学习也很棒,他很有毅力,对疑难问题从不放过,直到钻研明白、弄懂弄通为止。"最后爸爸说:"现在你知道应该怎么做了吧?记住,知己知彼,心里才能有底;学人之长,才能胜利有望。"小泽顿时恍然大悟,信心十足地说:"爸爸,我明白了。你瞧着吧!"爸爸充满希望地看着儿子说:"好儿子,我相信你能成功。"

在爸爸的启发和帮助下,小泽看到了竞争对手的优势,找出了自己存在的差距,下气力比他们做得更好,改正缺点,学习也更刻苦。最后他赢得了同学的认可,在第二个学期如愿当选。

三、两个母亲分苹果的故事

美国一位心理学家为了研究早期教育对人一生的影响,在全美选出 50 位成功人士和 50 名有犯罪记录的人,分别给他们去信,请他们谈谈母亲对他们的影响。在他后来收到的回信中，有两封回信给他的印象最深。

一封来自白宫著名人士，一封来自监狱服刑的犯人，他们谈的都是同一件事：小时候，母亲给他们分苹果。那位来自监狱的犯人在信中这样写道：小时候，有一天妈妈拿来几个苹果，红红绿绿，大小各不相同。我一眼就看出中间的一个又大又红，十分喜欢，我非常想要那个苹果。这时弟弟抢先说出我想说的话。妈妈听了瞪他一眼，责备他说："好孩子要学会把好东西留给他人，不能总想着自己。"于是我灵机一动，改口说："妈妈我想要那个最小的，把大的留给弟弟吧。"妈妈听了，非常高兴，在我的脸上亲了一下，并把那个又红又大的苹果奖励给了我。我得到了我想要的东西，从此学会了说谎。以后我又学会了打架、偷、抢，为了得到我想要的东西，我不择手段，直到现在我被送到监狱。

那位来自白宫的著名人士是这样写的：小时候，有一天妈妈拿来几个苹果，红红绿绿，大大小小各不相同。我和弟弟们都争着要大的，妈妈把那个最大的苹果举在手上，对我们说："这个苹果最大最红最好吃，谁都想要它。很好，现在让我们来做个比赛。我把门前的草坪分成3块，你们3人一人一块，负责修剪好，谁干得最快最好，谁就有权得到它。"我们3人比赛锄草，结果，我赢得了那个最大的苹果。我非常感谢母亲，她让我明白一个最简单而又最重要的道理：要想得到最好的，就必须努力争第一。她一直都是这样教育我们的。在我们家里，你想要什么好东西要通过比赛来赢得，这很公平，你想要什么想要多少，就必须为此付出多少努力和代价！

一个人一生中最早受到的教育来自家庭。推动摇篮的手，就是推动世界的手。母亲是孩子的第一任教师，可以教他第一句谎言，也可以教他做一个诚实的永远争做第一的人。作为父母的您，对此有何感想？

沟通从倾听开始

【活动背景】

　　每一个人愿望的达成都需要与他人的沟通来实现,沟通能力对人的生活和发展起着重要的作用。一般情况下,我们会认为：沟通最关键的是如何说,其实不然,真正好的沟通者往往是最懂得倾听的。本节课,从"要想让孩子听你的话,你首先要倾听孩子的话"开始,引领家长一起学习如何和孩子进行有效的沟通。

【活动目标】

　　1. 让家长感受到倾听在沟通中的重要性。

　　2. 让家长判断自己对孩子的情绪反应类型。

　　3. 初步了解处理情绪的基本思路。

　　4. 学会良好的沟通模式和情绪处理方式。

【课程准备】

　　1. 电脑、音响。

　　2. 配套影音包。

　　3. 眼罩、废纸。

　　4. 手表或计时器。

【活动过程】

一、撕纸游戏,引入主题

（一）撕纸游戏

各位家长,今天带大家玩一个非常有趣的游戏,请大家按照我说的做。

1. 指示语：（1）请助教给每位家长发一张纸和一个眼罩。（2）请家长先把眼罩带上,然后听清楚我的指令去做动作。(3)我要特别强调:主题活动过程中所有的人不可以摘下眼罩或者偷看。(4)请大家仔细听清楚,主题活动中任何人不可以说话。(5)好,遵守主题活动规则,你将获得更大的收获。

2.操作程序:(1)对折(做完的家长请举起来示意我)。(2)再对折(做完的家长请举起来示意我)。(3)再对折(做完的家长请举起来示意我)。(4)把右上角撕下来。(5)转180度,把左上角也撕下来(做完的家长请举手示意我)。(6)再翻转180度,把右上角撕下来。(7)好,请家长把眼罩拿下来,把纸打开。看看你周围人的图案,你发现了些什么呢?

好,大家说我有没有说清楚?你们是不是都听清楚了?那为什么我给你们说的得清清楚楚,你看你们撕得乱七八糟!

(二)家长的反应

1.老师的指令不清楚!

怎么不清楚了?对折对折再对折,这不是很清楚了吗?我认为是说清楚了!

那我们平时在和孩子说话的时候我们是不是也觉得我们说得很清楚了呢?

案例1:孩子放学了在幼儿园玩,我们叫孩子走,孩子不走,然后家长怎么说的?"宝贝,我们再玩一会儿就回家,好不好?"孩子说"好"答应了,一会儿你叫孩子回家,可是孩子还不想走,我们家长怎么说?"你不是答应了吗?我不是和你说了,再玩一会儿就回家,你怎么这么不听话?"请问家长:一会儿是多长时间?你理解的一会儿和孩子理解的一会儿是一样的吗?我们是不是经常在家里面给孩子下达这样不清楚的指令?

案例2:我女儿小的时候对插座特别感兴趣,看见了就想去摸,你们家孩子小时候有没有这种情况?有一次她又在那摸插座,奶奶看见后,边打她的手边说:"你再摸?!你再摸?!"孩子无辜地看着奶奶:"你是让我摸呢?摸呢?还是摸呢?"有没有这样的情况?请问家长,孩子听到奶奶说"你再摸",为什么会不知所措?我们家长有没有犯这样的错误?

2.引导家长说出:因为每个人对听到的指令理解是不一样的,思维方式也是不一样的。

孩子理解不了大人的意思,是因为他的理解力还不够。那么我们成人

呢？有多少时候我们感觉听清楚了对方的话,但是却没有做对事？为什么别人说得很清楚的话,我们听到的却是另外的意思呢？因为同样的一句话会因为听的人理解力的不同和思维方式的不同而产生不同的结果。倾听是沟通中至关重要的一环,那么倾听到底是什么意思呢？细心的,认真地,仔细地去听取别人的声音叫作倾听。作为倾听者,我们听到什么话不重要,重要的是要清楚对方到底想要我们做什么,而不是自己主观臆断。那么,如果我们是下达指令者,我们在给别人下达指令的时候是不是也要考虑对方的理解能力呢？

给大家讲个笑话:说一分钟有多长,完全取决于你是蹲在厕所里面,还是站在厕所外面等着排队上厕所,大家说是吧？所以我们不能总拿我们自己的标准去要求孩子。

3. 引导家长说出:老师不让我们问,不允许我们说话。

有的家长说:"老师,你不让我们说话。"确实不让你们说话,但是,我们想过没有,平时我们跟孩子沟通的时候是不是也是高高在上地给孩子下达命令:"去,干什么干什么去！"孩子:"妈妈,为什么？""哪那么多问什么？！让你干什么就干什么去！"或者:"乖,听话……"有没有？

我们自己都没有想过如何去倾听孩子,孩子怎么可能好好听你的话呢？

活动总结:好了,这个主题活动让我们记住一句话:"学会倾听是沟通的基础,要想孩子听你的话,你首先要学会倾听孩子的话。"

【花絮】我们现在可以看看,谁的脚下有纸啊？孩子是看着父母的背影长大的,我们父母生活中不注意,随地乱扔垃圾,其实就是在培养孩子不爱护环境,不遵守公共道德,我们家长随时都要谨慎啊。

二、体验活动,判断孩子情绪反应类型

作为父母,我们会经常面临孩子的哭闹,大家回想一下,当我们的孩子哭闹时,我们都是怎么应对的呢？

接下来给大家放一个 PPT,大家可以把自己平时的常规反应模式归归类,看看自己属于哪一类父母。

(以下内容以 PPT 形式呈现,然后老师读给家长听或者找家长起来读)

(一)家长反应类型

在孩子闹情绪时,不停哭闹时,你的反应常常是——

A. "别哭了, 妈妈带你去买雪糕吃。"

"来, 爸爸带你去动物园, 不要再发脾气啦！"

"不哭了, 不哭了, 给你吃块巧克力好不好？"

B. "再哭, 今晚的动画片取消, 不许看了。"

"你再闹就揍你了！"

"你再这个样子, 我就不带你出去玩了！"

C. "再哭, 到厕所哭去, 哭完了再出来！"

"爱哭你就哭个够吧！哭够了再来找我。"

对孩子的哭闹熟视无睹, 不理不睬, 漠然。

D. 不理会孩子的情绪反应, 喋喋不休地唠叨。

"你这个样子像个男孩子吗？跟女孩似的！"

"男孩子应该坚强, 应该勇敢, 哪有哭哭啼啼的。"

"人总会遇到不如意的事嘛。妈妈像你这么大的时候, 已经会自己照顾自己了。你想想, 爸爸妈妈在你身上花了多少心血……"

"哭什么哭？妈妈说你说的不对吗？你做错了不应该批评吗？你还有理由哭？"

看看自己平时的常规反应是哪种类型？自己属于哪一类父母？

讨论一下各是什么情绪模式？

（以下内容仍然是 PPT 形式呈现, 然后老师讲给家长听）

（二）四种类型特点

1. "交换型"父母

你认为负面情绪有害, 所以每当孩子有忧伤的感觉时, 你就努力把世界"修补"好, 却忽略了孩子更需要的是了解和慰藉。

每次孩子一哭闹, 父母就用条件交换孩子的不哭闹, 久而久之, 会让孩子为了得到什么而哭闹, 强化其哭闹行为。孩子的情绪并没有得到缓解和释放。让孩子习惯地遇到负面情绪就忽略而不是正视。

2. "惩罚型"父母

孩子常常由于表达哀伤、愤怒和恐惧而受到你的责备、训斥或惩罚。你以为这样不会"惯"出孩子的坏脾气, 或者能够让孩子变得更坚强。

由于表达出自己的情绪可能会带来耻辱、被抛弃、痛苦、受虐待, 所以, 对于负面的情绪, 孩子是又憎恨又无可奈何。会让孩子从小认为, 负面情绪

是不好的,是不被接纳的。

3."冷漠型"父母

你对孩子的负面情绪,既不否定也不责骂,而是"不予干涉",不理不睬,熟视无睹。

因为没有父母积极的引导,一个愤怒的孩子可能会变得有侵略性,用伤害别人的方式来发泄;一个伤心的孩子会尽情和长时间地哭闹,不知道怎样去安抚自己和纾解自己;还会让孩子感觉自己的父母并不爱自己。

4."说教型"父母

你以为孩子只要明白了道理,负面情绪就会消失,所以你热衷于滔滔不绝地讲道理。

此时,孩子感到孤单无助,仿佛身处黑洞,得独自面对负面情绪带来的痛苦。而父母的喋喋不休的训导,只会令孩子苦上加苦。

以上四种是传统的处理孩子情绪的方式,显然都不利于孩子的情商培养。

（三）EQ 型父母

EQ 型父母也是最佳类型的父母。这样类型的父母善于感觉孩子的情绪、接纳孩子的情绪,引导孩子情绪合理地释放。

EQ 型父母具体怎么处理,情景剧结束之后,我们家长自己总结。接下来将给家长呈现一个情景剧,家长一定认真看哟!

三、体验式主题活动——家庭情景剧

我们家长对于孩子的问题可能会有各种各样的处理方式,接下来,我们看看一对母子间的对话,当儿子告诉妈妈有人偷了自己的那支新铅笔时,这个妈妈是怎么处理孩子的问题的。

（一）第一种方式的表演

孩子:妈妈,有人偷了我那支新铅笔。

妈妈:你敢肯定不是你自己弄丢的吗?

孩子:我没丢,我去上厕所的时候它还在我桌子上呢。

妈妈:你自己的东西随便乱放,那能不丢吗?

孩子:我没有。

妈妈:（已经开始不耐烦）你知道你已经丢了好几次东西了,这不是第一次。我告诉你多少次了,贵重东西要放到抽屉里去。你知道你的毛病在哪吗？你从来不听大人的话。

孩子：别管我了。

妈妈：（发怒）太不像话了！我不管你谁管你呀！

1. 引导语：（1）这种情景在你与孩子平日的交流中常见吗？（2）你认为这种交流的效果怎样？（3）这位妈妈对孩子是一种什么态度？（4）孩子什么感受？（5）你有什么更好的处理方式？

2. 家长分享要点：（1）常见或不常见（答什么不予以评价）。（2）效果不理想。（3）妈妈对孩子的情感不接纳、对孩子不信任、总是指责孩子、没耐心、翻旧账等等。一味地指责或教育,孩子感到不被接纳,孩子也无法有效地释放情绪和解决问题。（4）不舒服、委屈、感觉不被理解和接纳。（5）不要指责孩子,接纳孩子的情绪,让孩子多说,不要翻旧账等等。

3. 活动小结：

从刚才的对话中,我们感受到了：孩子不舒服对吧？妈妈也不舒服。在这个过程中,孩子感受到妈妈对自己的不信任,妈妈总是指责孩子、没耐心、翻旧账以及对孩子情感的不接纳等等。

刚刚我们看到的这种方式通常称为指责说教型,是家长通常的处理方法,如果家长一味地发问、指责和建议,孩子就无法清楚地、富有建设性地进行思考。

（二）第一种方式的表演

好,接下来,我们看看同样的事情,爸爸是怎么处理的。有请爸爸和孩子上场。

孩子：爸爸,有人偷了我那支新铅笔。

爸爸：噢？

孩子：我去上厕所的时候它还在我桌子上呢。

爸爸：嗯……

孩子：这已经是第三次被人偷了。

爸爸：哦！

孩子：我知道了。以后我离开教室的时候要把铅笔放到抽屉里。

爸爸：好的！

1. 引导语：（1）这种情景在你与孩子平日的交流中常见吗？（2）你认为这种交流的效果怎样？（3）这位爸爸对儿子是一种什么态度？（4）孩子

有什么感受？（5）你有什么感受？

2. 家长分享要点：（1）常见或不常见（不予评价）。（2）效果不错，简单有效。（3）接纳、信任、不评判等。（4）感觉被接纳、被信任、被理解而没有说教，舒服等。（5）认同孩子的感受，居然有这么大的作用，孩子自己就知道自己该怎么做。只是认真的倾听，只是用"哦""嗯""我知道了"等词语认同孩子的感受就可以了，家长不用说太多，孩子自己就知道怎么做了，真有效等等。（6）我更喜欢爸爸对待我的方式，感觉爸爸是全然接纳我的，没有说教，没有指责、也不翻旧账，而且让我意识到我自己的问题。爸爸对我的方式让我更舒服，我丢失新铅笔的不开心没有了等等。

3. 活动小结：

以上的方式我们称为认同孩子的感受，家长用"嗯""哦""好的"等词语认同孩子的感受。这种方式看似简单，但效果很好。表面看起来似乎家长什么都没做，但是通过家长对孩子情绪的全然接纳及简单回馈，孩子的情绪得到了很大程度的缓解和释放，明确了自己的想法和感受，甚至自己找出解决问题的方法。

刚才的情景剧演示了我们生活中常见的情景，当孩子告诉家长丢了新铅笔后的亲子对话。我们家长也发现了父母两种不同的处理方式对孩子的不同影响。显然，谁的处理方式更合适？爸爸的处理方式我们叫它 EQ 型父母。

（三）EQ 型父母的处理方式

下面，我们来看一下 EQ 型父母在面对和处理孩子情绪时的方式（PPT呈现）。

1. 觉察——敏锐地觉察到孩子的情绪，并随时准备着给予孩子帮助。我们通常能不能敏锐地觉察孩子的情绪啊？嗯，通常做得还不错是吧？

2. 接纳——承认和接纳孩子所有的情绪和感受。

父母要明白，无论孩子的情绪如何，无论孩子如何回应你，你都应该让孩子知道，你尊重并完全接受他的情绪和感受。孩子的情绪一定是有原因的。对孩子而言，那些原因都很重要。

3. 设范——为孩子的行为设立规范，明确哪些行为是可以接受的。

比如孩子受挫后打人、或摔玩具，在接纳孩子感受的基础之上，你应当让孩子明白，某些行为是不合适的，而且是不被允许的。例："我可以看出你非常生弟弟的气，但请你用语言表达你的要求，而不是用拳头。"

重要的是让孩子明白，他的感受不是问题，不良的言行才是问题的关键。所有的感受和期望都是可以被接受的，但并非所有的行为都可以被接受。

对于我们绝大部分家长而言，我们大都能觉察到孩子的情绪，行为设范也做得不少，但通常在接纳和分享上做得要差一些。

接纳和分享非常重要，家长如果真能做到，孩子的情绪就能够在很大程度上得到缓解和释放，也会找到解决问题的途径和方法。

设范在孩子情绪激动的时候，建议不提。当孩子情绪稳定下来之后，再告诉孩子，有些行为是不合适的。要让孩子明白所有的情绪都可以被接纳和允许，但是有些行为是不合适和不被允许的。

四、活动总结：

今天我们通过撕纸的游戏，了解了倾听的重要性，意识到倾听是沟通的基础，要想让孩子听你的话，你首先要学会听孩子的话。我们通过亲子对话，了解到指责说教型和认同孩子感受型沟通方式的不同效果，回家后希望我们家长能够把今天的收获运用到平日的生活中。其实不单是对孩子，对爱人、对父母、对同事、对他人，如果我们能够首先做到尊重、承认和接纳对方的情绪，一定会大大改善我们的人际关系，提高我们的沟通质量。

（福山区第二实验小学　孙瑞芝）

建议四五年级家长会用

真诚沟通 从心开始

【活动背景】

五年级学生已经开始步入青春期,独立意识日益增长,或多或少地有了逆反心理,学习压力越来越大,学生的情绪处于相对不稳定的状态,在与同学、老师、家长的沟通方面就会出现这样那样的问题。有些家长已经意识到孩子的成长,学着转变教育方式,逐渐告别了"严打厉责"或过度精心呵护,但还有很多家长对于如何管教孩子很迷茫,很焦虑,有的甚至撒手不管听之任之。家长该如何与渐入青春期的孩子沟通,改善亲子关系? 如何引领我们的孩子健康成长?

【活动目标】

1. 让家长认识到与孩子沟通交流的重要性。
2. 指导家长了解和掌握与孩子沟通的方法。
3. 让家长将所学知识与方法运用到日常亲子教育中。

【活动准备】

1. 调查问卷。
2. 活动课件。
3. 拓展阅读材料。

【活动过程】

一、问卷导入

各位家长,今天家长会之前我们做过一次问卷调查(相关链接一),大家都据实进行了填写。相信大家在填写问卷的时候,对自己与孩子的沟通状况有了一次整体的回顾,肯定心中有诸多感触吧。

家长畅所欲言：通过填写问卷，对自己与孩子的沟通做一下评价，以及总结出结论。（事先联系好几位家长，让他们重点发言，鼓励其余家长积极参与）

师：看得出，大家与孩子的沟通或多或少地存在问题，这些问题影响了我们家长和孩子和谐地沟通，那么这些问题的根源是什么呢？今天我们就一起来探讨一下。

设计意图：通过填写调查问卷，让家长意识到与孩子沟通存在问题。通过家长的互动回答，发现与孩子沟通上的问题有一定的共性，从而引出对存在问题根源的探讨。

二、梳理问题

根据大家的描述，我们在亲子沟通中出现的问题主要如下。

1. 过分重视孩子的学习成绩

21 世纪是知识经济的时代，家长关注孩子的学习这没有错，但要求孩子每次考试成绩都名列前茅，只要学习好，其他的一切都是次要的想法就有些偏颇了。在这种想法指导下，孩子的学习成为许多家庭的头等大事，分数成了家长与孩子嘴边提到的最频繁的字眼，甚至孩子考多少分，也成为许多家庭气氛好坏的晴雨表。正如一名学生所说："我考得好，想要什么爸爸妈妈就给我买什么；可是如果我考砸了，爸爸妈妈就会好几天不理我。我觉得，分数才是爸爸妈妈最疼爱的孩子。"从孩子的话中，我们不难看出他们是不喜欢家长这种想法和做法的。

2. 对孩子缺乏正确的评价

有的父母经常问："孩子不爱学习怎么办？""孩子不听话怎么办？"问话的父母大多是想要寻找教育孩子的具体方法。很多家长对孩子说教、训斥、打骂，但丝毫不起作用，感到束手无策。不知大家是否思考过，孩子为什么不爱学习？为什么不听父母的话？答案很简单，父母们总是最先看到孩子的缺点，指责、埋怨、负面的评价充斥着孩子的耳朵，如："你学习成绩这么差，肯定不是读书的料""你就从没有做好过一件事"等。父母在说话时一开口就已经否定了孩子，当然会引起孩子的反感，所以，不论父母怎么说，也无论你正确与否，都难以得到孩子的接纳与认可。每个人都希望获得他人的认可和肯定，孩子也是如此，当他感到从父母那里得到的只是负面评价时，就会关闭与父母沟通的大门。

3.父母喜欢揭孩子的短

孩子在成长过程中经常会出现一些问题,这是正常的。当孩子对自己的毛病有愿意改正的想法,作为家长应当及时的鼓励,给予诚恳的提醒,给孩子改正缺点的勇气和力量,这是因为孩子愈是犯了错误,心理愈是脆弱,愈是需要父母的谅解与安慰。但有的家长不是这样,当孩子在改的过程中出现反复时就把孩子的承诺当话柄,来刺激孩子,挫伤了孩子的自尊心,使孩子雪上加霜。孩子对此不仅懒得听,而且逆反心理加重:反正你们把我看成这样了我就索性破罐子破摔。

4.家长对孩子缺乏平等尊重的意识

有的父母在孩子面前总是处于居高临下的地位,总是以一副威严的面孔对孩子,以严厉的语气与孩子讲话,即便是家长做错了,也会找出若干理由为自己辩护,以"我都是为你好"来辩解,无形中会使孩子产生畏惧的心理,从而不敢和父母交流,有的孩子甚至还会产生反抗的心理。这样不仅达不到教育孩子的目的,而且还会阻断亲子间的沟通,也就人为地形成代沟了。

5.家长过多的唠叨,引起孩子的反感

教育专家在对亲子的研究中发现有些父母与孩子从早到晚只会说三句话。孩子早上起床时"快点起来,到点了,快点快点";孩子出家门时"上课要注意听讲,不要做小动作,放学早点回家";孩子放学回来时一见面就问"考了多少分,被老师批评了没有"。教育专家把父母的这些话当作"正确的废话"和"无效的命令",使孩子十分反感,有的孩子说"耳朵起茧了,根本就不想听"。当孩子听到这些话时,理所当然不仅关上了耳朵,也关上了心门,日子一长,不但懒得听,而且逆反心理日盛。

6.父母不能以身作则,起表率作用

父母自己身上存在许多不良的嗜好,打麻将、赌博、酗酒,工作不认真等,使一些不良的习性感染了孩子。明明同学是个"网迷",当老师帮着他分析网瘾是如何形成的时候,明明回忆说:"在家里,爸爸妈妈总是一人抱着一个手机,一个玩游戏,一个网购,忙得不亦乐乎,可是却一直呵斥我让我学习,我怎么能学得进去呢?我便开始偷他们的钱上网玩,慢慢的,我就管不住自己了……"

设计意图:通过对沟通问题根源的剖析,让家长意识到与孩子沟通存

在问题,自己的责任更多一些,从而意识到要进行良好沟通就要理解孩子、尊重孩子、掌握沟通的技巧和方法。

三、沟通技巧

父母与子女之间在生活中难免有碰撞的时候,只有通过沟通才能达到相互原谅,形成共识。沟通是人的本能,没有人喜欢把自己封闭起来,孩子也不是天生就不愿意与父母交流。孩子幼小的时候由于比较幼稚、简单,对父母的依赖性强,许多事情都会对父母讲,亲子间的沟通是顺畅的。当孩子进入青春期,生理、心理、需求都发生了变化,如果家长还固守着原来的观念,孩子在家长面前找不到沟通的快乐,不仅会关闭耳朵,而且亲子沟通的大门也会关闭。下面,我们就请亲子沟通做得比较好的家长谈一谈做法。

家长交流沟通技巧。

以上几位家长的成功经验值得我们思考和学习,怎样才能切实地做到"真诚沟通,从心开始"呢?我们做家长的要做到:

1. 父母与孩子要坦诚交心

彼此坦诚,才能了解孩子的心境,才知道孩子在想什么,需要什么,出现了问题才能对症下药,给予适当的引导和帮助。譬如遇到孩子有不良行为时,如上网成瘾、抽烟等,父母首先要冷静处理,不要气昏了头。要以体贴、谅解的语气鼓励孩子说出原因或心中感觉,巧妙地使用沉默与倾听,领会孩子谈话的要点或弦外之音。由于父母的态度诚恳、友善,孩子会毫无保留地宣泄内心的情感,通过聆听、对话的方式,父母逐渐引导孩子重新思考问题的核心,共同摸索一个解决的办法,孩子知道父母尊重他、愿意接受他,了解他和帮助他,当然孩子也就会听父母的话,改正不良习惯。

2. 要达到良好的沟通,父母温和的态度很关键

父母只有以温和的态度对待孩子,才能使孩子感到爱和温暖,才能使孩子愿意向父母吐露心声,才能达到孩子愿意接受教育的目的。相反,父母用粗暴野蛮的方式打孩子,就会让孩子反感。打孩子是愚蠢的行为,最终只会出现两种结果:一是打出一个小霸王,你打他他就打别人;二是打出一个窝囊废,他见了谁都害怕。这是家长愿意看到的结果吗?当然不是,所以还是要与孩子讲道理,以理服人。

3. 平等相处,把孩子视为自己的朋友

真正的朋友是无年龄、无性别、无职位、无地位之分的。与孩子交朋友,

用老百姓的话说就是要看得起孩子,对他有一种认可的态度,而不是用成人的眼光、完美无缺的标准、高出孩子实际年龄的尺度来要求孩子。否则,就会造成孩子对父母惧怕的心理,甚至是存有戒心,那么他就会敬而远之,不可能向父母袒露胸怀。父母只有与孩子平等相处,尊重他的意愿,孩子才会把你当作真正的朋友,愿意和你分享他的忧愁。原北京军区总医院青少年心理成长基地陶然主任,在收治641例网络成瘾青少年临床心理分析报告中指出:青少年网瘾的影响因素包括家庭、学校、社会,其中,家庭是主要的影响因素。调查发现:46%的网瘾青少年在童年时期受过重大生活的创伤。94.5%的孩子对父母有敌意,52%的孩子评价父母缺乏温暖和理解。孩子对父母有敌意怎么会愿意接受父母的教育呢?

4. 和孩子交流时要多倾听、少说话

许多家长在与孩子沟通过程中,总是自己说让孩子听,特别是当孩子在某一个问题上申诉时,家长就以翅膀长硬了为理由,堵住了孩子说话的机会,而这样的交流,实际上是家长给自己设置了与孩子沟通的障碍。如果家长要了解孩子的想法与感受。就应当多让孩子说,即便是孩子真的犯了错误,父母也要静下心来,以同情与认同的态度,站在孩子的立场让他倾诉,不要打断孩子的说话,加插自己的意见与批评。孩子心中的感受得以抒发后,烦恼自然就会消失一半。这样做不但可增进亲子感情,也可以让孩子明白,当遇到烦恼时,回到家里会得到父母的体谅和支持。这会增加孩子的安全感,当然,孩子也更愿意在这种安全感中多与父母交谈和沟通,把自己的所感所想都倾诉给父母。

5. 与孩子一起探讨教育的方法

不少父母为教育孩子彻夜难眠,到处打听教育孩子的方法,却忽略了一个简单的道理,如农民知道庄稼最需要的养料是最好的养料、企业家懂得顾客最满意的商品才是最好的商品一样,对家长而言,孩子最喜欢的方法才是最好的方法。家长不妨找孩子一起探讨,什么教育方法才是受孩子欢迎的,家长应当怎么做才能让孩子感到快乐并愿意接受。父母的行为和态度方式最直接深刻地影响孩子,在这个过程中我们要给孩子什么,必须先明确他需要什么?如现在的孩子追星的问题,有一个家长就特别明智,她的女儿偶像是周杰伦,她说作为我个人并不欣赏周杰伦,但因为女儿喜欢,我只好试着去了解,如果父母不认同周杰伦,那么他们与孩子的交流定会出现问题。家长说我搜集周杰伦的资料,他是奋斗出来的天才,青少年喜欢他是有原因的。他生活在单亲家庭,对母亲非常孝顺,这是很感人的,出售有关周杰伦的书我是见一本买一本,跟女儿学唱他的歌。并慢慢地引导孩子,理性地对待偶像,母子之间就有了共同的话题。

6.父母要给孩子充分的个人空间

孩子不希望父母完全控制他们的生活,只希望父母充当顾问或支持者的角色,过多的干涉会给他们一种被监督的感觉,认为失去了自由,便会产生一种不满情绪,就会躲避家长,并产生隔阂。所以,家长要尊重孩子,给孩子充分的个人空间,放手让他们自己去思考、去设计、去独立完成自己想做的事,真正实现自己的愿望。

7.父母要尊重孩子、信任孩子

尊重孩子首先要把孩子看成是自由、独立、完整、有独特个性、人格和尊严的人。要尊重孩子的兴趣和爱好,尊重孩子的情绪和情感,尊重孩子的个性差异,尊重孩子的理想和志向,尊重孩子的选择和判断及个人的意愿。切忌伤害孩子的自尊心,体罚或变相体罚孩子。父母尊重孩子才会激起孩子的自尊。人性最大的悲哀是缺乏自尊。自尊是一个人灵魂中伟大的杠杆,没有尊严的人等于是一具躯壳。父母尊重孩子,孩子才会尊重他人、尊重社会,才能获得外界对他的尊重。

8.父母要与时俱进,讲究教育的艺术

我们经常遇到一些苦恼的家长,殚精竭虑,什么招都用了,孩子就是不听话。究其原因是我们的家长落伍了。现今社会是个多元的时代,孩子面对的诱惑很多,从客观上讲,教育的难度确实是增大了,但我们的家长没有与时俱进、努力学习则是一个很重要的问题。我国有70%的家长没有系统地学习过养育孩子方面的知识,使用的方法多是上一代养育方法的延续,有的则是一成不变的方法来培育不同年龄阶段的孩子,难免在教育孩子时力不从心。

设计意图:通过让优秀家长介绍经验抛砖引玉,介绍与孩子和谐沟通的技巧和方法,帮助家长增强亲子沟通的技能,从而有效地提升他们与孩子沟通的效果,切实改善所有家长与孩子的沟通局面。

四、书信交流

通过前面的学习,家长朋友们此时内心肯定有很多话想对孩子说,请拿

起笔给孩子写封信,真诚地与孩子交流吧!

设计意图:书信交流是非常好的亲子沟通方式,家长可以把平时不太好意思和孩子说的话写出来,让孩子们真切感受到父母的真诚与爱。

(莱州市莱州中心小学　卜繁平)

【相关链接】

一、调查问卷

请根据实际情况,选择最符合的选项打√。

	绝对不会	极少	偶尔	经常
1.当众批评孩子	( )	( )	( )	( )
2.在家里面对孩子时一直维护自己的威严和权力	( )	( )	( )	( )
3.以学习成绩好的孩子为例批评自己的孩子	( )	( )	( )	( )
4.当孩子出现有困难的问题,总会给他(她)支持	( )	( )	( )	( )
5.孩子上学、放学时会与孩子打招呼	( )	( )	( )	( )
6.对孩子说"只要你好好学习,啥条件都答应你"	( )	( )	( )	( )
7.情绪跟着孩子的分数走	( )	( )	( )	( )
8.当孩子不听话时,会很生气	( )	( )	( )	( )
9.与孩子一起进行户外活动	( )	( )	( )	( )
10.和孩子的好朋友有交流、沟通	( )	( )	( )	( )

二、案　例

有一位母亲,出于担心和爱护,常常唠叨女儿要少与男生来往。有一次,母亲竟臭骂了几个来邀女儿去过朋友生日的同学。这使女儿受到极大的伤害:她在同学面前丢尽了面子,同学也不再跟她来往。她因此怨恨父母:"你们不让我好过,我也要让你们难受。"她向父母喊叫:"我就是要气你们！就是不好好读书！就是要把你们的钱拿去花光！"但她内心又很孤独,很苦闷。作为父母,本来唯恐伤害子女,但却在不经意中伤害了子女。结果,既推开了子女,也被子女所推开。父母与孩子虽天天相处一屋,心却相隔很远。做子女的视父母如同"冤家",动辄跟父母顶嘴发脾气,闭锁自己、疏离家庭,甚至离家出走；做父母的欲恨不能,欲爱无从入手,看着自己亲手抚育、一点一点长大起来的孩子,竟是如此陌生！无论父母也好,子女也好,其实彼此心里都渴望被对方理解。但很多父母却不知怎样去理解这个既熟悉又陌生的孩子,而成长中的孩子更不懂得如何去理解自己的双亲。

作为父母,往往把自己的"面子"看得很重,往往希望子女无条件地服从自己,却不能无条件地去尊重子女。当然,这并不是要求家长去认同孩子的一切观点和行为,而是能够设身处地站在孩子的位置,用他们的眼睛去看,用他们的耳朵去听,用他们的头脑去想。

理解孩子也并不是娇宠孩子。如这个例子中,父母如果能够站在女儿的角度思考(毕竟我们做父母的也年少过),至少不会做出"臭骂前来邀请女儿的同学"这样过于伤害女儿自尊心的行为来！父母应该知道:对于青春期的孩子,可以说,他们比任何人都更"看重"同龄朋友而"忽视"成年人。做父母的如果不能理解他们,孩子就会向外寻找理解他们的人。反之,父母若能理解他们,他们就会感到家庭的温暖、安全,就会愿意与父母沟通。对于青春期的孩子,只有先去理解,而后才能正确引导。没有理解,一切教育、引导都难有真正好的效果！因为他们再不是那个儿童期的孩子了。对上面那个被同学前来邀请参加生日宴会的女儿,家长完全可以这样做:先要肯定"社交"对于女儿是重要的,而且也是必要的。这不仅是因为同龄人能使孩子更开心、更快活；更重要的是,孩子需要在与同龄人的交往中,来增进对自己、对他人的认识和了解。然后,再给孩子指出,时间安排上要适当,社交活动不可没有,但也不可占太多时间,毕竟读书学习是主要的。给孩子讲清道理,孩子一定也会理解,这样不是很好吗？

三、父母和孩子交流应熟记 50 个句型

家长们,每天给自己 10 分钟的时间,思考、熟读以下这 50 个句型,连续做 3—5 个月,你和孩子都会有意想不到的收获。

1. 激发思考

当孩子把牛奶洒得满地都是不知道怎么收拾的时候,当孩子遇到难题不知所措的时候,你要怎么办呢? 别发火,也别责怪孩子笨,试试下面的句子,激发孩子思考问题的能力吧!

你觉得怎么做好? 你有什么妙招?

你该怎么做? 你应该先做什么? 再做什么?

如果你好好想,一定能想出好办法来。

可能会发生什么事?

如果你想要……你觉得有几个办法?

想一想,还有其他的办法吗?

咱们一起想想办法? 还是你自己想?

我相信,你一定能想出好办法的。

孩子,真棒! 这个办法想得真好!

鼓励孩子积极思考,自己想办法解决眼前的难题,对孩子的学习和工作都有很大帮助。

2. 正面强化规则

作为一个好家长,一定要跟孩子立几条规矩。当孩子违反了规矩,比如早上赖床不去学校、吃饭慢吞吞不着急……发脾气责怪孩子永远不会是最好的方法,你试试正面强化规则,在孩子的心里建立起规矩非常重要、必须遵守的印象。

常对孩子说这些话:

我相信,你能遵守……

我期待着你能做到。

我想,我的话有道理。

你这样做违反了家庭守则。

你这样做是不能被接受的。

我不接受你这样的行为。

没关系,下次你就知道怎样做了。

请记住我们的规矩。

请你向我道歉,请你用行动来证明。

孩子从小到大,都要遵守各种各样的规则,早一点让孩子明白遵守规则的重要性,孩子才会更懂事,在学校不做违反纪律的事情,做个老师喜欢的好孩子。

3. 建议和提醒

当孩子拿着不会做的作业题来找你时,你会帮他解题吗?当孩子收拾不了房间,火大发脾气时,你会帮他收拾吗?不要这样帮助他,你不能代替孩子做事情,你该做的是建议和提醒,让孩子开动脑筋想办法,亲自动手做!

可以这样对孩子说:

如果我是你,我会这样做……

换另一种方法试一试?

是不是这样好些?

你看,这样说是不是更好?

要不要尝试另一种新的方法?

试试用这个代替怎么样?

是否有必要再做一次?

到了该做什么的时间了?

想想看,还有什么没有做?

想想看,怎样才能少出错,不出错?

给建议和提醒的方式教育孩子,不包办、不代替,让孩子独立、自信,稳稳当当地走向成功。

4. 选择性的引导

当孩子就是不肯关电视去睡觉的时候,当孩子不肯收拾房间的时候,当孩子不肯做作业的时候,也不要急着发脾气,用选择的句式来引导孩子,给孩子一点缓冲的余地,气氛就不会那么僵。

我(关电视)……还是你自己(关)……

先做……还是先做……

我帮你……还是你自己……

你认为这样好，还是那样好？

这样做和那样做有什么不同？

你认为，咱们今天……还是明天……

你选择做什么？还是我们一起选……

需要我帮你做点什么吗？或者你可以自己干！

你觉得我应该这样做，还是那样做？

5. 同理心

孩子毕竟还小，不会体谅人，很多时候只想着自己，不体谅别人……比如，不愿意跟小朋友分享玩具和糖果；不高兴了就大声说"坏妈妈"；喜欢同学的橡皮就拿回家；一点小事就跟好朋友吵架……这时候，就要用到同理心的方法，让孩子去体会别人的想法。

用这些句式和孩子说：

假如你这样做了，你有什么感受，别人有什么感受？

你能感觉到我的感受吗？

你愿意别人对你这样做吗？

你这样做，你觉得她会生气吗？

你感觉到了吗？他是不是很难过，很受伤？

你试着想想他的感觉，是沮丧，还是窘迫？

我理解你的感受，我也有同感。

我感受到了你心里的郁闷。

做好家长 从说开始

【活动背景】

　　召开本次主题家长会之前，我先在班级 QQ 群进行了一次民意小调查，调查了我们四三班家长目前在教育孩子方面的困惑与需求，我给出了 4 个主题让大家进行投票：1. 孩子玩手机、电脑上瘾，家长如何办；2. 孩子大了，家长不知如何说孩子才会听，想和孩子建立良好的亲子关系；3. 培养孩子良好的习惯；4. 爸爸们行动起来。家长们在群里积极互动，投票结果是：51.4% 的家长选择孩子大了，如何说，孩子才会听，想和孩子建立良好的沟通关系。于是，根据大家的需求，就有了这次为我们班的家长量身打造的主题家长会。

【活动目标】

　　1. 让家长明白亲子沟通中语言的重要性。

　　2. 指导家长寻找与孩子良好语言沟通的方法。

【活动准备】

　　1. 教师准备：搜集相关视频；制作多媒体课件；向家长推荐书目等。

　　2. 学生准备：学生用海洋里的生物创作一幅家庭动态图的心理绘画。

　　3. 家长准备：提前安排好时间。

【活动过程】

　　尊敬的各位家长朋友们：

　　你们好，非常感谢各位在百忙之中抽时间来参加孩子升入四年级的第一次家长会，欢迎大家的到来！

一、观看视频，导入主题

家长朋友们，前几天我给咱班的孩子做了一个小调查，调查了一下他们最不愿意从父母那里听到的话语有这些：（课件出示）

就知道玩！

你怎么还不快去写作业？快去！

上一边去，我不喜欢你了！

下次再这样的话……

你怎么连这种题都不会做，真笨！

你爱干什么干什么，我不管你了！

你脑子出问题了，是不是？

你看看人家×××，学习比你好多了！

我现场采访一下我们的家长，您说过这些话吗？什么说得最多呢？那您觉得这些话对孩子会有影响吗？下面我们就要来看看这些随嘴一说的语言，杀伤力有多大，请看记者在沈阳少管所的采访。（播放视频）

看完视频，从大家的表情中看出，您的心情都不轻松，没有人比父母更爱自己的孩子，但如果我们在与孩子沟通时口无遮拦，那真的会把爱变成害，变成最亲近的人伤人最深。

由此可见，做一个"会说话"的父母多么重要，所以我们本次家长会的主题就是"做好家长从说开始"（课件出示）

设计意图：通过视频的呈现让家长清晰地看到暴力的语言对孩子成长的影响，更让家长们明白语言在亲子沟通中的重要性，从而引出本次活动的主题。

二、解读绘画，反思自我

（一）教师示范解读绘画

在召开本次家长会之前，我引导孩子们每人用海洋里的生物创作了一幅心理绘画。儿童心理绘画，是孩子们内心的投射，我们家长平时和孩子的语言沟通在他们心目中到底留下了什么？家长们可以从这几方面来解读：孩子把家庭成员都画成了什么？彼此的关系怎样？家长常对孩子说的话有哪些？

首先我们一起来解读我们班孩子的这幅画：（课件出示绘画）

孩子把爸爸画成了一个长着尖牙利齿的大鲨鱼，妈妈是张牙舞爪的螃蟹,自己是整个画面中最弱小的一条被四个大人团团围住的小小的鱼,她想扑进爸爸妈妈的怀抱,而迎接她的是三声冰冷的"学习!学习!学习!"身后的奶奶则追着她不停地说"练琴!"整个画面是冷冷的蓝色,小小的鱼儿无声的眼泪,也被淹没在海水中。

这种唠叨型语言沟通方式,让孩子内心充满了压力和委屈。

我们再来看另一个小学霸的生活:

小海星放学回到家,兴冲冲地刚游到鲨鱼爸爸身边,一句"给我滚,我忙着呢!"毫不留情地把她推了出来。而最关心她学习成绩的水母妈妈,则急切地抓住机会说:"来,把这些卷子做了!"我们从她的表情中可以看出她的顺从是多么地不情愿。爸爸这种暴力型的语言,妈妈和孩子毫无情感链接的语言,让孩子最终把所有的委屈都压抑到了心里,认为一切还是自己做得不够好。

(出示第三幅画)而这幅画,孩子和爸爸之间用一块巨大的石头隔离开来,几乎没有交流,这种冷漠型的沟通方式,让很优秀的孩子平时也是沉默寡言。

我从孩子们的画中发现,像这种冷漠型的家庭现在是越来越多了,因为几乎每个家庭都有一个亲子沟通第三者——手机,下面请各位家长听听一个小男孩一天的遭遇:一起去公园的路上,他不停地看手机,打电话;晚睡前,我想让他给我讲故事时,他在……;吃饭时,大人们都在忙着……;爸爸妈妈说,我是他们最最可爱的宝宝,可他们还有一个宝宝——那就是手机啊!

家长朋友们,小男孩一天的遭遇在您家里上演过吗?您和孩子的亲子沟通怎么样呢?

(二)家长自我解读绘画,进行自我反思,并交流感受

下面请我们放下往日对孩子的各种评判,静静地用心去感受一下自己的孩子画中想表达的信息吧!(播放音乐,家长自看画)

我发现,刚才在看画的过程中,家长们内心真是五味杂陈,对吧?内心有所触动就是改变的开始。哪位家长愿意分享一下此时自己的感受?(家长发言)

(三)专家提示

我们的语言对孩子的影响是非常大的,心理专家李子勋老师这样说过:

（课件出示）

在家庭教育中，关系大于教育，关系先于教育，良好的亲子关系是教育孩子的根本。孩子的问题不一定是父母本身的责任，而是父母说话的方式造成的，因为言语有一种能量，你说孩子是什么，孩子就会成为什么，更重要的，你觉得孩子是什么样子的，正好是你内心中认同的那部分，最后，孩子他就会真的成为你说的那样。

这时，有的家长朋友就要问了，到底怎么说孩子才会听，真正对孩子们有帮助吗？接下来，我将会和大家一起去和寻找孩子良好语言沟通的小妙招。

设计意图：本环节是本次活动的重点，通过解读孩子的心理画，让家长学会反思自己，并找到自己沟通方式所存在的问题。

三、语言沟通，方法指导

游戏互动：我们先放松一下，来做个小游戏：两个家长一组，一位紧握拳头，另一位想尽各种办法在10秒之内打开他的拳头。好，准备好了吗？大家开始吧！

刚才我发现，很多家长使出了九牛二虎之力，也没有打开，下面我来试验一下。（教师走近一位家长，伸出右手，边说"您好！"边与其握手，对方紧握的拳头瞬间被打开）。

看来呀，做任何事情都要动动脑筋，用巧劲儿，我们和孩子的沟通交流也同样需要掌握一定的方法。

（一）倾听为先，控制情绪

接下来我们来看两个情景剧，看看能不能从中找到好办法。

1.播放视频，对比寻找方法

播放视频一：

妈妈（正在急匆匆地择菜）

儿子（很伤心地走向妈妈）妈妈，我今天语文考试打了80分……

妈妈：（继续择菜，没等儿子说完就打断）80分？怎么就打了这么两分！你成天都在干什么？

儿子：妈妈，这张卷，挺难的……

妈妈：（把菜一扔）难什么难，就会给自己找理由？还不赶快去学习？

儿子：妈妈，不是的，全班……

妈妈：（拿盆洗菜）行了，快复习去，我可没时间听你说！

儿子：哼，从来不听我说，不理你了。（跺脚转身离去）

妈妈：越大越不听话！

师：就这样，你一句我一句，母子俩不欢而散。

同样的事情，发生在另一个家庭，我们一起再看。

播放视频二：

爸爸：（正在拖地）

女儿：（很伤心地走向爸爸）爸爸，今天我语文考试得了80分……

爸爸：（放下手中的菜）噢，是吗？看样子，现在你很难过是吗？……

女儿：（伤心地点点头）

爸爸拍拍女儿的后背，等孩子情绪平复下来："怎么回事？是题难吗？"

女儿：嗯，挺难的，全班只有1个90分，这张卷有课外文学拓展知识。

爸爸：噢，那说明我们平时需要多阅读、多积累，拓宽我们知识面啦。努力吧，女儿，爸爸相信你！

女儿：谢谢爸爸，我读书去了！

一个听，一个不听，效果是不一样的，家长朋友们，在日常生活中，遇到这种情况时，你是家长A，还是家长B呢？那么听与不听，对孩子的影响是什么样的呢，下面听听"知心姐姐"的"知心话"吧。

2.播放"知心姐姐"视频

是的，知心姐姐告诉我们，在孩子向我们倾诉时一定要"倾听为先"。（板书）

3.控制情绪小妙招（贴板书）："掌心里的大脑"

有的家长说：我这暴脾气呀，控制不住。不要紧，教您一招：请大家伸开右手，把大拇指放在手掌中央，外面的4根手指，紧紧地握在一起，这叫"掌心里的大脑"，因为大拇指对应大脑的额叶皮层，握一会儿，人就冷静了下来，不容易冲动，然后我们就可以不带情绪地和孩子心平气和地交流，孩子更容易接受。朋友们可以回家试试。

那么，我们倾听了孩子的心声，控制了自己的情绪，还要学会什么呢？

（二）正视优点，鼓励行动

先来看一段宋丹丹老师和儿子参加《向往的生活》视频吧！（播放视频）

巴图已经在影视表演上小有成绩，身为妈妈的宋丹丹还是用揭短的方式，来保持低调，这也是我们很多中国父母的通病。

生活中经常会遇到这样的情况：当别人夸我们孩子的字好时，我们虽然内心很高兴，也很骄傲，但嘴里说出来的却是："好什么好啊，与你们家的差远了！"大家是不是经常会这样说呀，您一定以为这是保持低调，那么这样对我们身边的孩子有没有影响呢？我们听听心理专家是怎样说的。（课件出示）

6～12岁的孩子是不会区分事实和笑话的，他们会相信父母说的有关自己的话，并将其变为自己的观念，长此以往有的会产生一系列不良后果——自我贬低，回避退缩，焦虑抑郁。

看来呀，作为孩子最信赖的父母可不能随便贬低我们的孩子。

所以，我们一定要做到：

1.正视优点（贴板书）。像刚才，我们就可以大大方方地说："谢谢夸奖哈，这一段时间，孩子确实在练字时下了一番功夫！继续努力会更好的！"这样说在让孩子信心大增的同时，更明确了努力的方向。

情境练习：孩子给你削了个苹果，朋友表扬他有孝心时，你如何说呢？

2.鼓励行动（贴板书）。家长朋友们会说了，以后我会多鼓励孩子："你真棒！""你真了不起！"其实呀，鼓励孩子不是这样泛泛而说，而是鼓励孩子的实际行动。如何鼓励呢？我们一起看看知心姐姐卢勤老师自己的成长故事（播放视频）

瞧，就是这样，多发现孩子的优点，并鼓励好的行为。卢勤老师的这位只有小学水平的妈妈，把自己的5个孩子培养成了数学家、总编辑、医生等优秀人才。

倾听了孩子的话，鼓励了孩子的行为，我们还要学会和孩子一起聊天。

（三）学会聊天，引领成长（贴板书）

下面我从以下几个方面给大家一些建议：

聊天时间：家长无论平时工作多忙，每天都要坚持抽出至少10分钟的时间和孩子聊聊天。这样做可以保证家长和孩子每天都有沟通，不断增进感情。时间可以选择在回家的路上、吃晚饭、散步或睡觉前等零碎的空闲时间。

聊天的形式：不要搞成严肃的、特别正式的谈话，而要营造朋友间轻松的氛围。

聊天的内容：关于聊天的内容，很多朋友问我，你和孩子挺会聊的，你们都聊什么？可以聊他看的书，聊新闻，还可以与孩子分享一天的见闻，也可以说说你的困惑，这一点我比较有感触，每当我布课时，几个方案，我举棋不定时，我总是请儿子来帮忙，他每次都挺自豪的，给我有理有据地从孩子的角度进行分析，很多时候我都采纳了他的意见，这样做让他增强了自信心的同时，更让他遇事有自己的思考，不是人云亦云，最重要的是让我们的感情变得更好了。这样做可以让孩子感受到一个真实的父母，而不是永远高高在上的，只会管他们的人。大家记住，真实感永远是家庭教育中最重要的。

温馨提示：聊天的时候不要总讲道理，而是能真正站在孩子的角度，换位思考给出建议。

有的家长要问：我关心的是聊天能把孩子聊成才吗？您别说还真能。犹太人有一种每天固定时间、头脑风暴式的传承千年的亲子聊天方式"海沃塔"，家长们每天就一个话题和孩子深入聊天，发散孩子的思维，培养了无数杰出人士：如爱因斯坦，Facebook的扎克伯格，英特尔创始人格鲁夫，著名大导演史蒂芬·斯皮尔伯格等。因此，今后我们在和孩子聊天的过程中要有意识地让话题深入，我们和孩子聊天的质量越高，孩子能从中收获的养分也就越多！相信在这种家庭氛围的熏陶下，我们的孩子也会成长为思考和创新高手的。

四、倾听寄语，升华情感

（一）孩子寄语

亲爱的家长朋友们，你想过没有，孩子就是上天派来的小天使，有了他们的陪伴，我们的人生更完整，更五彩斑斓。你们听，小天使向你们发来了寄语。（课件出示孩子们如花的笑脸）

爸爸妈妈，我们的家庭是一个能遮风避雨的港湾，当我们回到家能听到温馨暖人的话语，让我们力量倍增！

爸爸妈妈，我们一起去旅游吧，旅途中不同的风土人情，会成为我们今后共同的话题！

爸爸妈妈，我们一起读书吧，在谈论古今中，丰富我们的精神世界！

（二）推荐亲子沟通书籍

孩子们稚嫩的声音和美好的愿景，是您前进的动力。我们家校携手的唯

一目的就是为了孩子,相信您的学习愿望已经被点燃,这是我给大家推荐的亲子沟通书籍。(课件出示)

李子勋 《陪孩子长大》

池莉 《来吧,孩子》

尹建莉 《好妈妈胜过好老师》

(三)教师寄语

家长朋友们,父母的语言是雕琢孩子成才的最锐利的刻刀。通过今天的活动,如果您学会了倾听,学会了鼓励,学会了高质量地聊天,相信您与孩子的心会越走越近,其实您的改变已经开始了,它就发生在悄然间,您学习改变的一小步,就是孩子成长的一大步,为了孩子,我们学校家庭携手并进吧!

结束语:最后让我们一起为即将有所行动的您自己鼓掌加油!本次活动到此结束,感谢大家的参与!

（牟平区实验小学　孙春）

【相关链接】

家长学校反馈调查

亲爱的家长朋友们:

父母是孩子人生中永不退休的"班主任",做父母也许人人都会,但做懂孩子的智慧父母是需要学习的,我们区实验小学通过举行教师与家长能够进行良好沟通的主题家长会,进而转变家长的教育理念,让家长们从自身成长开始,学会尊重、倾听、有效沟通等家庭教育方法,为了理论与实践相结合,我们需要进行一下反馈调查,谢谢您的配合!

您孩子所在班级的主题	
您的收获	
在孩子的家庭教育中您做过哪些调整？	
孩子对您的评价如何？	

建议五年级家长会用

成长在路上

——小升初衔接

【活动背景】

五年级的最后一个学期是小学阶段重要的时间段,孩子身上也会有一系列的变化:有的同学开始喜欢打扮,接触异性同学再也不是低年级那种两小无猜,而是扭扭捏捏;听话的孩子有时候也变得不听话了,作业的完成也应付了事;思想开始浮躁,甚至还有的学生和老师唱反调。这些都属于青春期的表现。越临近毕业,学生的思想越复杂,也有来自对中学生活的陌生和恐惧。如何正确引导,使其顺利过渡,迈上新的台阶,适应新的环境,是我们面临的大问题。

【活动目标】

1. 提高家长对小升初过渡阶段重要性的认识。
2. 引导家长正视孩子的发展特点,查摆问题,解决疑难。
3. 指导家长帮助孩子以良好的状态完成小升初的过渡。

【活动准备】

1. 活动课件。
2. 调查问卷。
3. 知心卡片。

【活动过程】

一、梳理有关问题,引入本次活动

孩子们即将小学毕业,家长朋友最近的电话中普遍反映孩子和以前不一样了:开始喜欢打扮了,接触异性同学再也不是低年级那种两小无猜,而是扭扭捏捏,欲擒故纵;听话的孩子有时候也变得不听话了,开始犟嘴、嫌

家长唠叨……作业的完成也应付了事；有的连作业都不让家长检查，自己偷偷模仿家长笔迹签上字就上交了；思想浮躁，甚至还有的学生和老师唱反调。孩子长大了，有了自己的思想和观念，所以我们不能再把他们当作小孩子来看得了，家长朋友要做好孩子成长路上的导师，引导孩子正确走过这段心理转折期，共同迎接初中的学习生活。

设计意图：虽然家长们对孩子都分外关心，但仍有很多家长对孩子所处的"小升初"阶段比较模糊，特别是其重要性。而且，有些家长随着孩子在学校学习时间的拉长，对孩子的教育开始出现疲沓的状态，所以，也要及时提醒家长肩负的教育重任。

二、案例与问卷分析，引起家长重视

1. 案例分析

小学教育和初中教育，衔接过渡的成功与失败对教育质量影响很大，但这一结合又是最容易被忽视的环节（课件出示案例）

案例一：莉莉在小学阶段一直是老师眼中的优秀学生，同学心中的学习榜样，但是，升入初中后，学科数量变多，难度加大，学习上一度出现不适应而丧失自信，成绩一落千丈。

案例二：李强因为比较顽皮贪玩，所以小学毕业成绩一般，但是升入初中后，在老师和家长的鼓励与帮助下，能够端正态度，认真学习，聪明加上勤奋，不但成绩在班级里名列前茅，而且成为班级的运动健将和劳动带头人，老师和同学们都非常喜欢。

分析：小学升入初中这个阶段，孩子极易产生各种不适应，产生这种不适应的主要原因是初一新生的心理年龄特征仍处于半幼稚、半成熟、半独立、半依赖，自觉性和幼稚性错综交织的状态。在他们的眼里，中学是一个全新的环境，陌生的世界——新学校、新老师、新同学、新的教学任务和教学方法。功课由几门增加到十几门，内容多了，难度大了，要求高了，加上对新的学习生活、学习任务、规范要求了解较少，使大部分同学在心理、学习、交往等各方面处于被动状态，不能很快适应，导致一部分同学落伍，走了弯路，成绩出现滑坡。

2. 调查问卷分析，了解孩子的真实状态

（1）出示本班进行的学生调查问卷，教师对学生反映集中的问题进行分析。

（2）家长查看自己孩子的调查问卷，进而对自己孩子的现有状态更全面充分地了解。

设计意图：在"小升初"这个关键的路口，孩子们到底会呈现出哪些问题，到底需要老师和家长做哪些方面的工作？通过教师经验分析和学生问卷调查可以较为真实客观地反映出来。

三、针对小升初衔接，给家长的几点建议

（一）调整心态，让自己情绪稳定

注意用自己乐观积极的情绪去冲淡孩子学习过程中的紧张与不安，切忌唠叨不休，照顾过多，要给孩子创造一个宽松的学习环境。

我们深知，孩子考试分数高，绝不代表各个方面都好（还有德、体、美等），考试分不高的孩子，绝不是别的方面都不行，更不是孩子没出息。爱因斯坦9岁仍不能流利说话，考大学都要复读；连医生都说爱迪生脑子坏了；多数教师认为瓦特是劣等生；任性粗野的少年拿破仑学习成绩一直在40名开外。事实证明，条条大路通罗马，耐心教育吧，也许大器晚成呢！

（二）加强体育和劳动锻炼，关注孩子的身体健康

学生如果出现精力不济、学习吃力、性格忧郁等现象，那么这些学生中有85%的人是由于健康出了问题。所谓思维迟钝，在绝大多数情况下并不是由于大脑皮层的生理和功能改变，而是由于孩子的整个机体出现了毛病。

孩子的一切，包括精神、世界观、智力、知识的学习和自信心都取决于他的身体是否健康。只有身体健康，孩子才会乐观愉快，才会朝气蓬勃，否则都是空谈。这是一个最简单不过的道理。但正是这个最简单的道理，常常被我们在无意中忽略了，特别是当我们的孩子即将升入初中，我们更是对健康关注不够。现在，很多孩子身体素质极差，军训时常有孩子昏倒在地；每逢天气突变，不少孩子就会伤风感冒。至于近视、莫名其妙的头痛、胃痛等现象更是屡见不鲜。大多数孩子还不能够做到自己的事情自己做，对家务劳动几乎是不闻不问，所以，相比学习成绩，孩子们在自理自立能力上是相对欠缺的。

（三）加强心理健康教育

1. 自信与自尊

这个时期，特别需要家长分担孩子在学习过程中的苦与乐，给孩子精神上有力的支持，多给孩子一些鼓励。其实，每个孩子都有不足之处，某方面不行，并不代表其他方面不行。家长如果经常拿自己孩子的弱项与别的孩子的

强项比较,就会使孩子失去竞争或迎头赶上的勇气,长此以往,孩子的自信心就会消失殆尽。同时,家长对孩子的数落,也极易引起孩子的逆反心理,并损伤孩子的自尊心。因此,孩子出了问题或学习成绩差,应该从孩子实际的基础出发,寻找原因与差距,而不是拿孩子与别人比。

各位家长要帮助孩子找到优势,找到擅长的学科,找到长处,孩子才有立足之地,才有前进的基础;帮孩子找到考得差的学科中考得好的部分,先使孩子喜欢上"自己不喜欢的学科"中的某一部分;帮助孩子分析丢分原因;帮助孩子制定提高分数的具体措施。

2. 友善与合作

家长不要把孩子的发展理解得太狭隘,以为孩子只要学习好,其他如德育、体育、美育方面都变得不重要了。其实,孩子的全面发展正是德、智、体、美、劳多方面的相互融合、促进。中学阶段是为孩子人生打基础的重要时期,孩子综合素质的状况尤为重要。

例如,孩子当学生干部看似吃亏,实际上受益匪浅。有家长认为,孩子经常开班会、出班报、帮助差生补课浪费的时间太多,其实不然,孩子正是在这些活动中学习了很多书本上没有的东西,锻炼了自己的能力;而且为了更好地帮助别人,当干部的需要严以律己,以身作则,这本身又成为孩子提高学习成绩的内在动力。如果孩子担任过多的或不相称的班级工作会与学习发生冲突,这时父母不要责怪孩子,而要给孩子当参谋,出主意,让孩子改进工作方法,提高工作效率。有时,也可以与老师联系,做些调整,妥善安排。

3. 坚韧与进取

教育心理学家认为:孩子的学习努力程度与学业成就之间的关系呈正比。尤其是大约12岁或进入初中以后的孩子,加倍努力可以弥补能力方面的不足。知道了这些,家长朋友就可以从今天开始,要求孩子完成更多的家庭作业,参加更多的义务劳动,培养孩子坚强的韧性。家长还应鼓励孩子参加一些富有挑战性的活动,通过成功的体验,让孩子明白:持之以恒是多么的重要!

4. 教会学生承受压力与挫折

小学生不能吃苦,世界观还没完全形成,不会站在别人的角度来思考问题。所以遇到困难、挫折、压力往往会怨天尤人。比如,作业留多一点就抱怨老师,要是没有作业更是喊出"老师万岁"的口号。小学时期,应该说对

学生的学习要求并不高,老师布置的作业也是完成为止,不会应用到实践中去,期末成绩单上也是采用"优""良""一般"的等级制度,可以说,孩子的学习情况在家长眼里是比较模糊的。到了初中就不一样了,成绩的好坏一目了然。特别是一改小学时测试较少的状况,差不多每个阶段都会有各种形式的测试,这些都会让孩子压力突然增大,心态的调整显得尤为重要,随之带来的压力也越大。

中学阶段是求知生涯的重要阶段,孩子们的抽象逻辑思维能力占了相对优势,要学习、掌握的东西很多,接触面逐渐加宽,思考问题日益增多,会遇到许多挫折。这种压力和挫折,会给尚不成熟的刚刚升入初中的学生以极大的心理负担,也为他们打造健康心理品质以磨炼与考验,必须不断教育和帮助他们从对人、对己和对家庭、学校乃至社会的高度责任感方面,正确地面对各种压力,勇敢地承受挫折的考验,在压力中产生奋进的勇气,从失败中寻找成功的力量,让学生面对与时俱进的社会现实、学习任务、生活要求,从新奇到适应,从适应到奋进,从奋进到成功,从成功到辉煌,不停顿地同困难斗争,与压力拼搏,使之逐步适应社会、生活和学习环境的各种变化,锻炼自己,培养对困难和挫折的耐受能力。

(四)重视能力的培养

在我们关注孩子学习的同时,不要忘记培养孩子的自立能力、自理能力和责任意识,因为现代社会的竞争绝不仅仅是知识和智能的较量,更多的则是意志和毅力的较量,所以提高学生的生活能力,会为日后的发展奠定良好而坚实的基础。暑假就是个很好的锻炼学生能力的机会。生活自理的能力,自己的事情自己做,自己的小东西自己洗,自己的房间自己整理,给学生更多的实际动手的机会,很重要也很有必要。举个例子,正在进行的理科实验操作,发现一个现象,那些平时学习成绩优秀的,一个简单的洋葱切片的实验,十几分钟的时间,就是做不好;反过来,平时玩得多的同学,动手能力特别强,实验做得快、做得好,得分高。这应当是一个很好的教训,更何况,随着教育的改革,今后会更加侧重学生能力的培养,不能只培养书呆子,坚决杜绝死读书,读死书,读书死,否则就是中国教育的悲哀了。

另外,要严禁孩子进入营业性的电子游戏室、网吧,倡导孩子自觉远离、抵制不健康网络内容及各种形式的出版物,引导孩子树立正确的价值观、世界观和人生观,把孩子思想引导到健康向上的道路。

（五）相信老师，与教师合作

世界上最希望一个人有作为，最真心愿让一个人超过自己的，除了他的亲生父母之外，就是他的老师了。当老师的，都真心诚意地盼望自己的学生能得到全面发展，做梦都想着自己的学生们进步，成绩提高，个个成才。老师盼望每个孩子都好的心情与家长是一样的。请各位家长继续积极配合老师，加强与老师的联系。经常与班主任、任课教师进行沟通，准确把握孩子学习动态，根据孩子实际情况，给孩子一个可靠可行的建议，做孩子学习的参谋与助手。

1. 要耐心倾听双方的声音。家长和教师之间问题中的90%，可以通过给彼此机会描述事情的经过而得到解决。孩子们通常会在描述事情经过时避免谈及自己的责任部分，这会造成很大的误解，因为家长基本上会把孩子的话当作事实。但是，家长们应该记住，在你对教师表示不满意前，要给他们机会说明他们对所发生事情的看法。

2. 要避免在家中表现出对教师的消极否定情绪。有时家长会对孩子的老师感到不满，这不足为奇，因为即便是最有教学经验、最能干、最受尊重的教师，有时也会因某一原因令家长不满意。这时家长应该直接和教师沟通，而不是在自己的孩子面前消极地谈论此事。如果家长在家中表现出对教师不尊重，孩子就会觉得他们也可以对教师表现出不尊重。

3. 要在恰当的时间和教师联系。出了问题要先和教师进行沟通，然后再去找校长。不和教师交流就直接去找校长解决问题，这种做法不但不尊重教师，而且对教师也不公正。如果已经尝试了和教师一起解决问题但仍没有进展，那么家长就完全可以和校长或者其他校领导见面，要求解决问题。

（六）正确认识分数的意义

孩子的分数不是绝对的，必须以班级其他同学作为参照系，才真正地有意义。学校在期中或期末后，都会发成绩单。成绩单仅仅是学校给学生家长的一份成绩报告，而不是家长训斥或惩罚孩子的依据。建议父母：称赞孩子在学业上取得的显著进步。指出孩子在哪些方面没有尽最大努力。帮助孩子改正某些不良学习习惯。您可以问孩子以下几个问题：你对自己的成绩感到满意吗？你认为你还可以在哪些方面得到提高？你觉得你要想使自己得到提高，必须如何做出自己最大的努力？

这个时期的孩子自尊心特别强，当孩子羞羞答答地给您带回一个60或

70分的考试成绩时,家长不要唠叨、辱骂孩子,只要他尽了自己最大的努力。对于父母来说,不要仅仅关心孩子的分数,而要看孩子是否学到了对他以后有用的知识,孩子的学习效率如何。更要让孩子知道您重视的是他运用知识的能力。在父母心里应坚持的基本原则是:对父母来说,他看重的不是考试的分数,而是学习过程本身。

设计意图:许多家长到了"小升初衔接"的节点上就显得束手无策,特别期待通过家长会得到老师的明确引领,所以,我们将本次家长会的重点就放在对"衔接"的充分建议上,让家长更直接地有所收获。

四、共写"知心卡片",促进真诚沟通

1. 阅读孩子写给家长的"知心卡"。请家长从孩子书桌里取出孩子提前写好的"知心卡",认真阅读孩子对父母说的心里话。

2. 家长现场给孩子书写"知心卡"。请家长将自己对孩子的理解、信任和鼓励等,用简短的话语书写下来,然后放在孩子的书桌里。

希望家长将这种真诚的沟通和交流能够坚持下去,变成生活的一种常态。希望家长都争当孩子的良师益友,陪伴孩子快乐成长!

设计意图:最好的教育要以互相尊重和理解为前提。借教师创设的情境和家长会营造的氛围,让孩子和家长互相敞开心扉,增进彼此了解和信任,会更加有助于良好家庭教育的实施。

(莱州市第二实验小学　陈燕)

【相关链接】

一、学生课业负担问卷调查(学生卷)

同学们:

为真实了解你们的学习情况,促进你们全面健康快乐成长,我们开展此次问卷调查活动,请在你认同的项目空格内打"√"。(本调查问卷我们采取无记名形式,请同学们认真如实地填写)

1. 你认为老师布置的作业数量

很多(　　)　　一般(　　)　　较少(　　)

2. 你认为老师布置的作业完成时间

　　30 分钟（　　）　　　40 分钟（　　）

　　60 分钟（　　）　　　更多时间（　　）

3. 老师通常布置作业的形式是

　　发放作业题纸（　　）　　　做练习册（　　）

　　抄写课文或词语（　　）　　　其他（　　）

4. 老师是否以增加作业量的方式惩罚学生

　　有（　　）　　　无（　　）

5. 老师批改作业的情况

　　全批（　　）　　　不定时批阅（　　）　　　不批（　　）

6. 你对老师批改作业的满意程度

　　满意（　　）　　　基本满意（　　）　　　不满意（　　）

7. 你觉得作业负担

　　较轻（　　）　　　适当（　　）　　　较重（　　）

8. 学校能否严格按照课程表上课

　　能（　　）　　　不能（　　）

9. 学校开展校园文化活动和体育活动情况

　　经常（　　）　　　偶尔（　　）　　　不开展（　　）

10. 你所在班级有无集体征订教辅资料

　　有（　　）　　　无（　　）

11. 你希望老师布置什么样的作业（作业量、作业形式）

　　有挑战性的（　　）　　　重复性的（　　）　　　简单点的（　　）

二、学生课业负担情况问卷调查（家长卷）

1. 您认为您的孩子学业负担是否过重

　　○ 是　　○ 不是

2. 您认为减轻学生过重的课业负担是否必要？

　　○ 不必要　　○ 必要

3. 您认为造成您孩子学业负担过重的主要表现是

　　○ 作业量过多　　○ 学习时间过长　　○ 学习任务过难

4. 您认为限制作业量是否有利于减轻学生课业负担？

○ 有　　　○ 没有

5. 总的说来孩子目前的情绪是？

○ 很愉快　　　○ 比较愉快　　　○ 很不愉快

6. 您认为学校的文体活动是否丰富，学生体育活动时间是否充足？

○ 是　　　○ 否

7. 老师有没有向全班公布学生的考试成绩，并进行排名？

○ 有　　　○ 没有

8. 您的孩子晚上睡眠时间是否充足？

○ 充足　　　○ 不足

9. 学生每天要花多少时间完成学校作业？

○ 20 分钟以内　　　○ 20—40 分钟　　　○ 40 分钟—1 小时

○ 1∶1.5 小时　　　○ 1.5 小时以上

10. 您认为目前减轻学生课业负担最有效的方法是？

三、小升初衔接家长必做的三件事

成功进入理想的学校只是小升初成功的一部分，同时做好小升初衔接才算得上是圆满。

教育专家认为，孩子升上初中之后，将面临三个方面的转变：一是老师教学方式的转变；二是孩子学习心态和方法的转变；三是知识结构和难度的转变。如果某一个环节上出了问题，轻则由小学阶段的"优生"转变为"差生"，重则学习信心和兴趣受创，而影响中学阶段的全面学习和生活。

具体说来，学生在进入初中后大概会面临以下问题：小学老师讲课形象生动、活泼，比较重视直观的教学手段，教学过程的设计注重变换形式、学习和娱乐相结合，可升入初中后，老师往往注重引导孩子由原先的形象思维向抽象思维过渡；初中的课程中规律性的知识越来越多，初中老师上课的时候更注重讲清概念，教学过程中更注重启发学生独立思考问题；新生跨入初中大门，心理年龄处于自觉和幼稚交错的状态，在孩子们的眼里，初中是一个全新的环境、陌生的世界：新学校、新老师、新同学,功课增加了,难度加大了,要求也高了。加上对新的学习生活了解较少,大部分初中生在心理、交往等各方面往往处于被动状态。

那么,家长们究竟应该如何帮助孩子在升入初中之前,顺利过渡呢?

第一,要培养孩子预习的习惯,通过预习,带着问题听课,能促使孩子积极动脑,紧跟老师的教学节奏。

第二,要鼓励自己的孩子积极举手发言。这样既能较好地促使专心听课、动脑思考,还能锻炼语言表达能力。

第三,协助孩子调节好心态。暂时的"落后"并不可怕,要求自己每天进步一点,做家长的要学会"赏识"自己的孩子,要肯定孩子的努力。通过赏识教育和引导树立孩子的学习信心最关键。

另外,就是有效利用好暑假。在暑假期间,可以报初一预科班,让孩子提前熟悉初中的知识结构和体系,掌握初中的学习方法,缩短小升初后的适应期,提高自身的学习效率和能力。

由于小学与中学在诸多方面都有着巨大的差异,这就使得小升初衔接有着非比寻常的重要性。一个孩子在小学成绩非常优异,在小升初结束后,暑假大玩特玩,玩得昏天暗地,忘记了学习,到了初中后完全蒙了,初中的高强度学习让孩子无从下手,更加有难度的知识及必要的课后复习让孩子措手不及,导致孩子从小学的优等生变成了初中的"拖油瓶",而小学爱玩的孩子,在暑假被父母要求做衔接学习,熟悉了初中的模式及提前学习了初中的课本,成绩在初中突飞猛进,成绩永远是给有准备的人的!

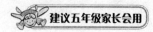

建议五年级家长会用

小升初，与你一路同行

【活动背景】

"小升初"是孩子成长中的重要阶段。一方面，孩子进入青春期，自身的心理、生理发生了很大变化；另一方面，初中面临着科目繁多的学科学习，如何顺利实现小升初的过渡？家长们普遍存在许多困惑，如：择校问题；初中与小学有哪些方面的不同，以及家长应该如何帮助孩子尽快适应初中学习生活？如何面对青春期的孩子等等。本次家长会，旨在为家长们答疑解惑，从而做好"小升初"家庭教育方面的准备。

【活动目标】

1. 让家长了解小学与初中衔接的重要性。

2. 帮助家长克服焦虑情绪，增强信心。

3. 家校携手，共助孩子顺利实现小升初的过渡。

【活动准备】

1. 相关案例。

2. 活动课件。

3. 调查问卷。

【活动过程】

一、交流问卷调查情况，真诚导入

家长朋友们，孩子是我们的掌上明珠，是我们的希望。尽管我们与孩子朝夕相处，但屈指算来，孩子真正和我们在一起生活的时间其实是很短暂的，是一种渐行渐远的分离关系。家长们要倍加珍惜和孩子在一起的短暂时光，正确面对孩子成长中遇到的种种转折，与孩子一同成长。

事实告诉我们，孩子刚开始上初中，或多或少都会有些不适应。不过不必过分担心，这个时期本来就是孩子成长的一个重要转折点。只要我们能及时进行有效的帮助和疏导，孩子都会顺利实现过渡，很快适应初中生活。希望咱们携起手来，帮助孩子从入学开始，拥有一个自信的起点。

前几天咱们下发了家庭教育调查问卷，从信息反馈的情况来看，有几个家长朋友们普遍关注的问题。今天，咱们就来共同探讨在小升初阶段，家庭教育方面应注意哪些问题。

二、谈谈初中教育与小学教育的主要区别

1. 初中阶段课程设置显著增加

孩子升入初一，学业负担明显加大。从小学的两门考试科目增加到七门考试科目。初一年级除了语文、数学、英语、历史、地理、生物、政治七门考试科目外，还有体育、音乐、美术、信息技术、实践、写字、阅读等。语数英每天都有作业，政史地生根据教学需要，也时有复习作业。有的学生没有及时正确地面对这些现实，态度上不够重视，以至于学习效率低下，不会合理安排时间，因此常显得顾此失彼，应接不暇。

2. 初中的教学方式与小学有着明显的差别

中学每堂课的时间比小学只多五分钟，但课堂容量却远远超过小学，知识点多，且常常抽象难懂。因此中学教师讲课的节奏要比小学教师快，不能反复重复，这就需要孩子上课注意力高度集中。课堂教学中用于复习巩固的时间比小学少，大量的巩固和练习留到课下，这就需要学生学会科学合理地分配课余时间，主动学习，主动复习。所以，家长要多注重培养孩子学习上的独立性、自觉性、主动性，掌握高效的学习方法。

3. 初中与小学对学生学习的评价方式不同

小学五年被列为考试必考科目的只有语文、数学，2012 年开始三至五年级英语科目还弱化处理，课程简单，内容浅显，稍一用心就能学会。学生考试成绩以优秀、良好、及格、不及格四个档次来划分，不排名次，没有升学压力。初中学生成绩以分数呈现。虽然不公布名次，但为了帮助学生完成中考的目标，掌握学习情况，通常在大考之后，为学生排一下成绩顺序，不在班里公布。有成绩，自然就有学生间的差距，其实这种差距在小学就早已存在，只不过没有升学可能受挫的压力感，所以没有引起家长的特别关注。

4. 初中和小学的管理方式不同

管理的目的应该是培养一个能够自制的人,而不是一个需要别人来管制的人。中学常规管理比小学标准要求更高一些,倾向于培养孩子良好的学习和行为习惯,倡导学生学会自我管理、自我教育。在孩子目前所处的转折期,学校都会以精细化管理来规范孩子的各项行为,希望各位家长积极配合,帮助孩子早日养成良好的习惯。

5. 初中课业安排及考察顺序

许多家长对现今初中课程安排不了解,我在此给大家说明一下。

(课程安排 PPT)

设计意图:具体细致地跟家长分析初中教育与小学教育的不同点,让家长们对即将到来的初中生活有紧迫感,这种紧迫感会促使家长反思孩子的优势与不足,针对初中生活的不同要求,帮助孩子,也帮助自己做好心理上的准备。

三、如何帮助孩子顺利融入初中生活

刚才我们了解了小学教育与初中教育的几点不同,看得出不少家长都有些担心,担心在这种变化下,自己的孩子是否能够顺利融入初中生活。那我们要谈的第二个话题就是为大家解答我们可以帮孩子做什么,怎么做。与大家探讨如下四条:

(一)帮助孩子养成良好的生活、学习习惯很重要

请家长们回顾自家孩子的课余时间的生活学习习惯,有哪些问题呢?

家长 1:孩子到现在了做作业的效率还是太低。

家长 2:孩子做完作业从不愿意主动复习。

家长 3:感觉孩子边学边玩,或者觉得作业少,先玩再写作业。

【温馨建议】家长们,其实根据孩子们在家的表现,我们并不难联想到他们在学校的表现。学校、老师的确有约束力,但是孩子的习惯问题只要没解决,就还是在影响着他们的进步。接下来我想从听课、预习、自学、作业、运动特长以及阅读方面,结合咱们孩子的实际情况来谈谈怎样的习惯是我们努力的目标。

1. 听讲习惯

是学生,就必然要实施听讲的行为。课堂是学生获取知识的主要阵地,是获得优异成绩的主战场,孩子成绩的差距 80% 是在课堂上产生的。家长

在日常生活的琐事中就要注意培养孩子的专注认真,孩子在课堂上才能专注听讲。我们在学校也经常教育学生,上课时眼睛要紧跟老师,聚精会神,按老师的要求迅速行动。课前如果有一个"必须当堂掌握"的决心,上课的效率就会大大提高。

有相当多的学生认为,上课听不懂没有关系,反正有书,课下可以看书。还有一部分学生觉得反正家长给报了补习班,去补习班再学也不迟。抱有这些想法的学生,听课时往往不求甚解,或者稍遇听课障碍,就不想听了,结果浪费了上课的宝贵时间,增加了课下的学习负担,这大概正是一部分学生感觉学习负担重的重要原因。

上课听讲一定要理清思路,向老师学习如何科学地思考问题,如何学以致用。如果这样,就得要求学生在学习新知识之前,对即将学到的知识有一定的了解,也就是平时所倡导的预习。初中阶段课业负担骤然加重,养成预习的习惯至关重要。

2. 预习习惯

很多学生只重视课堂上认真听讲,课后完成作业,忽视了课前预习,有的同学根本没有预习,其中最主要的原因不是因为没有时间,而是因为没有认识到预习的重要性。那么预习有什么好处呢?预习可以扫除课堂学习的知识障碍,提高听课效果;还能够复习、巩固已学的知识,最重要的是能发展学生的自学能力,减少对老师的依赖,增强独立性,跟紧课堂步伐,减少出现大块知识听不懂的现象;预习还可以加强记课堂笔记的针对性,改变学习的被动局面。

3. 自学习惯

自学是获取知识的重要途径。就学习过程而言,教师是引路人,学习中的大量问题,还是要靠学生认真学进去。学习层次越高,自学的意义就越重要。目前的教育形式,对学生的自学能力有较高的要求。如果说认真听讲、认真完成作业的孩子最有可能在学生阶段取得好的成绩,那么会自学的孩子,无论在人生什么阶段,做什么行业都可能取得令人羡慕的成绩。

4. 作业习惯

这是家长问卷中最关心的问题。

独立完成作业是中学生必备的习惯。真正懂没懂,记住没记住,会不会应用,要在做作业时通过对知识的应用才能得到及时的检验,学生们正是通

过做作业,把容易混淆的概念区别开来,知识之间的关系了解得更清楚,公式的变换掌握得更灵活。作业题大都是经过任课老师精选的,有一定的代表性、典型性。由课程的突然增多所带来的各种不适应,是每个孩子必须面对的,这就需要家长和老师恰当地进行引导。因为科目较多,学校的作业都是有计划的。语数外每科每天大约布置20分钟的作业,平均每天总共大约1.5个的作业,但如果孩子边吃边做,边玩边做,做2.5个小时也不一定做完。所以孩子回家做作业必须要保证专注和高效。理解了这些,大家就不会用看待小学生活的眼光来看待初中的生活。如果孩子偶尔哪天做作业时间长,也可能是正常的,比如课程遇到了难点。但如果你发现孩子长期写作业时间到很晚,就可以与孩子一起分析一下,因素可能是多方面的,不一定完全是作业量大,也许是什么原因造成作业吃力,也许精力不集中,也许方法不得当,也许遇到什么别的困惑……总之,可以亲自了解一下情况,并及时与班主任、任课老师沟通。千万不可不了解情况,由盲目地心疼孩子转成怨天尤人,影响了孩子对所处教育环境的信任,那就更不能很好地解决问题。

对于作业环境,给各位家长提几个建议:

首先,孩子在家最好拥有一个安静、和谐、整齐的独立空间。书包整齐,书桌干净,空间独立(哪怕面积不大),有利于孩子集中精力。写作业前,要教育孩子把其他的需要先快速解决,如喝水,吃水果,上洗手间,桌面上没有用的东西移走,一旦开始写作业就全神贯注。希望家长帮助孩子树立正确的学习意识,愉快积极地完成学习任务。

其次,如果孩子正在写作业,作为大人的我们不要一边看电视一边监督孩子,嘴里不停念叨"快点""别磨蹭、不准看电视""好好学习"等,要避免苍白的说教,身体力行地为孩子做出表率,创造适合学习的气氛。如果条件允许,大人也可以看看书,使孩子潜意识中觉得自己拥有一个爱学习的家长,心思也能更加专注。

再次,对于刚进入初一的孩子,我们最好做到每天在孩子做完一科作业时帮他看看,不要只是问一问,看完后即使孩子写得不好也不要批评,要找找优点表扬一下,不好的地方提出改进要求,让孩子按要求做,做完后再检查。我们常常发现有一定比例的孩子作业在应付,丢三落四,边学边忘。跟踪这些孩子发现,这类孩子的背后常常有一对"很忙很忙"以至于很少关注孩子作业的家长。我对这个"很忙很忙"是加了引号的。事实证明,谁在家跟孩子跟得紧,谁的孩子就适应快、进步快。有的家长会说怎么某某的孩子不用家长管就那么好？其实人家也许在小学就早已养成了良好的习惯。但值得注意的是,紧跟不等于包办,要培养孩子独立思考的习惯,父母不能成为孩子学习的拐杖,遇到问题,父母可以跟孩子一起讨论,引导他自己动脑思考来解决,而不是代劳。

5. 阅读习惯

养成阅读的习惯,是学好语文、英语等课程的关键,也是理解人生的重要途径。事实证明,读书越多的孩子,他的写作水平、说话水平、对事物的见解都是与众不同的。这就是文化的熏陶,建议家长们,早一点让读书的习惯融入孩子的生命之中。

（二）合理安排运动和特长的时间

初中时期是孩子生长发育的突飞猛进阶段,尤其女孩子发育早。望家长尽可能让孩子在饮食上吃饱、吃好、营养全面。指导孩子科学地锻炼身体,有条件的家长可以利用双休日为孩子报一个体育项目班,孩子既能得到相对专业一点的指导锻炼,又会有一技之长。问卷中不少家长担忧孩子的特长爱好是不是会与文化课相冲突,这样说吧,双休日合理安排时间,作业和复习任务能集中高效率地完成,特别是初一初二阶段,还是有许多时间让孩子尽情地接受特长训练的。时间安排上没有固定的长度,根据孩子的不同情况来计划。（举例）

说到课外学习班,也是令许多家长不知所措的问题。不同的孩子有不同的需求,千万不可因为自己焦虑,轻易就被课外多如牛毛的广告忽悠了。要理性对待,即使孩子需要报一个,也要经过考察打听,被实践证明有效的才可以选。根据孩子的需求选,对课堂有时是一个补充。（可举实际生活中例子加以说明）

（三）要帮助孩子正确认识自我

鼓励孩子面对新同学、新老师时,要主动与人交流,消除孤僻、自卑、害羞心理。由于成长环境的不一样,在许多方面孩子的起点也会不一样。

【温馨建议】要教育孩子学会欣赏别人,学会欣赏自己,善于发现自己和别人的优点,会为别人鼓掌,会为自己加油；与人相处时,要懂得"舍"才会有所"得"。

（四）要注意与孩子沟通的技巧

教育在于沟通，良性的沟通就会有良性的教育效果。升入初中的孩子马上就要进入青春期了，自我意识越来越强烈，如果我们的教育方法不当而导致孩子产生逆反心理，那我们的教育是失败的。

【温馨建议】

1. 在上初一之前，要逐渐转换看待孩子的眼光，不要老把他当成小孩子，择时与孩子进行一次深入的交谈，列举初中可能遇到的问题，强调初中学习的重要性，表达一下做父母的期望。告诉孩子：把小学毕业时的各项水平作为自己努力的起点；如果起点较低只是暂时的；但需要付出更多的努力来改变这些。帮助孩子制定近期目标和长远目标，为他引路，做一个耐心细致的引导者。

2. 对孩子的教育尽量是单独的、谈话性的，避免公开呵斥。孩子在十几岁的年龄，自尊心很强，很要面子，所以要教育就尽量避免在公开场合，尤其是在他的老师和同学的面前。当我们怒火万丈时，孩子原有的愧疚心就抵消了，出现逆反甚至故意对着干的情况。要严格而不是苛刻，以损害孩子的自尊为代价的教育，将会失去教育的效果。

3. 孩子的适应能力和速度是有差别的。当孩子某一方面没有做好时，不要着急，不可以爱的名义去责怪，一味责备只会导致孩子自信心受损，疏远他与你的距离。应该帮助他分析原因，看到他积极的一面。既然爱孩子，就要选择孩子愿意接受的方式去教育孩子。一位教育家说过："最有价值的财富就是一种积极的态度。"同时，家长要培养孩子拥有健康的心态，引领孩子能够在遇到困难时多找主观原因，少找客观原因，要求他保持积极的态度，正确地对待问题，努力找到解决问题的途径。

（五）要多与学校联系，形成家校合力

平时家长要多与班主任和任课老师沟通，关注孩子在学校的表现，并提供孩子在家的思想和表现情况，与老师共同商讨，形成教育合力，不要等孩子问题堆积之后再去解决。多沟通还可以及时了解学校的教育动向，随时配合学校的步伐，避免产生不必要的误会。学校都有公开电话，班主任、任课教师、政教处、教务处等公开电话，都是与学校沟通的良好渠道。

设计意图：通过几个主要方面，就家长最关注、也是最需要指导的"如何顺利融入初中生活"这一问题进行分析解答。希望能帮助有需要的家长，不仅做好孩子小升初的心理准备,也具备应对孩子小升初容易出现的一些问题的可操作的方法。

四、如何理性选择学校

择校问题也是咱们家长非常关注的问题。许多家长关心到哪里上初中,将来才比较容易进重点高中;也有不少家长从众心理严重,盲目择校,较少地从孩子适合在哪里度过宝贵初中学习时光去考虑。孩子的成长,不仅仅是上一所家长心目中理想的高中的问题,身体、智力、心理、情感、价值观、世界观、道德水准等都需要一个适合的环境才能得到全面发展。

【温馨建议】

1. 要判断一所学校好不好,学校的资源配置及历年教学成绩是一个要素,更重要的还有校风、教风、学风。这需要深入了解和考察,别人口中所谓的"好学校"不一定适合每个孩子。所以,为孩子选择学校,一定要从孩子自身成长实际需求出发,盲目攀比跟风,模糊地受"远方的庙里有经念"的观念来支配,都是不可取的。另外,对好学校的界定,不同的家庭是不一样的,合适的才是最好的。

2. 择校一定要与孩子协商。小升初时孩子多开始进入青春期,心里有自己的主张。家长可以把了解的各学校的情况列出来,与孩子一起分析利弊,对于有主见的孩子,家长一定不能武断,要听取孩子的意见,这也是孩子接触社会,开始为自己负责的一次实践。

3. 教育需要长期投入,青春期的孩子思想变化迅速,其心理健康比任何时期都需要得到父母的特别关注与随时指导,这个时候是绝对疏忽不得的;全盘考虑家庭状况和孩子的综合素质,看孩子的自我追求与管理能力是否适合择校。学习本身就不轻松,如果孩子自理能力还没有跟得上远地择校的步伐,那么减少许多劳顿之苦,就近入学,就显得尤为重要了。

设计意图:为家长们客观地分析择校的要点,帮助家长根据自己孩子的特点,以及自己家庭的实际情况,理性择校。

五、家长会总结

有人说:家庭教育实际上是一门"动心"的艺术,如果不能把工作做到孩子的心坎上,教育的效果往往会苍白无力。我个人也很认同这种说法。教育前辈们也常说:没有教育不好的孩子,只有不会教育的父母。今天的我们比起孩子们,也许有一定的知识,但是,社会的发展日新月异,我们的教育

观念也要随着孩子的不断成长和社会的需求而与时俱进,不断更新。可以这样说,哪位家长做到了与孩子共同成长,哪个家庭的孩子就会像他预期的一样出色!希望家长朋友们都能将自己的爱心和耐心化作细雨,化作春风,伴随我们的幼苗长成参天大树;希望我们家校之间互相给力,形成合力,培养出人格健全、全面发展的好孩子;也祝愿我们的孩子都能茁壮成长,拥有一个健康幸福、快乐精彩的人生!

(烟台大学附属中学　王英哲　丁奕)

【相关链接】

一、家长阅读书目推荐

《今年,我们小升初》　陈盈颖著

《了解变化中的青少年》《自尊男孩手册》《自尊女孩手册》　董奇、边玉芳总主编

《让孩子终身受用的交友秘诀》《如何说孩子才能和平相处》　[美]阿黛尔·法伯

《那些让孩子感到幸福的事儿——给父母和老师的建议之书》　[德]安东·布赫尔著

《孩子你慢慢来》　龙应台著

二、问卷调查

家长朋友您好!欢迎参加本次问卷调查。从小学进入初中,是每个孩子成长中的重要阶段。在这个阶段中,希望每位家长能够一如既往地与孩子一起成长。我们设计了几个问题,希望您能够结合自身实际情况进行答卷,届时,我们会根据大家关注的共性话题与您交流。感谢您的参与!

1.孩子即将升入初中,您是否存在紧张焦虑的情绪?

是(　)　否(　)

2. 面对进入青春期的孩子,您是否做好了相关知识储备?

是（　　　）　　　否（　　　）

3. 在与孩子交流时,您是否会与孩子心平气和的沟通?

是（　　　）　　　否（　　　）

4. 您是否存在着择校的困惑?

是（　　　）　　　否（　　　）

5. 进入初中,您如何看待孩子作业量大的问题?

_____

6. 您怎样看待孩子学习与兴趣培养的关系?

_____

7. 您更想了解初中与小学存在哪些方面的不同?

_____

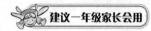
建议一年级家长会用

陪伴，让成长更专心

【活动背景】

注意力是智力的重要因素，注意力不集中，会严重影响学习品质。作为教师，在实践教学中，总会听到有的家长反映孩子的注意力不够集中，学习的时候一会儿干这个，一会儿干那个。我们也了解到，造成孩子注意力不集中的原因中，家长缺乏对孩子的陪伴或者陪伴效率不高占了很大比例。那么，怎样才能调动家长高质量陪伴孩子的积极性，从而让孩子集中注意力呢？我们针对家长提出的难点热点问题进行了研究，召开了此次家长会。

【活动目标】

1. 通过体验活动，让家长了解家庭环境对孩子成长的重要性。
2. 通过家长看图画、交流等，让家长查找自身问题。
3. 通过成功案例的分享，让家长明确提高孩子注意力的方向。

【活动准备】

1. 活动课件。
2. 调查问卷。

【活动过程】

一、出示图画，引发思考

放音乐，家长签到，互相交流。

出示图片：家长朋友们，您看到的这幅图是静止的还是动态的？如果是静止的，说明你的注意力非常集中；如果是动态的说明你的注意力还不够集中。

刚才的环境让我们的心很难很快安静下来。那么您的家庭环境怎么样

呢? 我们来做一个简单的调查。

设计意图:活动伊始,让家长在比较活跃的氛围中体验环境对集中注意力的影响,触动家长的心灵,引发家长的思考。

二、问卷调查,查找问题

(一)家长做调查问卷。

(二)教师针对问卷内容与家长进行交流。

(三)家长针对问卷查找自身的问题。

(四)教师小结:从调查问卷中,我们能看到家庭教育存在以下几方面问题:

1. 家长迷恋电视、电脑和手机,严重影响了孩子的注意力集中。

2. 家长缺乏对孩子的适当陪伴,总是以工作忙为由对孩子不管不问。

(五)算一算:

每天有效陪孩子一小时。

一周:$1×5 + 2×2 = 9$ 小时

一学期:$9×4×4 = 144$ 小时

两学期:$144×2 = 288$ 小时

长假:$120×2 = 240$ 小时

一年:$288 + 240 = 528$ 小时

五年:$528×5 = 2640$ 小时

折合成天数:$2640÷24 = 110$ 天。

五年我们最多可以有效陪伴孩子 5 个月。

小结:陪伴,让孩子的成长更专心。陪伴,不等于陪着孩子做作业,您只需和孩子做类似的事情,只需为孩子营造一个和谐温馨的家庭环境。

设计意图:调查问卷,让家长发现自己的不足,互相取长补短,明确今后努力的方向。

三、方法引领,明确方向

老师借助大屏幕介绍集中注意力的好方法,并适当和家长现场操作练习:

1. 穿针引线

2. 挑拣豆子

将米和 100 粒绿豆混在一起,家长和孩子比赛挑拣绿豆,先挑拣完毕的

算胜利。

3. 听故事

家长每天抽出 5—10 分钟给孩子讲故事，要求坐端正，目不斜视。而且，故事讲完后，家长要提出相关问题，考查孩子是否用心听讲。

4. 舒尔特法

借鉴心理学中的舒尔特方格法，介绍给家长经常在家练习：这个活动就是把 25 个数字打乱顺序放在正方形方格中（每行 5 个小方格，共 5 行），从 1 按照顺序指着数，一直数到 25。家长计时。

5. 快速认读法

家长快速出示写有生字的卡片，一闪放下，然后叫孩子读生字。这就需要孩子精力集中，不能有任何一点儿分神。

6. 音乐玩法

玩"抓快乐"的游戏，找一首歌曲，家庭成员合作，一个人伸出一个手指，抵在另一个人的手掌心上。听到歌曲中出现"快乐"两个字的时候，一个快抓手指，另一个快撤手指。

设计意图：通过方法引领，现场实践，让家长对自己的孩子树立起信心，并做到了心中有数，在孩子成长前，家长先自我成长。

四、制订计划，定期分享

家长朋友们，千里之行，始于足下，为了孩子，为了家庭，请您拿起笔，制定一个计划吧。

（一）出示案例：《一位优秀家长的家教方法》

1. 给孩子预备固定的学习地点，桌椅固定的位置不能随意搬动。这样孩子容易形成专心学习的心理定式，一进入这个环境，脑子就进入学习状态。桌子上不能乱七八糟地堆放东西，只能放课本、作业本、文具以及必要的工具书，旁边有一个小书架更好。不要放玩具、零食，以免干扰孩子学习。

2. 房间布置要适合孩子学习。房间布置应简洁、明快，摆放物品不能太多太杂。墙壁以淡色为好，不要张贴很多东西。有的家长让孩子自己编写格言、警句贴在墙上，这个办法可以借鉴。适当考虑孩子的个性特点。比如有的孩子特别好动，房间就应减少大红大绿、花色斑驳的东西，以免助长其不稳定的情绪；有的孩子过于内向、沉闷，房间的布置则要热烈、活泼一些。

3. 保持安静的环境。孩子学习时，家人应尽量保持安静，电视机、收音机最好不开,如果在不同的房间,应把门关好,声音调小。说话不应大声,尤其不要吵架。

4. 有共同学习的时间。可以约定一个时间全家人同时学习,有的读书,有的看报,有的写东西,这样的家庭气氛最能促进孩子专心学习。

(二)家长制订计划,互相交流

为了督促大家和孩子一起成长,我们约定一个定期分享的平台,每周六晚上 8 点,我们的班级群,不见不散。定期交流一个月,大约 4 次,其他时间自由分享。

家长朋友,凡事只要坚持,就一定会有成效,坚持不需要任何技巧,需要的是恒心和意志力。让我们家校携手和孩子们一起努力,一起加油!

设计意图:家长会的目的是帮助家长和孩子一起成长。这个环节的设计让家长付诸行动,并在定期分享中督促成长。

(莱州市实验小学　王伟伟)

【相关链接】

调查问卷

1. 您的孩子有独立的学习空间吗?

　　A. 是 (　　)　　B. 没有 (　　)

2. 孩子学习的时候,您在干什么?

　　A. 读书　　B. 做家务　　C. 看电视

　　D. 玩手机　　E. 玩电脑

3. 您的孩子学习多久离开书桌一次?

　　A. 5 分钟　　B. 15 分钟　　C. 30 分钟　　D. 更久

4. 您的孩子是边学习边玩耍吗?

　　A. 是 (　　)　　B. 不是 (　　)

5. 您给孩子玩手机或者电脑吗?

　　A. 不玩　　B. 每天 30 分钟　　C. 爱玩就玩

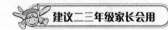

真诚交往，赢得良好人际关系

【活动背景】

接手二年级这个新的班级，我发现班上有近 1/4 的学生不能很好地融入集体，不能友好地与其他同学相处，没有集体荣誉感和团队合作意识。要想改变这种状况，必须与家长联手，本次家长会我决定以此为突破口，与家长们通力合作，让家长们意识到真诚交往，赢得良好人际关系的重要性，并知道如何帮助孩子建立良好的人际关系，拥有更多的朋友，让每一个孩子都能健康快乐地成长。

【活动目标】

1. 让家长认识到孩子学会交往的重要性。

2. 引导家长反思自身和孩子在交往方面存在的问题。

3. 指导家长帮助孩子学会交往，进而建立良好的人际关系。

【活动准备】

1. 活动课件。

2. 调查问卷。

【活动过程】

一、谈话导入，互动交流

家长朋友们，开会之前我们先来做一个小小的互动：我们都希望拥有一个优秀的孩子，那么优秀的孩子应该具备哪些品质呢？请大家展开桌子上的卡片，把卡片上的这些品质按照在你心目中由重到轻的顺序排上序号。

卡片内容，课件出示：

听话懂事〇　尊老爱幼〇　讲文明有礼貌〇　成绩优异〇

善于合作〇　会感恩〇　宽容谦让〇　自信乐观〇

善良有爱心〇　尊重他人〇　遵守规则〇

您觉得您的孩子已经具备您心目中优秀品质的请举手？那么，是不是具备这些品质就最受同学们喜爱和欢迎呢？前几日，我们在班级进行了一次问卷调查，评选了班级十大最受欢迎的同学，我们看看哪些孩子榜上有名。（出示十大最受欢迎的同学照片）

为什么这些孩子如此受欢迎呢？我们随机采访了一些孩子，听听他们是怎么说的。（出示采访视频）

采访内容：你最喜欢我们班哪位同学？为什么？你最想和谁同桌？为什么？你最想在哪一小队？为什么？

结果发现，学习成绩好并不是受欢迎的最重要因素，诚实守信、活泼大方、能与小伙伴玩在一起、爱帮助别人、善良谦让等这些良好的性格特点更受大家的喜爱。

设计意图：通过互动，一是让家长很快融入本次家长会中，及时转变自己的身份，由一个倾听者变为参与者；二是让家长明确本次家长会的主题。

二、创设情境，分享案例

1. 出示 PPT（一盘苹果，其中有一个又红又大，特别醒目）

家长朋友，假设这盘苹果是您刚刚洗好的，可是您的孩子就想吃最大最红的那一个，此时此刻，您会怎么做呢？家长们深入思考一下，不同的做法，对孩子有什么样的影响呢？

2. 我们来分享一个小案例：两个母亲分苹果，造就两个孩子不同的人生

美国一名著名的犯罪心理学家为了研究母亲对人一生的影响，做了一个有趣的实验。他在全美选出 50 名成功人士，这些人都是在各自行业中的精英，获得过卓越的成就；同时又选出 50 个有犯罪记录的人。心理学家分别给他们写信，请他们谈谈母亲的教育对自己的影响。半个月后，心理学家收到大量回信，其中的两封信很有意思，都是讲述母亲小时候给他们分苹果的故事。

一位来自监狱的囚犯在信中这样写道：小时候，有一次过圣诞节，妈妈拿来几个苹果，大小各不相同。我第一眼就看见中间那个又红又大的苹果，而且非常想要得到它。这时，妈妈把苹果放在桌上，问我和弟弟约翰，你们想要哪一个？我刚想说自己想要那个大苹果，这时约翰却抢先说出了我想说

的话。妈妈听了,瞪了他一眼,责备他说:"好孩子要学会把好东西让给别人,不能总想着自己。"于是,为了得到妈妈的表扬,我灵机一动,改口说道:"妈妈,我想要那个最小的,把大苹果留给约翰吧!"妈妈听了,果然非常高兴,把那个又红又大的苹果奖励给了我,约翰却只拿到一个小苹果。从此以后,为了得到自己想要的东西,我会伪装自己内心真实的想法,不断说谎。上中学时,为了得到想要的东西,满足自己的私欲,我会不择手段,之后又学会打架、偷窃、吸毒、抢劫、杀人,直到现在,我被关进监狱终身监禁。

一位来自白宫的著名人士在信中写道:小时候,父亲过生日,妈妈拿来几个苹果。我和弟弟们都争着要大的,妈妈却把那个最大最红的苹果举在手中,对我们说:"很好,孩子们,你们都说了真心话,这个苹果最大最红也最好吃,谁都想得到它。可这个大苹果只有一个,让我们来做个比赛吧,我把门前的草坪分成三块,你们每人一块,负责把它修剪好,谁干得最快最好,谁就有资格得到它!"结果,我通过自己的努力,赢得了那个最大的苹果。我非常感谢妈妈,她让我明白了一个最简单也最重要的道理:想要得到最好的,就必须努力争第一。她一直这样教育我们,在我们家,你想要什么好东西就要通过比赛来赢得,这很公平,你想得到什么,就必须为此付出努力和代价。

3. 小结

故事的结局肯定出乎你我的意料。同样是分苹果,一位母亲让孩子用说谎来伪装自己,从而使其一步步滑向深渊;另一位母亲让孩子说出真实的想法,引导他们做一个诚实努力的人。一个不经意的举动,改变了孩子的一生。母亲推动摇篮的手,既可能推动孩子成才,也可能在不经意间为孩子埋下了堕落的种子。

设计意图:通过创设情境,分享案例,让家长们清楚地知道自己的一个不经意的举动,可能会改变孩子的一生,从而意识到孩子的性格、处事的方法大多时候源于家庭教育潜移默化的影响。

三、专家建议,行为导航

1. 孩子交际能力的参照标准

一个孩子在交际方面需要具备哪些能力呢?有关专家给出了衡量孩子交际能力的参照标准。

(1)不惧怕陌生环境,能很快适应新环境。

(2)必要时,能够控制自己的情绪。

（3）独立性强，不依赖别人。

（4）与小伙伴相处融洽，能在各项活动和游戏中成功合作。

（5）善于并乐于帮助他人，懂得谦让。

（6）能理解成人的意图，并能按成人的意愿去办事。同时还能提出自己的观点和建议。

（7）有组织能力，在游戏和学习中能起到"小领袖"的带头作用，并为伙伴们所喜爱。

（8）在公开场合能清楚地表述自己的想法和建议。

（9）热情开朗，与人交往时能尊重和信任他人。

我相信大家肯定是边看边思考，自己的孩子做到了哪些？作为家长的我们，如何帮助孩子们，提高交际的能力拥有这些良好的人际关系呢？

2.给家长们的几点建议

（1）营造民主的家庭氛围，包括夫妻之间、父母与孩子之间。

（2）当孩子向你抱怨与小伙伴发生的矛盾时，一定要教会孩子理智解决。

（3）在生活中，要鼓励孩子说出他真实的想法、表达出他来自内心的真实的感受。

（4）告诉孩子，当别的小朋友做了件好事的时候，要由衷的赞赏别人。不仅可以通过语言，还可以通过拥抱、牵手之类的友好举动表达他对小伙伴的好感。

（5）要注意让孩子在外出或者是吃饭的时候养成行为礼貌、衣着整洁的好习惯，他会更容易被别人接纳。

（6）家长要注意自己的言行，要以身作则，为孩子树立一个良好的榜样。

（7）带孩子到不同的地方去，与不同的人对话交流，让孩子在与他们的互动中增强交往能力。

设计意图：引领家长梳理总结本次家长会收获，结合专家的建议，给予家庭教育的行为导航。

四、教师总结，后期跟进

本次家长会后，我们将在班级 QQ 群和微信平台，继续与家长朋友交流探讨这方面的问题，希望每一个孩子都能学会与别人真诚交往，赢得良好的

人际关系,拥有美好的人生。

设计意图:通过推荐书籍、QQ 群、微信平台等多种渠道,加大活动后续的交流,促进本次活动落到实处。

(长岛县第一实验学校　赵妮)

【相关链接】

一、推荐书籍

1.《情商:改变孩子一生的能量书 》　作者:张然
2.《培养孩子社交能力的 99 个故事:建立人际关系的润滑剂》

二、应聘的故事

阿文研究生毕业,踌躇满志地走上应聘之路。他能力强、成绩优秀,通过了一家在当地很有影响力的公司招聘高层管理人员的面试,但是同时,还有 8 名优秀的应聘者同阿文一起进入了由公司老总把关的复试。

老总是个慈祥又睿智的老人,他看过这 9 个人的详细资料和初试成绩后,满意地冲他们点点头说:"你们能从百人中脱颖而出,说明你们都是非常优秀的人才,但是此次招聘我们只能录取 3 个人,所以,要把你们随机分成 3 个小组,分别调查本市婴儿用品市场、妇女用品市场和老年人用品市场。"

阿文被分到了第三组,去调查本市的老年人用品市场。与他同组的是两个年纪比较大的中年男人,阿文心里嘀咕:年岁大的人思想保守,看来这个测试前景不太乐观。他心里有些郁闷但并没有表现出来,只听老总又接着说:"我们录取的人是负责开发市场工作的,所以,你们必须对市场有敏锐的观察力。让大家调查这些行业,是想看看大家对一个新行业的适应能力。每个小组的成员务必全力以赴!另外,为避免大家盲目开展调查,我已经叫秘书准备了一份相关行业的资料,走的时候自己到秘书那里去取!"

这9个人分别领取了材料,以组为单位开始进入市场进行调查。阿文偷偷打开自己的材料,是公司对老年人用品市场的未来的分析报告。阿文胸有成竹地准备抽样调查的方式,在各大超市和百货公司做调查。但是,他还没开始自己的工作的时候,同组的一个人给他打来电话,说:"你好,我们既然被分到同一个组,应该共同完成这个调查分析报告。3个人从不同的方向去调查,一定会得到更完整的报告。"阿文一听,犹豫了,虽然他们被分在同一组,但是仍旧是竞争对手啊!可能是对方猜测到了阿文的想法,又说:"既然我们是一个团队的,合作总比单干强。"阿文想了想同意了。结果,3人聚到一起,才发现3份材料不是相同的内容。分别是老年人用品市场的过去、现在和未来的分析报告。有了这3份完整的材料,阿文这一组的市场调查方向明确,报告写得完整细致。

　　两天后,9个人把自己的市场分析报告送到老总那里。老总看完后,站起身来,走到阿文这组面前,笑吟吟与他们一一握手,并祝贺说:"恭喜3位,你们已经被本公司录取了。"阿文的喜悦之情溢于言表,可其他6个人却满是疑惑。

　　老总把九份材料放在大家面前,说:"那天让秘书给你们的材料,其实都是不同的。这组的3个人很聪明,把自己掌握的资料拿出来共用,这样就补全了自己的分析报告,作出了一份近乎完美的调查报告。而其余两组中,6个人却是分头行事,抛开队友单干,调查结果自然有所偏差。"老总停顿一下,目光坚定地说,"我出这样的一个题目,其实最主要的目的,是想看看大家的适应团队的合作意识。那两组失败的原因在于,你们只知道单干,只按个人意识工作,没有合作意识,完全忽略了队友的力量。要知道,团队合作精神才是现代员工获得高绩效的保障啊!"

　　现在,参加应聘的人深深体会到了这位老总的真正用意,而阿文看了眼自己的队员,投以感激的目光,这次应聘的经历也让阿文终生难忘。

学习国学经典　浸润孩子心灵

【活动背景】

现在很多孩子以自我为中心,不懂得关心、关爱他人,不懂得感恩,不懂得尊敬师长、孝敬长辈,不会合作分享,缺乏责任感等等,而这些都是人文素养缺失的表现。学习国学经典,可以弘扬民族精神,涵养人文情怀,塑造美好人格。基于此,我们建立诵读活动家校互动机制,把诵读活动的范围向家长延伸,充分利用家长学校的桥梁、纽带作用,把家长纳入活动范围,把诵读活动的目的意义向家长宣传,引领家长参与到活动中,营造全方位的活动氛围,实现提高学生文化素养效果的最大化。

【活动目标】

1. 让家长明确经典诵读活动的目的意义。

2. 让家长学会指导孩子经典诵读的方法。

【活动准备】

1. 活动课件。

2. 视频材料。

3. 经验材料。

【活动过程】

一、国学诵读的意义

现在,家长和老师们都有共同的认识,孩子们都比较缺乏文明礼貌,不尊老爱幼;缺乏合作意识,唯我独尊;缺乏吃苦耐劳精神,自制力不强;缺乏刻苦学习精神,厌学得多,学习目标不明确。为什么?这是我们共同的疑问。以前我们只重视学生的学习成绩,而忽视了培养学生如何做人的教育。

多年来,学校经过多方面的探究,寻找了一条教育孩子成才必先成人的捷径,那就是加强国学经典教育。国学经典是中华民族传统文化的精华,博大精深,通过对国学经典文化的学习,不但能够增长知识,更重要的是能够砥砺品行、健全人格、涵养性情、提高修养、使孩子们学会做人。

二、国学诵读的实施状况

下面向各位家长介绍一下我校国学诵读活动的开展情况。(结合相关活动照片)

（一）立足教研,提升素养

学校以"立足教研,提升素养"为主线,进行课题实验与研究,确立实验目标,制定详细的教学计划,遵循循序渐进的原则,逐步完善国学诵读内容,对全体教师进行专业培训,尽快提高教师的国学素养。经过不断论证和调整,确定了校本课程的学习内容及顺序安排（配课题相关资料照片）。一二年级的诵读内容以韵文为主,主要有《弟子规》《三字经》《百家姓》《千字文》,三、四年级主要学习《论语》;五年级主要学习《大学》《中庸》,各年级同时穿插一些古文经典段落。

（二）环境熏陶,润物无声

学校注重全方位营造浓厚的国学诵读氛围,让孩子们在潜移默化中得到国学经典的滋养。学校广播系统每天早晨、中午循环播放国学经典;开放图书室、阅览室,为孩子们提供图文并茂的国学经典书籍;校园里的国学长廊挂满了学校精选的国学经典名句,"奥运"林里插满了写有国学经典名句的标牌;走廊里,是师生共同制作的每学期更换一次的国学刊板、宣传牌;教室里的墙壁上是孩子们亲手办的国学板报、国学手抄报,孩子们写的国学心得（配校园文化照片）。学校有意识地为学生营造一个良好的诵读环境。通过多种形式进行宣传,力求使学生在浓厚的国学氛围中,耳濡目染,受到经典浸润,从而将经典精髓植根于心。

（三）方法灵活,读思结合

根据小学生处在记忆的黄金期但理解能力不足的特点,我们主要采取以诵读为主的教学方式。在教学方法上,低年级的老师针对孩子们喜欢听故事的特点,在背诵的过程中会穿插很多的历史小故事。"三百千弟"读起来朗朗上口,老师们就采用拍手游戏的方式、打上音乐节奏的方式,让孩子们在玩中读、玩中背。高年级的老师为了避免诵读活动的枯燥乏味,采用了

"接力背诵法""男女轮读法""小组合作背诵法""小组擂台赛"等形式，并及时将背诵情况好的孩子的照片发布到微信群中，孩子们的诵读兴趣越来越足，背诵效率越来越高（配课堂中师生教学活动照片）。

（四）等级评价，活动促读

我校实行"国学经典诵读小博士等级制"，以此激励学生自觉诵读。按诵读内容不同分成一到十级，学生背诵每达到一级就颁发相应的证书。达到十级标准的"小博士"将获得有校长亲笔签名的合影照。每个班级每学期至少举行一次以国学为主题的班队会；老师还组织孩子们自编自导国学情景剧、历史剧；利用学期初、学期中、学期末和节庆日等时间，级部定期组织国学演讲、故事会、国学擂台赛等展示活动。学校每学期举办一次校级"国学小博士"和"国学诵读优胜班级"评比颁奖活动，校长亲自为每一位获奖孩子颁奖，使孩子们的诵读热情空前高涨（配各种国学活动照片）。如今，国学经典诵读比赛、国学经典知识竞赛、古诗文朗诵比赛、校园书市等活动已经成为传统被延续下来。我们的国学表演在省市各级比赛中频频获奖，深受好评。

（五）持之以恒，初显成效

开始经典诵读以后学生的人文素养得到明显提升。以前，班级偶尔发生丢东西的现象，可自从学习了《弟子规》，学生明白了"用人物，须明求，倘不问，即为偷"的道理以后，班上失窃的行为在不知不觉中消失了，一种互帮互助的班风也悄然形成了，你忘了带笔，我借给你，你忘了带书，咱俩一起看一本。公共场合，你会发现我们的同学也在随时随地实践着经典的教诲——公共汽车上，孩子们给老年的人让座位，因为他们知道"长者先，幼者后"。有的家长给我们反映："经典诵读以后，我的孩子确实发生了巨大的变化，每天回家后，随口诵出来的是一些经典格言，有时让我们作父母的都深受启迪，一个具有优秀品质的人，永远都会是社会的财富，家庭的骄傲。"还有的家长说："以前孩子完全是一种衣来伸手、饭来张口的小皇帝状态，现在变化很多，对待长辈表现得非常有礼貌，能够在上学和放学时和家长打招呼，说是'出必告，返必面'。"……

经过实践，我们教师也惊奇地发现孩子们变得更懂事了。吃饭时再也没有浪费的现象了；学生在作文中、课堂上时不时引经据典，听说读写能力、沟通合作能力都有了很大的提高。以下是孩子们近日读《论语》的一些感

悟。（幻灯片展示）

三、国学诵读成果展示

下面请各位家长一起欣赏孩子们的国学汇报演出。

（一）学生齐背诵《论语》第一章到第三章。

（二）学生识字测试。老师出示《论语》中出现的哀、鲁、管、患等 30 个字让学生识认，学生大多能够熟练认读。

（三）学生代表上台讲述论语相关故事。

（四）国学剧表演。

四、家长代表发言

（详见附件 1）

五、给家长的几点建议

国学诵读活动是一个潜移默化、循序渐进的过程，不能急功近利，否则欲速则不达。要方法得当，要敢于放手，要相信孩子们的潜力是无限的。为了更好地开展经典诵读这项活动，我想给各位家长几点具体建议：

（一）"流行"可以制造兴趣。儿童心理是很重视模仿的，如果他看到很多人都读，就比较有兴趣，就好像孩子不一定喜欢上学，但人人都上学，他就上学了。也并不一定都喜好钢琴，喜欢英文，但大家都去学，他也就不排斥了。和父母一起读，召集邻居亲友的小朋友一起读，孩子诵读的兴趣将大为提高。

（二）"大人的热力"可以感染孩子的兴趣。家长需保持高度的信心和热忱，起初孩子若未进入状态，须有耐心去等待，有些家长不但有热诚，而且和孩子一起诵读，互相考试比赛，虽然每次都是大人输，但却因此而温书受益，而且一家人兴致高昂，诵读是最好的亲子活动。

（三）"成就感"可以提高其兴趣。读得愈好愈喜欢读，所以家长要维持其成就感，对功课好的孩子，固然要多加称赞，让他有成就感，对功课差些的孩子，只要有进步即当表示满意，加以赞赏，也会让他得到一种成就感。孩子学习"国学"，刚开始都有新鲜感，但时间长了就会感到痛苦，所以不能逼着他学。要引起他"学习"国学的兴趣和光荣感。比如家里的爷爷奶奶让孩子在饭后背了首诗，孩子背后，家长就可拍手表扬他，让孩子有成就感。家长教孩子读古诗文，要言传身教，大人首先自己要读经典，家里要有这种文化氛围，否则你在家里天天喝酒、打麻将，却让孩子去读经典，哪能行？

（四）"奖励"可以吸引其努力。奖励的方式很多，最常用的是记点数，或盖章或发卡片，累积点数而给奖，奖品可以是礼物或发给奖状，但最方便的是给分数，宁可给高分，有恩惠而不花费，空欢喜也有效果。

（五）"变花样"可以激励兴趣。读书所能变的花样是在读的方式上，或快或慢，或吟或唱，或带读，或齐读，或接龙，或默读，或当场试背，或提问回答，都可以激励兴趣。

（六）"讲故事""讲有趣的常识"。不管与经典内容有无关系，都可以增长兴趣。只要家长有热诚、有信心，就可以带动起来，所以在家庭中推广是最容易的。

（七）"积少成多，厚积薄发"。我们可以和孩子约定每天早晨 6：00—6：30 与孩子一起诵读经典，每天晚上 20：00—20：30 为"全家诵读时间"，可以上学路上诵读，可以放学路上诵读，家长保持诵读高度热忱，和孩子一起诵读，互相比赛感染儿童的兴趣。利用零碎的时间，不但不会增加学习压力，反而可以收到读书之乐趣。

（龙口市润新小学　付巧丽）

【相关链接】

一、经典诵读之全家受益

当初特意选择给孩子读润新小学，就是听说润新不仅是一所拥有良好师资力量、校风严谨、学风良好的学校，更是一所提倡国学教育的好学校。中国五千年文明，留下很多文化瑰宝，经典诗文就是其中之一，这些优秀的经典之作蕴含着丰富的哲理。

通过经典诵读，孩子在日常行为中有了很大的改观。主要表现在：1. 穿着方面，以前不太注重自己的仪表。通过学习"冠必正，纽必结"，意识到仪表的重要性，每次都会穿戴整齐。2. 以前孩子总喜欢直接拿大人的东西玩也不征求大人的同意，比如说拿手机、手提电脑来玩游戏。通过学习"用人物，须明求，倘不问，即为偷"，明白了但凡拿别人的东西需要经过物主同意，我们也会在家里创造这个环境，只要他的要求是合理的都会给他，并商量好归还的时间。这样他就勇于开口说并遵守约定。

通过经典诵读，孩子的心态被正能量潜移默化。随着年龄的增长，孩子慢慢地有了自己的想法和观点以及困惑。举例一：他曾问：为什么小孩子总是要听大人的话？为什么大人就能批评小孩，而小孩就不能骂大人？为什么总是要写作业？……对于他的这些提问，换作以前我也许不知道如何才能解释得更加合理且他又能接受，在《三字经》以及《弟子规》里我找到了答案。我耐心地向他解释，告诉他："父母教，须敬听。父母责，须顺承。"以及"子不学，非所宜。幼不学，老何为。"等道理。他听了说："这些我在学校里也学过，妈妈我知道了。"从而欣然接受。

通过经典诵读，孩子在学习上，尤其在阅读方面有了很大的进步。主要是对阅读有了很浓厚的兴趣，识字量大幅增加，有些生僻字不认识，可以通过拼音学会，对拼音也有一定的巩固；朗读能力加强，在背诵时对逻辑思维有一定的提升。比如《大学》里的："欲齐其家者，先修其身；欲修其身者，先正其心；欲正其心者，先诚其意；欲诚其意者，先致其知，致知在格物。"就有一定的推理逻辑。

通过经典诵读，对于家人及家庭的和谐均有帮助。自从孩子参加经典诵读，家长要跟进检查背诵，也就自然而然地跟着看，或一起读，从中受益匪浅。比如《增广贤文》里的"知己知彼，将心比心"教会我们要设身处地地为人着想；以及"两人一般心，无钱堪买金"教会我们夫妻之道，只要共同努力一定会营造幸福的家庭。孩子也曾充分阐释了"读书百遍，其义自见"这句话。记得有一次，我因工作上有件不顺心的事在家里抱怨了下，孩子听见了立马劝慰我说："妈妈，忍一时之气，免百日之忧。"当时我听了很讶异，更多的是感动。孩子懂事了，我的心更是豁然开朗！

总而言之，经典诵读，我们全家受益，虽然现在我们不能一一遵照里面的去做好，甚至很多还是一知半解，但现在能拥有这么幸福和谐的家庭真的是很感谢学校，感谢老师，感恩这特别的教育。

让书香陪伴孩子成长，让经典浸润我们的人生！

二、学生读《论语》的感悟

《论语》教我会学习

子曰："学而时习之，不亦说乎？"这句话的意思是说："学的知识要时常去复习，不也很快乐吗？"单单这句话不仅教会我一个道理，还教会我一个很好的学习方法。从前，老师教过的知识，我从来都不懂得复习，总以为自己会把这些知识记住。可是，事实却不是这样的。到了即将考试的前几天，妈妈一检查，我才发现自己记住的东西并不多，在离考试的前几天里，总是在很辛苦地记知识点。即使是这样，还是不能把知识点都记全。在考试上吃亏的总是自己。可是当我读完《论语》之后，我开始对老师当天教的知识进行复习，知识果然记得牢了，成绩自然而然就上去了。《论语》教会了我一个学习方法，使我学习更轻松了，学得更高兴了！

《论语》诵读教我学会轻松记忆

这个学期，我们开始背《论语》了。第一天，老师叫我背十行，我看了一下，又读了几遍，二十分钟不到就背下来了，以后几天也是如此。可是背了一个星期后，我背得越来越慢，从二十分钟到半个小时、一个小时，最久的一次竟从七点背到九点半，为什么背的行数一样，却愈背愈久呢？原来古文不比现代文，字简直就是火星文，看都看不懂，更别提背了，虽然妈妈把拼音都标了起来，但依然难背。我坚持着，因为背是为了我自己，为了我的将来，所以我坚持背着，背到最后，我又发现先前难背的现在是小菜一碟，背诵速度又加快了。我的记忆明显变好了，几乎过目不忘，即使看过一眼的车牌号码也能轻松记住。

三人行必有我师焉

"好读书，读好书"。这句话说得真是太好了！人要读书才会得到知识嘛。月亮升起来了，星星还在天上顽皮地眨着眼睛，我的书房里传来朗朗的读书声，我正在背论语。这时侯我突然读到了："三人行必有我师焉，择其善者而从之，其不善者而改之。"我读了一遍又一遍，朗朗上口，十分耐人寻味。是啊,我和黄智杰、王泽华这三个好朋友,不是都在互相学习互相进步吗?我们三个人都有自己的特长,黄智杰是我们中学习最好的。在他的带领下我的作文和数学都大有进步!我的特长是体育,所以我是他们中的体育委员。王泽华是一个心细的人,所以他是我们的生活委员,所有活动都是他安排的,每次活动我们都进行得顺顺利利,这都是他的功劳啊!

好一个孔子,好一部经典的论语啊!

以上是孩子们的三则日记,我们欣喜地感受着经典带给孩子们的种种欢娱和教益,可以说,是经典诵读让书香满校园,是经典诵读让孩子们从此受益终身。

建议四五年级家长会用

珍爱生命 健康成长

【活动背景】

生命的价值首先是基于生命的存在。现在孩子的抗挫能力非常差,常常因为一点小事想不开,要么离家出走,要么走上绝路。据教育部、公安部、中国少年儿童新闻出版总社等单位对北京、天津、上海等多个省市的调查,全国每年约有 1.6 万名中小学生非正常死亡,相当于每天消失一个班。这警示我们应该把生命教育列为教育的重要内容,尊重生命、善待生命、提升生命的价值已经是学生成长过程最需要的教育。因此,家长要从小让孩子懂得生命的珍贵,远离伤害和危险,帮助孩子排解心理问题,指导孩子学会自我调适,懂得爱和珍惜生命。

【活动目标】

1. 通过本次活动,让家长了解生命教育的重要性。

2. 通过案例、问卷调查等,让家长查找自身问题。

3. 引导家长在家庭生活中有效实施生命教育。

【活动准备】

1. 活动课件。

2. 调查问卷。

【活动过程】

一、引入主题

家长朋友们,刚才您看到的破土而出的小草、含苞待放的花蕊、抽出嫩芽的柳树、嗷嗷待哺的幼鸟,都是存在于我们身边的再平常不过的事物,您可曾带着孩子一起去观察过?它们向我们展示了生命的美好,生命的可贵。

说到生命,其实人最宝贵的就是生命。而现在的孩子心理都很脆弱,受点挫折就会想到自杀。在我们身边发生的孩子跳楼、自杀之类的事件大家也时有耳闻。作为孩子的第一任老师,家长应该从小教育孩子珍惜生命,懂得生命的意义。

千字文中说:盖此身发,四大五常,恭维鞠养,岂敢毁伤。让孩子知道每个人的身体生命都关系到四大五常,自己的生命是父母给的,是父母养大的,怎能轻易地毁坏。也就是说每一个人的生命不仅仅属于自己,还属于家庭、属于社会。只有珍惜自己,才懂得去珍惜别人,珍惜万物。

设计意图:活动伊始,播放 PPT 让家长看,感受大自然的美好,生命的可贵,触动家长的心灵,引发家长的思考,同时切入本次家长会的重要内容——珍爱生命。

二、典型案例

12 岁的皓皓是小学五年级的学生。她出生于一个贫穷的农村家庭,三年前父亲患病辞世,母亲独自承担养育皓皓的重任。为了让皓皓接受更好的教育,两年前,母亲带着皓皓来到了城市,为了多挣点钱,母亲常常打两份工,到晚上下班时双脚都肿胀得要皓皓帮忙把鞋脱下来。母亲唯一的心愿就是皓皓学习好,将来能考上好大学,找个好工作。

为了不辜负母亲的期望,皓皓读书很认真,但是她的学习成绩却一直处于中下水平。到了五年级,她的成绩跌至全班倒数第 10 名。这个成绩与母亲的要求相差甚远。在许多人眼里,皓皓性格内向,少言寡语。每天,皓皓都呆呆地趴在教室的座位上,放学后也是一个人提着书包低着头回家。班上的一位女同学说,皓皓最近常说:我妈妈太苦了,我不能再拖累她了。

期中考试成绩公布后,皓皓没有像往常一样来上学。老师联系了家长,母亲找遍了所有皓皓能去的地方也没有找到女儿。三天后,民警在河里捞到了皓皓的尸体。

就以上这个案例,家长朋友们觉得发生这一悲剧的根本原因是什么呢?(家长展开讨论)

案例分析:

1.家长没有及时疏导孩子的心理压力。

2.家长忽视了培养孩子健康的心态。

3.家庭中缺乏珍爱生命的教育。

设计意图：通过典型案例及其分析，警示家长，一定要重视孩子的生命教育。

三、问卷调查

您了解孩子吗？（相关链接）

设计意图：通过问卷调查，一是考查家长究竟对自己的孩子了解多少；二是看看自己的孩子是不是一个热爱生命、健康、快乐的孩子。

四、指导建议

（一）珍爱生命教育的意义

1. 让孩子懂得珍爱生命

家长要教育孩子懂得：生命不只属于个人，也属于家庭和社会，家长要告诉孩子，他来到这个世界是很不容易的，从孩子诞生之日起，她的生命就不只属于他自己，他的生命是爸爸妈妈给予他的最珍贵的礼物，寄托着爸爸妈妈最深的爱和希望。

不管发生了什么事情，都要坚强地守住自己的生命，不仅为了自己，也为了所有爱他的人，不能随意践踏生命，更没有权利随意结束自己的生命。

2. 促使孩子更加珍惜时间

家长要教育孩子懂得：人的生命是有限的，不能糟蹋和浪费，应该格外珍惜有限的时间，筹划好个人的一生。

（二）珍爱生命教育的方式

1. 与孩子一起读热爱生命的书籍

引导孩子进行阅读，从文学作品的故事中来领会生命的价值。

2. 陪同孩子看珍爱生命的影视剧

引导孩子进行艺术欣赏，从影视作品中来领会复杂的生死问题。为人父母，我们给予了孩子生命，更应该教会孩子正视生命。可这个话题是严肃的，严肃得有些沉重，沉重得让我们有些不知如何开口，因此，可以让孩子感悟光影世界中对生的那份坚守，对死的那份镇定，让孩子学会珍爱生命，热爱生活。

3. 全家人讨论如何珍爱生命

以孩子为中心，让孩子对所读书籍、所看影片中的人物、事件进行评论，父母只是对孩子的观点做一些简单的评价。

方法一：一家人围坐在一起，先安静地看完影片，然后对影片中发生的故事进行评论。

方法二：一家人围坐在一起，边看影片边讨论，或者猜测影片将要发生的情节，并说出自己的理由，这样可以让孩子提升自己的道德判断能力和评价水平。

方法三：孩子自己看书，看完后把故事概述出来，并做简单的评价，然后父母和孩子一起讨论、评价，最后孩子写下自己的心得。

4. 让孩子体会生命的珍贵

家长可以和孩子一起观看相关的生命历程教育片、阅读相关的资料，或访问有过生命体验的母亲，让其谈谈生育的感受。

方法一：家长可以把孩子从胎儿到出生以及成长过程中的记录（录像、照片、成长日志等）给孩子看，这样会使孩子真正了解生命的珍贵，树立起强烈的生命保护意识。

方法二：让孩子通过关爱帮助他人感悟生命的价值。除了爱自己，更要关爱他人，学会感恩，学会合作，尊重和珍爱他人的生命。可以带孩子参加一些公益活动，做志愿者或帮助一些有困难的人。这样会让孩子从活动中体会到：关心别人、帮助别人，对别人是重要的，对自己也是同等重要的，因为证明自己的生命是有价值的。

（三）进行必要的安全教育

家长要教育孩子懂得：无论做什么事，都要记着安全第一。

1. 加强交通安全教育

（播放两段由于孩子不遵守交通规则而导致交通事故的视频）

几个灿烂、鲜活的生命就这样消失了，给他们的家人带来了巨大的悲痛。如果他们自觉遵守交通规则，就不会发生这样的惨剧。因此，家长不仅要教育孩子懂得交通法规并自觉遵守，还要教育他们在骑车、步行时注意避让他人，防备他人碰到自己。同时，还要教孩子认识交通标识，告诉孩子不要在汽车后面玩耍，保证自己的安全。

2. 开展险情求生教育

小学生幼稚、纯真又缺乏生活经验，碰到险情往往束手无策，自救能力较差，这方面的教训很多，也很深刻。因此，必须针对孩子的年龄特点，开展相应的训练。如，让孩子学会游泳，教给孩子应对火灾、洪灾、煤气泄漏、食物中毒、地震等突发事件的基本措施，以防不测事件对孩子的生命造成伤害。

（四）关注孩子的心理健康

1. 教孩子正确看待挫折

当孩子遇到困难时，父母是最强大的支持力量。首先，要及时与孩子沟通，告诉孩子挫折是人们生活的一个组成部分，每个人都不可能完全避开挫折，永远一帆风顺。其次，要教育孩子懂得，挫折也有两面性，它会给人以打击，带来损失和痛苦，但也能使人奋起、成熟，从中受益。最后，要教育孩子善于忘记那些令人不愉快的事，放眼未来，努力摆脱痛苦，吸取教训，迎接新的生活。

2. 调适孩子在学习上的心理问题

调查显示，小学生的心理问题主要源自学习压力大，家长要及时发现问题，并帮助孩子进行调适。

3. 正确看待孩子的学习成绩

家长都喜欢孩子得高分，一见低分就难受，轻则训斥，重则打骂，这导致有些孩子对家长撒谎。家长要调整好心态，正确看待孩子的成绩，要根据孩子自身的实际情况确定目标，多做纵向比较，少做横向比较。

家长可以通过创设真实情境或讲故事的方式，让孩子明白两个道理。一是认输并不是服输，二是胜败乃兵家常事。考试失败只是告诉我们哪里还有不足，起到查漏补缺的作用，而不是表明自己不行。

4. 养成和孩子聊天的习惯

有的父母平时陪孩子愉快地聊天、玩耍的时间很少，目光只盯在孩子是否专心学习和行为习惯的缺陷上，与孩子的交流主要是以批评、唠叨、说教为主，这样就容易引发孩子的逆反情绪。建议父母养成和孩子聊天的习惯，多与孩子聊些有趣的话题，时常陪孩子痛快地"疯玩"一下。亲子关系密切和融洽，孩子才会愉快地接受父母的建议。

5. 尊重孩子的各项权利

孩子生下来，就是一个独立的主体，具有未成年人的基本权利：生存权、发展权、受保护权和参与权。这些是孩子在这个社会的基本权利。因此父母不能总以高高在上的姿态命令您的孩子，你们是朋友！建立父母的权威性，并不是让孩子"怕"你，而是在亲子间建立一种信任。

家长朋友们，在家庭教育中，我们推崇一句话："好的亲子关系胜过许多教育。"什么时候父母和孩子的关系是好的，这时的教育才可能是成功的。现在中国的家庭教育之所以困难,不是父母讲的内容不对,是你和孩子的关系有问题。所以,改变教育应从改变关系开始,改变孩子从改变父母开始,改变明天从改变今天开始。

设计意图:通过具体的指导建议,帮助家长有的放矢地对孩子进行生命教育。

(海阳市育才小学　高飞)

【相关链接】

一、调查问卷

1. 爱自己的父母和家人。　　　　　　　　　　是（ ） 否（ ）

2. 懂得父母养育自己的不易。　　　　　　　　是（ ） 否（ ）

3. 爱护小动物。　　　　　　　　　　　　　　是（ ） 否（ ）

4. 爱护大自然的一草一木。　　　　　　　　　是（ ） 否（ ）

5. 有一个或几个知心朋友。　　　　　　　　　是（ ） 否（ ）

6. 关心同学。　　　　　　　　　　　　　　　是（ ） 否（ ）

7. 兴趣广泛。　　　　　　　　　　　　　　　是（ ） 否（ ）

8. 与父母经常谈心。　　　　　　　　　　　　是（ ） 否（ ）

9. 不开心时会向父母倾诉。　　　　　　　　　是（ ） 否（ ）

10. 在学校遇到问题会及时与老师交流。　　　　是（ ） 否（ ）

11. 性格开朗。　　　　　　　　　　　　　　　是（ ） 否（ ）

12. 活泼健谈。　　　　　　　　　　　　　　　是（ ） 否（ ）

13. 做事不冲动。　　　　　　　　　　　　　　是（ ） 否（ ）

14. 不怕困难。　　　　　　　　　　　　　　　是（ ） 否（ ）

15. 能从积极的角度思考问题。　　　　　　　　是（ ） 否（ ）

16. 做事有责任心。　　　　　　　　　　　　　是（ ） 否（ ）

17. 能够适应不同的环境。　　　　　　　　　　是（ ） 否（ ）

18. 考试成绩不好能坦然接受,认输并不服输。　是（ ） 否（ ）

19. 懂得失败是成功之母的道理。　　　　　　是（　）否（　）
20. 懂得人死不能复生的道理。　　　　　　　是（　）否（　）

二、推荐书籍

《我的生活》　海伦·凯勒
《热爱生命》　杰克·伦敦

三、推荐影片

《少女穆然》

做智慧父母　享成功喜悦

【活动背景】

李嘉诚曾经说过："任何成功都无法弥补教育孩子的失败!",天下的父母没有不希望自己的孩子是成功快乐的,可是往往事与愿违,随着孩子一天天长大,问题也越来越多。问题到底出在哪里?是孩子有问题,还是父母的问题?调查发现,许多孩子身上的问题就是一个家庭的问题。不懂得孩子,就培养不出好孩子!所以,真相和事实就是:做父母是需要智慧的。

【活动目标】

1. 让家长认识到家庭教育的重要性。

2. 指导家长了解和掌握家庭教育的方法。

【活动准备】

1. 活动课件

2. 视频资料

【活动过程】

一、导入主题

亲爱的家长朋友,大家下午好!我相信,在座的每一位父母都曾对自己或他人说过这样一句话:我一定好好培养我的孩子。什么是"培养"?"培养"就是"陪着养"。当今特别流行的一句话:您陪我长大,我陪您变老。多么温馨的画面啊!我仿佛能看到年青的父母暖阳中陪伴孩子嬉戏,玩耍;我又仿佛看到已到中年的孩子搀扶着年迈的我们在夕阳下漫步。那此刻的您在陪孩子长大吗?想听听孩子们的声音吗?(播放采访视频)

二、如何做智慧父母

1. 动之以情

在一次与哈佛大学心理学系教授吉尔博特聊天时,杨澜问他手头事情太多,常分不清主次怎么办?吉尔博特教授给了杨澜这样的答复:

"十年以后,你不会因为今天少做了一个项目而遗憾,但你会因为没有多陪孩子一小时而后悔。所以,你知道答案啦。"

请欣赏一则短片——《七岁孩子唱父亲》

是啊,陪伴是最长情的告白!自从看了这部短片,我们家有个不成文的规定,回家后,我和我老公的手机都主动地交给儿子保管,手机的功能仅限于接打电话。儿子学习时,我们要么静静地读书,要么做点家务,儿子玩耍时,我们会陪他一起玩大富翁、玩三国杀、玩七巧板…………因为我们知道,孩子的教育是有有效期的。

那是不是说,能陪伴孩子的父母就是最智慧的父母了呢?接下来,我们进行个小采访!

2. 晓之以理

当您在陪伴孩子成长的过程中,可能会发生这样的故事,孩子从冰箱里取牛奶,一不小心,咣当,洒了一地,这时您会怎么说?怎么做?

接下来,我为大家讲述一下真实的故事,故事的主人公是一位曾经获得过诺贝尔奖的科学家,在接受记者采访的时候,有位记者就问他,说:"您有了今天这样的成就,感觉跟您的家庭教育有关系吗?"这位科学家不假思索地说:"当然!我有今天这样的成就,和我 5 岁的时候跟我母亲身上发生的一件事情有非常大的关系。"说着,他就给这个记者讲起了这个故事。他说,在他 5 岁的时候,第一次去冰箱里拿一瓶牛奶,那时牛奶瓶是玻璃的,三斤装。他拿出牛奶瓶,一下没抓住,咣当,牛奶瓶掉到地上,牛奶和玻璃碎片满地都是。妈妈听到响声赶忙从屋里跑过来,妈妈先是一愣,然后说:"牛奶已经洒了,儿子,想一想它还有什么价值?你昨天不是折了很多纸船吗?快去把你的纸船拿出来,这不就是一个现成的牛奶海洋吗?"这时候,换作孩子一愣了,因为,他感觉妈妈会训斥他。赶忙就跑到屋里把纸船拿出来。在他去拿纸船的时候,妈妈已把玻璃碎片收拾干净,地上剩了一个牛奶的海洋。就这样,妈妈用这片牛奶海洋陪孩子玩了 20 分钟的纸船比赛。20 分钟后,纸船被泡碎了,妈妈说:"牛奶已经完成了它的使命。去把它清理干净吧"。打扫完以后,妈妈又把他带到花园里,说:"你之所以会把牛奶瓶打碎,是因为我从来没有教过你。"说着,拿起了一个空的瓶子,在里面装满了水,说:"来,孩子,你现在用右手抓瓶颈,左手托瓶底,再来试一下。"就这样,他拿着牛奶瓶在花园里,来来回回走了十多次,等他学会拿稳牛奶瓶后,妈妈说:"好了,孩子,你可以去玩了,从今天起,你再也不会打破牛奶瓶了。"

这位科学家说,通过这件事,他得到了两点启示:第一,当初妈妈充分地发挥了这瓶牛奶的价值,这对他在今后的科学实验当中有非常大的帮助,因为,即便他失败了,他也会努力地寻找这次实验的价值所在;第二,也是最重要的一点,他不再害怕失败和犯错误。因为他知道人都会犯错误,只要改了,就可以了。这也是他成功的秘诀。

3. 授之以渔

家长朋友们,通过这个故事,我们起码应该意识到,当孩子第一次去做一件事情的时候,对孩子的教育是多么重要。其实,很简单,只要做到这六步就可以了。(播放课件)(1)说给他听;(2)做给他看;(3)让他说说;(4)让他做做;(5)当发现问题的时候及时地给予反馈和意见;(6)再做一次。

不知道在座的各位家长有没有注意孩子有这样的现象,我听到过许多家长这样说:"我那个孩子呀,都五年级快毕业了,连个书包都不会收拾。""我的孩子更是这样,都上高中了,连自己的被子都不会叠,衣服都洗不好。"那么我想问问:各位家长们,您教过她吗?比如洗衣服:您按照这六步给孩子说过吗?如果您能细致地教孩子如何洗衣服,并及时纠正他的错误,那么你想,孩子还能不会洗衣服吗?孩子的一道数学题不会做了,在我们能力许可的范围内,我们可不可以先给孩子说一说这道题的做题思路,再给孩子做一遍,然后再让孩子讲一下这道题该怎么做,让孩子再做一遍,孩子还不会做,你就及时地给予意见反馈,再进行指导,然后找一道类似的题再进行指导。那么我相信,在今后的学习或者考试的时候,孩子再遇到这样的题型的时候,他就会顺风顺水,因为他深深地记得:我的妈妈,我的爸爸曾经认认真真地教过我。其实呢,往往是为人父母的我们会感觉,这么简单的事情还用教吗?那么,我想问问在座的各位家长,会开车的人感觉开车是一件简单的事,那在我们不会开车,或者是刚开始学开车的时候,您感觉开车简单吗?(现场互动:不简单)

同样的道理,当我们认为简单的事情在孩子看来不一定就那么简单。

在现实生活中,我们许多孩子的确就是在点滴的生活中完成了这样的教育。下面,我想请各位一起来看这样一个视频(卖凤梨雪糕的视频)。其实,我们在生活当中对孩子的教育就是在点点滴滴的小事中去完成的,甚至你不知道在什么时候孩子就学会了,可能是您的一个小小的举动,可能是您的一句亲切的话语。(播放课件)所以,家长朋友们,一定不要对孩子失去应有的教育,苏霍姆林斯基曾经说过:没有时间教育孩子,就意味着没有时间做人。李嘉诚也曾经说过:任何事业上的成功都弥补不了教育孩子的失败。

4. 温馨提示

在中国家长的眼中,有一种孩子叫作"别人家的孩子"(播放课件)想一想,您是否经常拿自己的孩子跟别人家的孩子比较呢?是不是经常拿自己家孩子的缺点和别人家孩子的优点进行比较呢?"你看人家的那个×××,学习有多好!你怎么就不行?""你看人家的那个×××,跳舞跳得多好!""你看人家的那个×××,半个小时就写完作业了,你怎么大半夜都写不完呢?"如果您有这样的行为,那么家长们,从今天开始,一定要杜绝这样的行为,因为当您在说这些话的时候,无形中就是在伤害孩子的自尊心。如果,您非要拿孩子来比较,那么就拿孩子自己跟自己比,拿孩子的现在跟他以前比,拿孩子的以前跟现在比。因为没有一个孩子不希望成功,没有一个孩子不希望得到别人的赞美,没有一个孩子希望自己比别人差。那么下面的这个故事,您听了,应该会有所感受。

故事:《老母鸡与小鸡仔的故事》

有一只老母鸡孵了一群小鸡仔,就带着它们出去玩。有一次,他们走到水边,看到一群小鸭子在游泳,老母鸡就说:"孩子啊,下去和它们玩一玩!"小鸡仔们说:"妈妈,我们不会游泳啊!"老母鸡说:"笨蛋,你看人家比你们小都会游,你们怎么就不会游呢?"老母鸡一直骂小鸡仔们:"我生你们有什么用啊?我花了21天才把你们孵出来,又带着你们这么辛苦,没想到你们连水都不敢下!"小鸡仔们很委屈。它们很想问老母鸡:"妈妈,你会游泳吗?"可是他们又不敢问,因为如果问了,老母鸡就会大发雷霆,扑打着翅膀骂道:"反了,还敢顶嘴了?还管不了你们了!"小鸡仔们还小,对于妈妈说的话,或者妈妈的指责暂时忍下去了,但是如果有一天,小鸡仔们慢慢长大了,老母鸡再叫它们下去游泳,它们就会说:"你游一个我看看啊！"这时候，老母鸡可能又会大发脾气，这就像现实当中，如果我们的孩子对于您说的话，对于您的意见，或者对您的指导，提出异议的时候，我们可能就会像老母鸡一样扑打着翅膀大声地对外面的人说：我的孩子不好管了，管不听了。从而给孩子贴上叛逆的标签。

通过这个故事，首先我们应该深有体会地想一想，当我们非要拿孩子跟别人比较的时候，请家长们先扪心自问一下：我是否擅长呢？试想，如果刘翔的妈妈让刘翔与郎朗比，郎朗的妈妈让郎朗与刘翔比，我们今天还能看到飞人刘翔，钢琴手郎朗吗？其实呢，不仅是孩子，不喜欢让人拿来比较，为人父母的我们也不喜欢。打个比方：在座的女士比较多，今天回家后，你对爱人说：你不知道，今天我看见一位男士，可帅气了！并且一看，人家就是事业有成、稳重的爸爸！真好！那么，我想问问在座的爸爸，如果您的另一半跟您这样说，您会怎么说呢？（您看他好，跟他过去呗！）所以，在座的爸爸妈妈们，千万不要再拿孩子跟别人家的孩子去比较。刚才我们说了，不要吝惜对孩子的鼓励和赞美。现在，不管是我们的社会还是我们的学校，都在提倡因材施教，每一个孩子有每一个孩子的亮点，每一个孩子有每一个孩子的长处。这个孩子长大可能后就是一名科学家，而那个孩子长大后可能就是一位医生，而我们的孩子长大后可能就是一位普普通通的工人。但是，他仍然很幸福。所以说，教育孩子是个漫长的过程，也是一个不可逆的过程。但是，就像我们刚才所说的，我们要相信每一个孩子长大后都会成为世界上独一无二的他，并且，教育他、引导他，是我们不可推卸的责任。认同吗？

三、诵读升华

下面我想恭请各位家长轻身起立，跟我一起诵读纪伯伦的《论孩子》，请您用心地去体会！

结束语：亲爱的家长们，那就让我们一起做这稳定无比的弓吧，让我们在弓箭手中去努力地弯曲，只有这样，我们的孩子才会走得又长又远，也只有这样，我们才会是一位智慧的父母，我们才会拥有教育的智慧，那将来的一天，我们就会尽享成功的喜悦！

（蓬莱市第二小学　王兴波）

【相关链接】

《论孩子》

纪伯伦

你的儿女,其实不是你的儿女。

他们是生命对于自身渴望而诞生的孩子。

他们借助你来到这世界,却非因你而来。

他们在你身旁,却并不属于你。

你可以给予他们的是你的爱,却不是你的想法,

因为他们有自己的思想。

你可以庇护的是他们的身体,

却不是他们的灵魂,

因为他们的灵魂属于明天,

属于你做梦也无法到达的明天。

你可以拼尽全力,变得像他们一样,

却不要让他们变得和你一样,

因为生命不会后退,也不在过去停留。

你是弓,儿女是从你那里射出的箭。

弓箭手望着未来之路上的箭靶,

他用尽力气将你拉开,使他的箭射得又快又远。

怀着快乐的心情,在弓箭手的手中弯曲吧,

因为他爱一路飞翔的箭,也爱无比稳定的弓。

营造良好的家庭氛围

【活动背景】

班上的王丽同学,原本天真可爱,学习成绩优异,可是最近却少言寡语,学习成绩下降,我了解了一下情况,才知道是孩子的父母最近总是吵架,在闹离婚。家庭氛围和谐与否,直接影响孩子的心情,影响孩子的学习成绩。家庭氛围它客观地存在于每个家庭之中,并且严重地影响着生理和心理都正处于迅速发育和发展中的孩子。良好的家庭氛围能使孩子活泼开朗、积极向上。因此,建立和谐、愉快的家庭氛围是保证孩子健康成长的有利途径。

【活动目标】

1. 让家长认识到家庭氛围对孩子健康成长的重要性。
2. 指导家长创建良好的家庭教育氛围。

【活动准备】

1. 活动课件。
2. 调查问卷。
3. 视频材料。

【活动过程】

一、导入主题

尊敬的各位家长,首先感谢您在百忙之中抽空来参加家长会。关心、帮助、督促孩子成长是我们共同的心愿,愿我们共同携手,让孩子得到全面发展! 愿我们共同努力,架起心灵沟通的桥梁! 今天,我们齐聚一堂,希望能够商讨出促进孩子健康成长的良策妙计!

今天,我们探讨的主题是为孩子营造和谐的家庭氛围,积极进行家风

建设。

请大家看一个实例：美国纽约州有一个酒鬼兼赌徒马克斯·朱克,在他之后七八代的子孙中有300多人成了乞丐和流浪者,7人因杀人被处死刑,63人因偷盗被判刑,因喝酒死亡或成残废者竟多达400余人!"人种论"者认为"龙生龙,凤生凤,老鼠生儿打地洞"。然而,当时的教育学家做出另一种统计是：美国纽约有一个儿童救护会,它收容和照顾的孩子大多是乞丐、流浪者及贫民窟的孩子,即当时所谓的"低能儿童"。由于救护会付出酬金,把孩子送到可靠的家庭里接受良好教育,结果在50年内总计收容的2.8万儿童中,有87%成为教授、医生、技工等有用之才。最有趣的是,前面提到的马克斯·朱克一个第九代孙,也被该救护会收容,送到一个有教养的家庭寄养,他的品性和学习成绩都特别好。他已经20多岁,被舆论认为是"地方上的模范青年,前途大有希望"。

结论：人的未来发展成功与否除了遗传因素外,更重要的是良好的家庭氛围和家庭教育。

二、解读家庭氛围

家庭氛围,是指儿童所处的家庭环境的气氛与情调。它客观地存在于每个家庭之中,并且严重地影响着生理和心理都正处于迅速发育和发展过程中的孩子,良好的家庭氛围能使孩子活泼开朗、积极向上。著名教育家苏霍姆林斯基认为：家庭风气既是进行家庭教育的前提条件,也是一种有效的教育方式。如果说孩子是一颗种子,那么家庭就是土壤,家庭氛围便是空气和水分。因此,家庭氛围,对孩子成长至关重要。

怎样营造良好的家庭氛围？这是我们共同关心的问题。

1. 环境氛围

这里指家庭周围环境（包括邻里关系、居住生活区风气乃至社区的文化层次、居民的职业状况等等）与内部居住环境对子女的影响。

如"孟母三迁,择邻而居"的历史典故就很好地反映了这一问题。"近墨者黑,近朱者赤"的古训如同"孟母三迁"一样告诉人们：拥有一个好的生活学习环境将是多么重要！所以给孩子尽可能地创造一个良好的环境是至关重要的。

2. 情感氛围

指家庭中人与人之间的一种气氛,指的是一个家庭的成员,以及他们的性格、情调都是隐性的家庭环境,对孩子都起着潜移默化的影响。

良好的情感氛围是建筑在温馨和谐、互敬互助的人际关系之上的,对于孩子的心理健康和个性发展具有决定性作用。在和睦、幸福、互助、互爱的家庭中,孩子自然会感到温暖、快乐、有安全感,性格开朗活泼,能热情关心他人,敬爱父母和尊重长辈。相反,在家庭关系冷漠、紧张、争吵不断、纠纷常起的家庭中,孩子焦急恐惧、郁郁寡欢,缺乏安全感、自信心,往往变得性格暴躁、敌对、孤僻、胆小,对人冷漠,摧残小动物,进而心灵受到创伤,阻碍身心的正常发展。

我国对中小学生家庭的一次调查表明:生活在家庭成员关系和谐友好的家庭中的学生,品德优良占 39.3%、差的占 7.3%,学习优良的占 18.5%、差的占 10.9%;生活在家庭成员关系紧张、时常争吵的家庭中的学生,品德优良的占 33.3%,差的也占 33.3%,学习优良的一个也没有,差的占 16.7%。

3. 人格氛围

这里指父母的言行举止、性格、气质能力对孩子的影响。

如"岳母刺字"的故事至今仍有很大的教育意义。良好的家庭教育为塑造孩子美好的心灵,发展孩子好的性格,促进孩子和谐发展奠定了良好的基础。孩子作为未来的接班人,我们更应该从小抓起,努力把子女培养成为社会所需要的人才。

4. 文化氛围

父母的文化素养直接营造着家庭的文化环境,父母对知识渴求的欲望也影响着孩子对知识的追求。

如今,营造良好的家庭文化氛围已经引起了许多家庭的重视。有的家长把爱书、买书、读书作为家庭中一件共同参与的乐事;有的家长经常和孩子一起收看电视,收听音乐,欣赏文学、艺术作品,讨论国际大事,培养孩子健康向上、格调高雅的文化兴趣和评价能力;还有些家长经常带领孩子到大自然怀抱中去,爬山、远足、划船、游泳、放风筝、采野菜等,锻炼健康体魄和吃苦耐劳的意志,欣赏山林风光,开阔视野,陶冶情操。

可也有不少家庭,沉溺于成人自己的吃喝玩乐,忽视为孩子创设良好的家庭文化氛围,不注意家庭文化生活的质量和生活的优劣,这对孩子的影响很大。

有位心理学家做过这样的实验：选择一些成绩优秀的三四年级小学生抄写课文半小时，把他们分在三种不同的环境氛围中：第一种，父母在隔壁看电视或放录音磁带；第二种，父母断断续续地大声谈话；第三种，是宁静的环境。第一种环境在连续性高噪音的干扰下，孩子是注意力分散的，心里烦躁不安，抄写正确率下降，只有70%左右；第二种环境中的孩子是在间隙性的、低频噪音的干扰下，孩子有时偏头倾听父母的谈话内容，有时又关注自己的作业，抄写正确率为85%左右；第三种环境安静，孩子能保持平时专心致志的学习习惯，抄写正确率保持在95%以上。

由此可见，良好的学习习惯的形成，不仅要依靠子女稳定的心理因素，还要依靠家庭文化氛围的支持。父母对知识渴求的欲望也影响着孩子对知识的追求。有的家庭吃过晚饭，看过新闻联播后，父母子女各自回到自己的房中看书读报，或低声吟诵，或埋头作业，孩子能享受悠闲自由的文化氛围。

三、存在的主要问题

1. 过于溺爱孩子

现在的父母亲过于溺爱孩子，"四二一"型家庭中，祖父母对孩子的宠爱更是加重了这一倾向。甚至在不少家庭中已经由宠爱走向溺爱，从而使儿童的个人主义观念突出。这种一味迁就而不加引导的做法，使孩子从小就养成以己为核心做事随心所欲的坏习惯，形成自私自利、骄横任性、我行我素的性格。一位母亲说："我40岁才得了这个宝贝女儿，在家里，她要啥就给她啥。"这种爱似乎很无私，实际上是一种畸形、无能的"慈爱"，这种盲目的爱只会造就家庭的小暴君。

2. 爱慕虚荣

有些父母片面地要求孩子为自己争光争气，或为炫耀自己的孩子聪明，只强化孩子某种技能的早期训练而急功近利，忽视孩子的全面教养，追求某种表面的、暂时的成功。例如，有些虚荣心强的父母一味要求孩子冒尖、显眼、出人头地、名列前茅，如果孩子达不到理想的成绩或比不过别的孩子，就斥责、打骂，使孩子疲于奔命，精神痛苦。

3. 一味追求学习成绩，忽视对孩子品格的培养

有些家长片面认为，教育子女就是开发智力，学习知识。学习知识就是考试得高分，取得好成绩。为了保证子女集中精力搞好学习，一切家务劳动都由父母承包，子女本来可以自己动手做的事，都由父母代劳。孩子从小养

成不劳而获的懒散习惯,根本不重视他们的劳动观念、习惯和技能的培养。有的家长只注意子女的分数,而不注意孩子的思想品德教育,对孩子言行中表现出来的思想品德问题,放任自流,不闻不问;有的家长为了取得高分,考上重点学校,对孩子提出的各种要求一味迁就,有求必应,结果分数上去了但却染上很多坏毛病和不良习惯。

4. 忙于工作对孩子放任自流

有工作的家长,要上班;没工作呢,要出去打工,整天为挣钱奔波而根本没时间教育孩子。他们都觉得教育孩子太累。但在心底深处,他们迫切希望自己的孩子成才。于是花钱送孩子上各种补习班,或请家庭教师。

5. 教育方法不得当

目前,家长管教孩子的方式大体分为四种:一是祖传的,爸爸妈妈怎么教育我,我就怎么教孩子,对孩子的过失,不是打就是骂,不但没起到教育效果,还适得其反。有的家长总爱拿自己的孩子与别人家的孩子对比,或者让孩子按照自己的要求去做,"应该怎样怎样",严重挫伤了孩子的积极性。二是随意,张嘴就来,想起一出是一出。三是金钱关系渗透家庭教育。有的孩子帮父母干家务劳动要给钱,干前还要经过一番讨价还价,不给或钱给少了不干。不仅如此,有的考试得高分都要向父母要钱,把钱看成是学习、劳动的唯一动力,而不懂孩子到了一定年龄应尽的义务和责任。它使孩子形成随心所欲、唯我独尊、有求必应的思想。四是有的家长望子成龙、望女成凤心切,给孩子在课外报舞蹈、书法、英语、作文等各种各样的辅导班,强硬地安排子女的学习时间,加重了孩子的负担,挫伤了孩子生动活泼的个性。

6. 家庭结构破损给孩子心理带来压力和创伤

有一部分孩子生活在单亲家庭,父母离异后,有的为了自己的利益,都不愿抚养孩子;有的尚未从阴影中走出,不管孩子或把怨气都出在孩子身上,常常非打则骂。孩子生活在一个不完整的家庭里,生理、心理早已出现了消极反应。

四、如何创建良好的家庭氛围

1. 建立一个和谐美满的家庭

家庭成员之间应相互尊重、理解、信任和关心。子女从父母那里获取最温柔、最纯洁无私的母爱和既严格又起着榜样示范作用的父爱,感受到家庭的温暖,感受到父母教育的力量,从而产生稳定感和安全感,有助于形成独

立、乐观、自信的个性；子女对父母关爱的体验促使他们身心健康成长，孩子纯洁的心灵中也会逐渐滋生爱的幼苗，从小爱父母、爱家庭，在学校里爱伙伴、爱集体，将来爱人民、爱祖国，成为有爱心、有责任感的青年。父母应努力创造一个和谐美满的家庭氛围，使孩子对自己的家庭有自豪感、愉快感、安全感，对自己的前途充满信心。

2. 创造一个良好的学习环境

在校学生有 2/3 的时间是在家庭中度过的。家长应给孩子一个安静、整洁、舒适的环境，并不需要多么装饰豪华。如，为他们准备一张书桌、一个书架、设置一个固定的学习角，提供孩子必需的文化学习用品等必要的物品。这既可满足他们的心理需要，也便于学习。为增强学习气氛，家长和孩子还可以在墙上布置些激励学习的字画条幅、学习计划、课程表等。为创造清新浓郁的文化气息和高雅优美的艺术氛围，可设置家庭图书角，收看内容健康有益的电视节目，传播准确科学的资料信息等等，给孩子以健康的熏陶和影响。

还要注意发挥家长的榜样作用。在工作之余，家长钻研业务，或通过读书、看报等途径不断提高自己的文化水平，不仅可以丰富自己的知识储备，适应越来越激烈的社会竞争，同时也给家庭营造了一种好学、向上的气氛，为孩子的学习带来促动力。要知道，在一个天天行酒令、日日设牌局的家庭中，再聪明的孩子也难以成才。

3. 尊重、理解、信任孩子

家长要尊重孩子。在生活中，家长可以充分利用表情和身体语言表达对孩子的尊重，诸如面带微笑和孩子谈话，尝试着和孩子共同探讨问题等等，这些看似不起眼的举动，都会使孩子感到家长的尊重。当孩子感受到家长对自己是尊重的，他们就会从心理上拉近与家长的距离，这样就会使得亲子的关系处于一种良好的互动状态。家庭教育中最忌讳的就是家长总是摆出一副"家道尊严"的面孔，对孩子进行简单的说教。有些孩子逆反心理强，对此很容易产生对立情绪，从而造成与家长关系紧张的局面。

家长要理解孩子。家长应该注意了解孩子平时的一言一行，了解孩子的心理发展特点，了解孩子的长处和短处，了解孩子的情绪起伏、学习情况和生活状况。做家长的如果对孩子有较深的了解，就能根据所掌握的情况，针对出现的问题对症下药、有的放矢，从容地解决问题，从而避免与孩子之间出现不必要的误会而导致关系紧张。家长应该尝试以孩子的观念去看周围的世界，用孩子的思维方式去思考问题，在充分理解孩子的基础上，加强对孩子的教育。

家长要信任孩子。有些家长总是说："孩子长多大都是孩子。"他们总是千方百计地"保护"孩子，为他们安排好一切。殊不知这样却会使孩子独立性差、自理能力差。因此，家长应该敢于相信自己的孩子，相信他们的能力，相信他们的勇气，相信他们的智慧。家长可以在适当情况下放手，让孩子去做他们力所能及的事。只要家长敢于适当的"放"，那么必将发现孩子可以发展得更好！而这对于双方建立起良好的关系也是非常有利的。

4. 营造言传身教的氛围

家长的人格、品德、学识、情感，都对孩子起着潜移默化的影响。家长应完善自身人格，对子女的教育不仅要言传，更要身教。父母应做到乐观进取、勤奋学习、努力工作、热爱生活、情趣高尚（如看书、旅游、帮助他人），营造言传身教的氛围。

生活中要自觉按时上下班，积极工作；为人正直、清廉；说老实话，办老实事，给孩子以榜样作用。家长要多看书、看报，知晓一定的政治经济、天文地理、艺术体育等知识。家长的博学多才会成为孩子上进的动力，会自觉地加强自身锻炼，提高自己，向家长所期望的方向努力。

五、教师总结

家长朋友们，小草枯了，有再青的时候；花儿谢了，有再开的时候。可孩子们的成长只有一次，在他们的宝贵生命进程中，作为家长的我们，不要忘记父母的责任，要为他们创造良好的家庭氛围，多给他们一些信任、理解和尊重，让他们轻松、快乐、健康地成长。

（莱山区实验小学　张淑芬）

【相关链接】

推荐书籍

1.《谢觉哉家书》

2.《钱文忠解读弟子规》